KB260900

상상+

경제학 블로그

경제학 블로그

상상+ 경제학 블로그

원용찬 지음

당대

상상+

경제학 블로그

ⓒ 원용찬 2006

지은이 | 원용찬
펴낸이 | 박미옥
펴낸곳 | 도서출판 당대

제1판 제1쇄 인쇄 2006년 2월 20일
제1판 제1쇄 발행 2006년 2월 25일

등록 | 1995년 4월 21일(제10-1149호)
주소 | 서울시 마포구 연남동 509-2, 3층 ㉾ 121-240
전화 | 323-1316 팩스 | 323-1317
e-mail/dangbi@chollian.net

시장과 경제학 너머에 있는 삶과 사랑, 근원에 대한 향수를 꿈꾸며

오랜만에 맛보는 한가한 오후시간에 여행을 떠난다. 홀로 떠나는 유목민처럼 블로그의 경계선을 여기저기 넘나든다. 다음 블로그 여행지에는 무엇이 나를 환호하고, 어떤 신비로운 볼거리가 있고, 어느 나그네들의 체취가 배어 있을지, 나는 아무것도 모른다.

블로그에 스크랩했던 최근의 글이 눈에 띈다. 디오게네스가 대낮에 등불을 들고 "인간은 어디에 있는가?"라고 외치면서 거리를 방황했던 것처럼 영악한 이 시대에 진정한 바보를 찾고자 했던 '타이 사람들의 오징어 셈법'이다.

어느 여학생이 타이에 홀딱 반해서 눌러 살기로 작정했다. 그곳에서는 계산 같은 것이 어수룩하고(算痴) 사람 살아가는 데 여유가 넘쳤기 때문이다.

그녀를 매혹한 것은 타이 사람들의 오징어 셈법이었다. 타이에서 오징어 한 마리는 거기 돈으로 30바트인데 한 마리를 사면 30바트이지만 세 마리 한 묶음짜리를 사면 100바트라는 것이다. 오징어 세 마리는 값은 다 쳐주어도 3×3＝9이고 90바트다. 아무리 생각해도 10바트를 깎으면 깎았지 10바트를 더 줄 이유는 눈을 씻고 찾아봐도 없다. 서울에서라면 80바트로 내려 깎아도 시원찮을 텐데 타이 사람들은 그런 것을 따지지 않는단다. 그냥 100바트를 내고 사간다.

인간세계는 계산에 능통하고 모든 것을 수량화하는 것으로만 되어 있지 않다. 인간존재의 절반은 계산의 천재를 요구하고 있겠지만 절반은 노래를 못 부르는 음치처럼 계산에 어수룩한 바보들의 산치(算痴)를 요구한다.

시장에서조차 시장의 바깥을 그리워하는 깃이 인간이다. 히지만 천재가 되기보다는 바보 되기가 더 어렵다(難得糊塗).

어찌보면 지금 배우고 있는 경제학은 천재를 만드는 학문이다. 최소비용으로 최대만족을 얻으려는 개인적 이기심을 매우 합리적이고 똑똑한 행동으로 간주한다.

우리 인간은 함께 슬픔과 기쁨을 나누며, 조금은 손해 보더라도 남과 더불어 기꺼이 사는 것을 더 바란다. 그런데 경제학에서는 이런 사람들을 비합리적이고 어리석은 바보라고 딱 잘라 말한다.

경제(economy)가 최소 노력으로 최대 만족을 얻으려는 의미를 담는 이상, 바보들은 영악한 천재들만의 시장에서 살아날 길이 없다.

경제학은 희소성 원리와 합리성의 틀에서 벗어나 가슴이 뜨거운 사람들과 만나고 일상의 아름다운 숨소리에 귀기울여야 한다. 더불어 살고, 호혜적 삶을 누리고, 다양하고 행복을 찾아 떠나는 새로운 패러다임으로 나는 떠난다.

새장 속에 갇힌 똑똑한 천재보다는 창공을 훨훨 날아다니는 바보가 더 행복한 것은 아닐까.

경제학 너머, 시장 바깥 저편에 태초의 근원이 숨쉬고 주고받음의 호혜가 있고 풍요로운 자연을 나는 꿈꾼다.

우리들의 욕망은 자연스러운 것이다. 욕망이 있기에 뭔가를 성취하고 싶어 끊임없이 노력한다. 그런데 열심히 욕망을 가지고 살아왔다고 자부했는데, 뒤돌아보면 어느새 자본주의가 펼쳐놓은 욕망의 덫에 걸려서 허우적거리는 내 모습을 발견하게 된다. 결국 일하고 소비하던 나의 삶은, 자본주의가 끊임없이 설치해 놓은 욕망의 궤도를 달려왔음이다.

"열심히 일한 당신, 떠나라!"는 광고의 주문(呪文)도 "열심히 떠나서 논 당신! 더 열심히 일하라!"는 말에 다름이 아니었다.

유학을 보냈더니 이제는 귀국해서 식당 조리사로 마늘을 까면서도 행복해하는 젊은이, 직업이 공상가라고 떳떳이 명함을 내밀며 세상을 상상과 꿈속으로 밀어넣고 행복해하는 젊은이, 때로 그 삶이 고달프더라도 창공을 훨훨 나는 행복한 바보들이 이 책을 쓰는 동안 늘 내 맘속에 어른거렸음을 이제야 알았다.

효율적이고 빠른 직선을 놔두고 꼬불꼬불한 미로를 거닐며 저 거친 신화의 숨소리를 듣고, 먼 옛날 시원(始原)의 기억을 더듬으며 시장 길을 많이도 다녔다.

막걸리를 마시며 왁자지껄한 시골 장터의 순대국밥집에서 맹자를 떠올렸다. 타이베이 시장 길목의 종려나무 아래서 휴식을 취하며 황혼빛에 물들던 노부부, 국수에 거무튀튀한 튀김닭 반절을 넣어주며 하얀 이를 드러내며 웃음짓던 베트남의 삐빼로니가 그립다.

시장의 미로에서 만났던 사람들, 콩나물국밥집에서 만났던 아줌마, 그 시원한 국물 맛, 거기서 보았던 디지털의 순간들은, 경제학 저 너머를 꿈꾸던 나에게 모두가 소중한 만남이었다. 사람 살아가는 모습과 우리들의 일상을 경제학에 넣고자 애썼다.

경제학에서 어떻게 노동의 의미를 되묻고, 삶과 죽음의 의미를 새겨볼 수 있겠는가.

아무리 돈을 많이 준다 한들 하루 종일 땅을 팠다가 도로 묻는 일을 하면서 평생 먹고 살겠다고 다짐하는 사람은 없다. 노동은 임금을 얻기 위한 고통의 대가가 아니다.

일과 놀이의 기쁨은 경제적으로만 계산되는 것이 아니다. 노동은 다양한 삶의 동기 속에서 이루어질 때만이 즐거움을 준다. 무엇이 의미 있는 삶인가 하는 문제도 공동체와 사회에 고유한 문화적 가치규범에 따라 다르다. 하여 경제학에 문화와 상징가치를 도입하여 애써 그런 물음에 답하려 했다. 거기서 왜 젊은이들이 김밥보다는 햄버거를 더 좋아하는가를 밝히는 단서도 발견할 수 있었다.

화폐는 더 이상 경제학의 범주에만 머무를 수는 없었다. 경제학 밖으로 걸어나와 문화, 상징, 황금과 똥의 알레고리와 결합하면서 마음껏 돈에 대한 이야기를 할 수 있었다.

새장 속에 갇힌 화폐를, 새장 속에 갇힌 경제인을 창공으로 풀어놓아 마음껏 상상하였다. 꿈과 상상은 새로운 것을 잉태하는 어머니다.

이 책은 경제학 책이면서도 경제학 책이 아닐 것이다. 경제학에 문화와, 신화와, 인류학의 방법론으로 덧붙이고 수정하면서, 경제학의 지평과 영역을 넓히려 하였다. 앞으로 이것이 내가 해야 할 작업의 하나라는 것도 새삼 다짐하였다.

어느덧 해가 저문다. 힘을 잃어버린 겨울햇빛도 연구실 커튼 사이를 빠져나가 어느 밤으로 항해하려는지 사라져 가고 있다. 지구 저편 어디선가 여행에 지친 이방인을 반겨주는 등불이 되어주려나 보다.

내 블로그에는 방금 여행배낭에서 풀어놓은 그리스의 푸른 바다와 시 한 편이 담겨 있다. 누군가 그리스 시인 콘스탄티노스 카바피의 〈이타카〉를 삶의 찬가로 고쳐놓았다.

> 길 위에서 너는 이미 풍요로워졌으니
> 네가 정한 성공의 목표가 너를 풍요롭게 해주길 기대하지 마라.

> 삶은 너에게 아름다운 여행을 선사했고
> 그것이 없었다면 너의 여정은 시작되지도 않았을 것이니
> 누구도 이제 너에게 줄 것이 아무것도 없구나.

> 길 위에서 너는 이미 현자가 되었으니
> 비로소 삶의 가르침을 이해하게 되었구나.

이 책을 쓰면서 새삼 많은 사람들에게 빚졌음을 알았다. 삶의 여정에서 만나고 인연을 맺어 나에게 소중한 사랑을 가르쳐준 사람들이 이 책의 주인공들이다. 나는 길 위에서 현자가 되지는 못했으나 삶의 길 위에서 언제나 되돌려 갚아야 할 은인들을 많이 만났다.

이 책의 기본 컨텐츠는 〈전라도 닷컴〉이 나에게 "파워노트"라는 공간을 할애하면서 몇 년 전부터 시작했던 글들이다. 〈전라도 닷컴〉의 식구들과 빅마트는 나에게 많은 배려를 아끼지 않았다.

나에게 소중한 연구공간과 안식처를 마련해 준 대학 그리고 선·후배와 동료 교수들의 따뜻한 후의에 항상 감사한다. 나를 아껴주는 스승님에게는 해가 넘어가도 전화통화로 안부만을 묻는 죄송함을 범했다.

사랑하는 부모형제와 가족들을 어찌 빠뜨릴 수 있겠는가. 그래도 내가 행복했던 때가 언제냐면, 가족들이 뿔뿔이 흩어져서 세계로 배낭여행을 할 때 혼자 밥해 먹으면서 나도 함께 꿈꾸고 상상했던 시간들이었다, 말하고 싶다.

자그마한 체구로 한 시대를 헤쳐나갔던 당대출판사의 박미옥사장, 이 책을 위해 수십 번도 회의를 거듭하면서 담배를 피워 물었을 김천희 편집장과 편집부 식구들에게 감사를 드린다.

흙과 바람으로 얼크러진 오카리나의 토속적 음색이 연구실을 가득 메운다. 언젠가 타클라마칸 사막 위에서 오카리나를 불며 밤하늘의 별을 보고 뿌연 황토바람을 맞고 싶다. 모든 분에게 감사드린다.

2006. 1

원용찬

| 차례 |

1

성 (聖) 과 속 (俗), 시 장 과 욕 망 의 경 제

자판기의 공짜 커피

자판기에서 커피를 빼려고 하는데 누가 깜빡 잊고 갔는지 200원이 그대로 남아 있다. 횡재는 돈의 크고 작음을 떠나서 언제나 즐겁다. 커피 한잔을 공짜로 빼고 나서는 왠지 그냥 돌아서기가 미안하여 호주머니에서 200원을 꺼내 자판기에 집어넣었다.

누군지 모르지만 다음 사람이 자판기에 와서도 나처럼 즐거울 것이다. 그 사람 또한 자기가 마실 커피 한잔 값을 그대로 넣어두고 간다면, 자판기는 언제나 누군가에 의해 대접받고 누군가를 위해 대접하는 마음의 연결망이 될 것이다.

커피 한잔을 즐겁게 공짜로 대접받고 한잔은 남을 위해 사는 것도 괜찮다. 일요일 아침부터 자판기 앞에서 이렇게 즐거운 일이 벌어진다는 것도 좋다.

원래 자판기는 차가운 기계이다. 사람과 사람의 거래관계〔對人關係〕가 기계와 사람의 관계로 대체되어 버린 전형적인 대물(對物)관계의 시초라 할 수 있다. 그러나 기계를 따뜻함을 지닌 인격체로 만들어가는 것도 결국 우리 인간이 하기 나름일 것이다.

남을 위한 자그마한 호의는 호혜구조의 사슬로 이어진다. 그런 연결고리를 통해 비인격적 존재로서의 물(物 thing)은 사람과 사람 사이에서 따뜻한 인격을 매개하고 옮겨주는 제3의 존재로서 다시 탄생하는 것이다.

언젠가 일본 신주쿠에서 선배교수와 함께 호텔방을 쓰게 되었는데, 그 선배교수가 샤워를 하고 나오더니 즐거운 목소리로 나에게 말했다.

"원교수! 내가 어떤 책을 읽고 그대로 행했네! 목욕을 하고 나서는 다음 사람을 위해 수건으로 거울이나 변기에 묻어 있는 물방울과 비누거품을 깨끗이 닦았네!"

아닌 게 아니라 화장실은 깨끗이 닦여 있었다. 나 역시 샤워를 하고는 수건으로 욕실을 정리하고 나왔다. 욕실을 쓰기 전에 대충이라도 한번은 청소를 해야 한다면 남을 위해 배려하는 것이 결국은 나에게도 기분 좋은 혜택으로 돌아오게 되어 있는 것이다. 그것이 바로 호혜의 연결고리이다. 설사 혜택이 돌아오지 않더라도, 준다는 것은 자그마한 기쁨이다.

내 돈을 넣고 커피 한잔 사먹는 것은 시장교환이다. 하지만 다른 사람이 남겨두고 간 돈으로 커피 한잔을 대접받고 나도 누군가를 위해서 커피 한잔 값을 미리 지불하는 일은 비시장경제의 호혜

(reciprocity) 원리에 속한다.

우리 사회가 점점 삭막한 시장교환의 원리에 지배되고 있지만, 그래도 따스한 인간을 느낄 수 있는 것은 시장 밖의 호혜적 주고받음이 있기 때문이다.

시장의 실패와 세대간 교환

시장은 가격을 중심으로 수요와 공급의 법칙이 자동적으로 이루어지고 있다. 시장에서 어떤 물건을 사려는 사람이 많으면 값이 오르게 된다. 당연히 파는 사람도 많아져서 물건이 넘치다 보면 가격은 다시 내리게 된다.

이렇게 물건이 모자라면 값이 오르고 남으면 내리는 과정이 반복되다가 어느 적정선에서 수요와 공급이 균형을 이루는 가격이 형성된다.

아담 스미스가 『국부론』에서 표현한 것처럼, 전체적으로 인간은 수요와 공급의 시장원리라는 보이지 않는 손(invisible hand)에 이끌려 자신의 개인적 이익을 추구함으로써 사회의 이익에 봉사하게 되는 것이다.

시장은 참가자 모두가 자유롭게 치열한 경쟁을 벌이면서 한정된 자원을 효율적으로 이용할 수 있게 하는 탁월성을 가지고 있다. 하지만 이와 같은 제도적 장점만큼이나 시장의 폐해 또한 분명하다. 경제학 교과서들이 공통적으로 지적하는 시장의 실패(market failure)는 대개 이런 것들이다.

경제활동을 시장에 맡길 경우에 효율적인 자원배분과 소득분배를 실현하지 못한다. 시장을 그대로 놔두면 부익부 빈익빈의 모순은 더욱 악화되고… 노동력을 상실한 사람에 대한 배려도 없다. 바닷가의 등대, 경찰, 국방, 시민공원, 소득분배의 불공평과 복지 등은 민간시장에 놔둘 수 없으며 국가의 '보이는 손'을 통해 공공재를 공급하거나 보조금 등으로 유도하여 시장의 실패가 보완되어야 한다.

시장의 실패를 보완하기 위해 국가가 재정지출을 하는 공공재를 '보이는 손'(공공재, public goods)으로 표현한 것은, 아담 스미스의 '보이지 않는 손'(민간재, private goods)과 대비하느라 그랬는지 몰라도 지나치게 시각적이다. 우리가 한국의 경제관료들에게 주문하고 싶은 것은 보이는 손이 아니다. 내가 보기에는 '유능한 손'(able hand)과 보이지 않는 철학이 더 필요한 것 같다.

어쨌든 시장의 실패와 모순은 단순히 이런 정도로만 끝나지 않는다. 우선 시장의 마력은 지구상의 모든 것들을 상품화시킴으로써 자신의 영역을 무한하게 확대해 나가는 데 있다.

사랑, 애정, 효도, 엄마의 손길, 우리의 몸에 이르기까지, 본래 상품이 아닌 것도 상품화시켜서 끊임없이 시장원리로 포섭해 나가고 있다. 이매뉴얼 월러스틴도 「역사적 자본주의」라는 논문에서 우려한 것처럼, 자본주의 역사는 하나의 이기적 과정이기 때문에 자본과 이윤의 더 많은 축적을 위해 만물(everything)의 상품화를 집요하게 추구하게 된다.

시장에는 상품교환이 전면을 지배하고 있으며 소비자와 공급자도 오로지 익명으로서 존재할 뿐이다. 그곳에는 사람의 인격과 감정이 개입할 여지가 없으며 도덕과는 무관한 물신(物神)만 판치고 있을 따름이다. 또한 시장은 즉각적으로 돈을 주고 사고파는 거래의 공간이기 때문에 훗날 언젠가는 이루어져야 할 세대간의 교환도 전혀 무시하고 있다.

세대간의 교환을 다른 말로 바꾸면 후대를 위한 배려라고 설명할 수 있다. 가령 독일에서는 지하수를 식수로 사용하고 있는데 현재 20～30m 정도 깊이의 물만 이용한다. 100～200m 깊이의 지하수를 이용하지 않는 이유는 그것이 후손들의 몫이기 때문이다.

여기서 후손들에게서 빌려 쓰는 땅이라는 말이 나왔을 것이다. 지하 20～30m는 시장경제의 영역이지만 그 이상의 깊이는 비시장경제의 호혜영역이다.

땅속 깊숙이 관정(管井)을 뚫어 깨끗한 물을 퍼내어 생수와 맥주용으로 쓰거나 여기저기 대형 골프장을 만들어 주변의 지하수를 고갈시키는 일은 현재적 시장교환의 모순이다.

우리는 우리가 써야 할 것만을 최소한도로 사용하고 뒷날 우리 때문에 고통받을지 모를 후손들에게 뭔가를 남겨놓거나 보존하는 것도 세대간의 교환이며, 호혜이고 생태적 지혜이며, 지속 가능한 경제(sustainable economy)로 가는 길이다.

색다른 시선으로 본 경제

이제 우리는 경제(economy)라는 의미를 다시 생각해 보아야 한다.

현재 주류 경제학 교과서를 관통하는 경제의 개념은 이런 것이다.

주류 경제학에서는, 자원은 희소하고(희소성의 원칙) 인간의 욕망은 무한하기 때문에 어떻게 하면 최소의 노력(비용)으로 최대 효과(만족)를 올릴 것인가를 명제로 하고 있다. 소비자는 최소의 비용으로 최대 효용을, 기업은 최소 비용으로 최대 이윤을 추구하는 극대화 원리가 기본 전제를 이루고 있는 셈이다.

그리고 주류 경제학의 인간모델은 홀로 고립된 개인이 오로지 최대의 쾌락과 만족을 위해 생각하고 이것을 극대화하기 위해 행동하는 것을 지배원리로 삼고 있다. 이것을 경제적(economic) 행동 혹은 합리성(rationality)을 가진 행위로 규정한다. 경제학에서는 이러한 인간유형을 경제인(Homo Economicus)이라 부른다.

그렇지만 합리적으로 행동한다는 경제인도 사실 알고 보면 매우 이기적이고 윤리도덕도 없으며 현실과는 너무 동떨어진 경제적 동물일 뿐이다. 자연과 인간 그리고 인간과 인간이 서로 더불어 살아간다는 사고의 틀은 끼여들 틈조차 없다.

이제 다른 차원에서 economy를 살펴보자. 자연과, 인간과, 인간

> **▶▶ economy를 바라보는 또 하나의 시선**
>
> economy는 eco+nomy로 이루어져 있다고 볼 수 있다. 이것을 다른 각도로 해석해 보자. eco(이코)는 더불어 산다는 ecological(생태적)이란 뜻이고 nomy는 노모스(nomos)로서 규범을 뜻한다. 따라서 이코노미(economy)는 '생태적으로 더불어 사는 규범'을 만들어나간다는 실천적 의미가 담겨 있다.

이 서로 더불어 살고 현재와 미래가 서로 배려하면서 함께 살아가는 규범을 만들고 실천하는 것이 경제이며 이코노미다.

생태적(ecological) 규범(nomos)의 경제개념 속에서 우리는 함께 공존하고 뒷사람을 위해 배려하고 그것이 호혜의 연결고리로 이어지는 인간형을 만들어가는 것이 절실하다.

개인 이득의 극대화를 전제로 하는 경제인(호모 에코노미쿠스)은 더불어 사는 생태적 호혜성의 인간유형으로 바뀌어야 한다. 우리가 시장의 파괴력과 모순을 극복하기 위해 기울이는 노력만큼이나 호혜성은 인간의 의식적인 노력과 실천을 요구한다.

생선 뒤집어 먹지 않기: 시장 너머의 호혜

언젠가 바닷가 근처에서 자랐다는 선배의 얘기를 듣고서는 생선가시를 발라 먹는 방식도 풍습에 따라 판이하다는 것을 알았다. 그 선배는 이곳에 와서 보니까 사람들이 생선 한쪽을 다 먹은 뒤에는 훌딱 뒤집어서 다시 먹더라는 것이었다. 그러면서 자기가 살던 동네에서 그렇게 먹으면 큰일 난다고 손사래를 쳤다. 바닷가 마을에서는 생선을 먹다가 뒤집는 것은 배가 뒤집히는 것과 똑같이 여겨 금기시한다.

운동선수들에게도 별별 징크스가 다 있다. 시합 며칠 전부터는 머리도 깎지 않고 목욕도 안 하는 선수도 있다. 게다가 시합날 아침에 생선을 뒤집어 먹다가, 역전패당한다고 선배한테 혼난 선수도 있다고 하니 말이다.

생선을 뒤집어 먹으면 어떡하냐? 그러면 경기가 뒤집어져 역전패를 당한다고 아침부터 혼쭐이 났다. 선수들이 한자리에 모여 식사를 하는데,

생선구이가 반찬으로 나왔다. 프로야구 제일 캥거루스 팀은 생선을 먹을 때 반드시 지키는 불문율이 있었다. 한쪽을 먹고 뼈를 발라낸 다음 밑부분을 먹어야 했다. 생선을 뒤집어 먹으면 경기가 뒤집어져서 상대팀에게 역전패를 당한다는 것이었다. — 어느 인터넷 소설에서

생선 뒤집어 먹는 것을 금기시하는 풍습은 한국의 해안가 마을에만 있는 것이 아니다. 1425년경에 북해 전역에 걸쳐서 독일 상업문화를 정착시켰던 한자(Hanseatic) 상권이 몰락하였다. 그 까닭에는 등 푸른 생선 청어가 발트해를 떠나 다른 곳으로 이동한 것도 한몫하였다.

한때 북유럽제국의 통상과 무역, 어업권을 독점하였던 한자는 16세기 중반에 이르자 마침내 네덜란드에 청어와 더불어 상권까지 넘겨주게 되었다. 지금까지 이어져 내려오는 네덜란드나 독일의 음식문화를 보면, 청어가 당시 사회에서 얼마나 중요했는지를 알 수 있다.

청어를 먹을 때 먼저 윗부분을 먹고 가시가 나오면 살짝 뒤집어서 먹으면 좋으련만 네덜란드나 독일에서는 이렇게 먹으면 난리가 난다. 여기서도 역시 청어를 뒤집는 것은 상선(商船)을 뒤집는 것과 같다고 여기는 것이다.

바다를 생활권으로 하는 홍콩의 경우도 예외는 아니다. 생선요리를 먹을 때 반드시 지키는 관습이 하나 있는데, 일단 접시에 놓인 생선은 뒤집지 않는다. 홍콩사람들도 생선을 뒤집는 건 배를 뒤집는 것과 같다고 생각하기 때문이다. 그래서 생선을 뒤집지 않고 뼈를 들어내는 솜씨가 훌륭하다고 한다. 미신이고 풍습이 서로 다를 뿐이라고

치부할 수 있겠지만, 그래도 외국이든 어디서든 생선을 뒤집지 않고 점잖고 매너 있게 먹는 기술만 조금 익혀도 푸대접받을 일쯤은 없지 않을까.

그런데 처음으로 돌아가서 이런 의문을 다시 던져보는 것도 괜찮지 않을까 싶다. 왜 그렇게 생선을 뒤집지 않고 소중하게 다루며 가시뼈도 얌전하게 발라낼까. 배가 뒤집히지 않도록 하기 위해, 시합에서 역전패를 당하지 않으려는 금기의 주술적 사고 때문일까.

이렇게만 설명하기에는 어딘가 좀 허전하다. 현대인의 편리한 생각대로 생선살을 잘 발라먹기 위해서 그런 것은 더더욱 아닐 것이다.

금기 속에 감추어져 있는 지혜

오랫동안 뼈를 소중하게 다루던 옛사람들의 신앙이 전승되어 온 데서 그 기원을 찾아보면 어떨까.

옛날사람들은 물고기를 맛있게 먹고 나서 남은 뼈를 함부로 버리면 큰일 난다고 생각했다. 자신이 정성껏 보낸 선물을 인간들이 소홀

> "물고기 뼈를 소중하게 다루면 행운이 주어진다는 사고는 오래 전부터 존재해 왔다. 당시의 사고관념은 수중(水中) 세계의 왕이 인간을 기아로부터 구원하기 위해서 자신의 휘하에 있는 물고기들을 인간에게 선물로 보내준다는 것이었다."
>
> — 나카자와 신이치(中澤申一), 『신화, 인류 최고(最古)의 철학』

하게 취급하면 화가 난 '물고기의 왕'은 두 번 다시 물고기를 보내주지 않기 때문이다. 따라서 인간들은 다 먹고 난 물고기나 동물의 몸을 다룰 때는 충분한 배려가 필요하였다. 이런 한 가지 방법으로서, 물고기 뼈를 깨끗하게 발라서 감사의 마음을 담아 수중세계의 왕에게 돌려주는 것이다.

아메리카 대륙 북서부에서는 연어가 많이 잡힌다. 그래서 그곳의 아메리카 인디언들은 행여라도 연어의 뼈를 소홀하게 다루면 무척 화를 낸다.

"그런 짓을 하면 그렇게 많은 연어가 두 번 다시 강을 올라오지 않게 된다!"

그리하여 이들은 연어의 뼈를 소중하게 다루어서 물 속으로 다시 돌려보내는 의식을 치렀는데, 이는 자연 속에서 살아가고 있는 인간이 지켜야 할 근본적인 윤리관과 관련이 있다.

우리의 관심사가 생선가시를 잘 골라내고 배가 뒤집히지 않도록 생선을 소중하고 얌전히 다루는 것에 있었다 하더라도, 그 속을 좀더 뒤적거리고 궁리하다 보면 오래 전부터 자연의 선물에 감사하는 호혜의 순환구조가 깊이 담겨 있음을 알 수 있다.

가시뼈는 먹고 버리는 것이 아니라 감사하는 마음으로 되돌려줘야 할 그 무엇이었다. 자연은 뼈를 되돌려 받아 다시 그 가시뼈에 생선 살을 덧붙여서 인간에게 증여하였다. 가시뼈는 이쪽 세계와 저쪽 세계를 매개하는 영적 상징물이었던 것이다. 그것을 인간이 모르면 결코 안 된다고 하는 또 하나 금기의 신화가 바로 여기에 흐르고 있지는 않을까.

우리는 필요한 물건을 모두 시장에서 구입하기 때문에, 흔히 시장이 모든 물자의 근원이며 생산지라고 착각한다. 이것 또한 시장의 허구성일 것이다. 시장을 넘어, 시장 저편에서 숨쉬고 있는 자연과 증여의 근원에도 눈을 돌릴 일이다.

인간이 먹는 모든 것에 감사하는 마음과 기도가 곧 근원을 만나는 주문(呪文)이기도 할 것이다. 자연의 선물을 받은 사람만이 가지는 경건하고 기쁜 마음으로 식탁을 꾸리고 생선 한 토막이라도 정갈하게 먹는 것도 생태교육이며 그 또한 '자연과 인간이 더불어 살아가는 규범'으로서의 이코노미(economy)의 실천이다.

합리적 바보를 만드는 경제학은 이제 그만

경제학은 인간의 무한한 물질적 욕망을 충족시키기 위해서 어떻게 하면 유한한 자원을 최대한도로 활용할 것인가를 기본 전제로 삼고 있다. 인간의 욕망은 무한하고 그것을 충족시키는 수단은 희소하다는 희소성(scarcity) 원리가 경제학의 출발점이다.

경제학자들이 연구대상으로 삼고 있는 인간도 희소성의 원칙에 따라서 행동하는 것으로 되어 있다. 바로 경제인(호모 에코노미쿠스)이다.

호모 에코노미쿠스는 무한한 욕망과 유한한 수단 사이에서 끊임없이 최소 비용으로 자기의 최대 행복과 쾌락을 추구하는 홀로 고립된 존재이다. 호모 에코노미쿠스는 이념적 인간모델로서 현실과 일정한 거리가 있는 추상적 존재이다. 그러면서도 실제로 일상의 구체적 인간들이 합리적으로 행동하는가 아닌가를 판단하는 기준의 역할도 수행한다.

어떤 사람이 과일도 살 겸 대형마트를 가고 있었다. 그런데 남루한 행색을 한 노인 한 분이 길거리에서 과일을 팔고 있었다. 문득 그는 고향에 계신 아버지가 생각나서 볼품이 없지만 값도 깎지 않고 그 노인에게서 사과를 한 아름 샀다. 좀 비싸게 사긴 했어도 돌아오는 마음은 기뻤다.

이런 구체적인 모습을 경제학에서는 어떻게 해석할까.

경제학에서는, 비싸게 구매하는 행동을 예외적인 것으로 보거나 아니면 매우 비합리적인 행동으로 규정한다. 경제학은 현실적으로 인간이 선택하는 다양한 행동동기를 배제하고 오로지 최소 비용으로 최대 이득을 얻는 행동만을 합리적(rational)인 것으로 간주한다. 노점에서 사과를 산 그 사람은 불쌍한 노인을 그냥 지나치고 마트에 가서 값싸고 질 좋은 사과를 사야 비로소 합리적 소비행위를 한 게 되는 것이다.

합리적 인간은 남이 자신을 어떻게 보든 자신만이 느끼는 주관적 쾌락을 오직 극대화할 뿐이다. 경제학이 추상적 인간모델로 삼는 경제인은 윤리도덕과는 상관없이, 조금 심하게 말하면 피도 눈물도 없으며 오로지 자신의 이익만을 챙기는 이기적인 인간이다.

물론 사람들은 몇 푼 안 되는 호주머니 돈을 만지작거리면서 최대한도로 만족을 얻으려고 이곳저곳 과일가게를 기웃거리며 애쓴다. 이런 점에서 인간은 합리적인 행동을 하려고 노력한다는 것이지, 결코 자신만의 최대 행복을 추구하는 이기심의 화신(化身)은 아니다.

경제적 합리성은 곧 프로크루스테스의 침대

혹시 경제학의 합리성 원칙은 현대판 프로크루스테스의 침대가 되어서, 남루한 노점상에게 과일을 비싸게 샀으면서도 기뻤던 사람의 마음과 측은지심을 비합리적 행동이라고 잘라내 버리는 것은 아닐까.

우리가 일상적으로 하는 구체적인 행동에는 사회·문화적으로 다양한 동기가 들어 있다. 인간행동의 이와 같은 폭넓은 스펙트럼은 합리와 비합리의 경계선으로만 따질 수 없다. 물질적 차원에서 최소 비용으로 자신의 최대 행복을 얻고자 하는 행동은 우리의 삶 전체에서 일부를 차지할 따름이다. 그럼에도 불구하고 '추상적 경제인'이라는 상표가 붙은 프로크루스테스 침대는 경제적 합리성을 삶의 전체인 양 오도하며, 인간사회의 모든 삶과 구체적 행동을 자신의 틀 안에 가두어버렸다.

그리하여 사람들은 다양한 삶의 날개를 꺾어버리고 경제학이 이념형(ideal type)으로 상정한 '경제인'의 추상적 틀에 맞추어 최소 비용으로 자신의 최대 행복을 누리는 것이 합리적 행동이라고 여기게 된다. 삶의 일부가 전체를 지배하고, 추상이 구체성을 옭아매는 오류가

그리스 로마 신화에 나오는 프로크루스테스(Procrustes)는 침대를 두 개 가지고 있었다. 한 개는 보통 키의 사람이 눕기에 짧았고, 또 한 개는 너무 길었다. 프로크루스테스는 여행자들을 자신의 소굴로 끌어들여 키가 큰 사람은 길이가 짧은 침대에 집어넣고 다리와 손의 일부를 잘라내어 맞추었고, 키가 작은 사람은 긴 침대에 맞춰서 손과 다리를 억지로 늘였다.

발생한 것이다.

얼마 전에 인기를 끌었던 광고카피처럼, 침대는 과학인가. 아무튼 경제의 과학(경제학)이 만들어낸 추상의 침대는 온전한 신체와 따뜻한 피가 흐르는 사람에게 맞추고 봉사해야 한다. 사람이 침대에 맞춰서는 안 될 일이다.

모든 사람(삶의 구체적 행동)이 자신의 침대(추상의 합리성 원칙)를 기준으로 삼아서 그에 맞추어야 한다는 논리의 오류를 허치슨(T. W. Hutchison)은 『경제지식의 혁명과 진보』(*On Revolution and Progress of Economic Knowledge*, 1978)에서 비판하고 있다. 그 내용을 조금 보충해서 쉽게 정리하면 이렇다.

> 경제학을 추상의 단계로 끌어올렸다는 리카도의 방법론적 혁명은 매우 심각한 지적 손실이며… 표준(주류) 경제학의 죄악은 추상과 구체성을 동일시하는 것으로서 그것은 리카도의 악(Ricardian vice)이며, 구체성을 오도시킨 오류(the fallacy of misplaced concreteness)라는 것에 대해선 논란의 여지가 없다.

이렇게 추상적 개념과 경험적·구체적 실체를 동일시하고 인간행동의 극대화 원리만을 표준 잣대로 들이대어 경제적(economic)으로 행동할 것을 지도강령으로 삼고 있다. 바로 경제주의 오류이다.

죄수의 딜레마에 갇힌 헛똑똑이

경제학은 다양한 생각을 가지고 행동하는 현실적 경제인을 학문의
대상으로 해야 한다. 경제학이 이념형으로 내세우는 추상적 경제인
은 도덕성과 윤리를 제거한 냉혹한 이기적 인간형이다.

1998년에 노벨경제학상을 받은 아마티아 센(Amartya Sen)은 경
제학에서 대표적 인간으로 꼽는 경제인을 합리적 바보(rational fool)
라고 불렀다. 그래서 헛똑똑이 바보 경제인을 좀더 현실에 가까운 실
체적 존재로 전환시키고 사회성을 불어넣어 경제학이 생산적인 학문
이 되도록 해야 한다고 주장한다.

합리적 바보는 게임이론에서 흔히 등장하는 죄수의 딜레마
(prisoners dilemma)를 통해 보다 쉽게 이해할 수 있다.

> ▶▶▶ **죄수의 딜레마**
>
> 여기, 공범 두 사람이 사건 용의자로 긴급 체포되었다. 경찰에서는 이들이
> 범인이라는 심증은 있었지만 뚜렷한 물증이 없어 자백을 받아내야만 했다.
> 이제 두 사람을 각각 격리시켜 신문에 들어갈 차례이다.
> 두 사람 모두 범죄를 저질렀다고 자백하면 5년형이 선고될 것이다. 둘 다
> 끝까지 범죄사실을 부인하면 각각 1년 정도의 형만 받을 것이다. 그리고
> 한 사람은 자백을 하고 또 한 사람은 끝까지 범죄사실을 부인하면, 자백한
> 사람은 정상이 참작되어 석방되고 남은 한 사람이 죄를 몽땅 뒤집어써서
> 10년형을 받게 된다.
> 우리가 공범의 한 사람이라면 어떻게 해야 할까?

제시된 사례의 경우, 당연히 둘 다 범죄사실을 끝까지 부인해서 1년형만 받는 것이 최선의 방책이다.

그러나 실제로는 그리 간단하지가 않다. 만약 자신은 범죄를 부인하는데 상대방이 자백을 해버리면 자기만 나머지 죄까지 떠안아 10년형을 선고받을 수 있다. 건넌방에 격리되어 신문을 받고 있는 용의자도 같은 생각을 할 것이다. 저쪽은 휘파람불며 경찰서를 나가는데 자기만 범죄사실을 부인해서 손해 볼 수는 없는 일이다.

그래서 죄를 술술 불게 된다. 범행을 저지르기 전에, 혹시 경찰에 잡히더라도 결단코 자백하지 않겠다고 맹약한 사실도 아무 소용이 없다. 결국 두 사람 다 범죄사실을 자백하어 각각 5년씩 선고받는 최악의 상황에 빠져들고 만다.

두 사람 입장에서 볼 때는, 모두 혐의사실을 끝까지 부인하는 것이 가장 좋은 상황일 것이다. 그렇게 되면 1년만 징역 살고 나올 수 있었는데, 각자 자기만 손해 보지 않으려고 자백을 하다 보니까 둘 다 5년 징역이라는 최악의 경우에 빠져 들었다.

바로 이것이 죄수의 딜레마이다.

두 사람 모두 합리적이고 이기적인 것이 최선이라 생각하고 행동하다 보니 둘 다 최악의 상황을 자초한 셈이다. 전체적으로 손해가 막심한데도 여전히 합리적으로 행동하는 개인이 바로 아마티아 센이 말하는 '합리적 바보'이다.

서로 협력해서 이익을 얻는 것이 최선이며 제각기 행동하다가 모두 손해를 보는 것이 최악이다. 모두가 협조하면 개인과 사회 모두를 가장 좋은 상태로 만들 수 있는데도 서로 자신에게 유리한 전략을 선택하다 보니 개인과 사회 모두 최악의 상태를 맞게 되는 것이다.

우리 주변에도 합리적 바보 때문에 발생하는 최악의 사례는 너무도 많다. 각자가 이익 극대화를 위해 제한된 어획량을 어기고 물고기를 잡다 보면 결국에는 어장도 사라지게 된다. 쓰레기 종량봉투의 비용을 최소화하기 위해 너도 나도 생활찌꺼기를 몰래 내다버리면 아파트 전체가 황폐해진다. 그렇지만 모든 개인들이 서로 협력해서 상호 이타주의적 성향을 발휘하면 오래도록 어장을 보호하고 쾌적한 아파트를 가꿀 수 있어 사회적으로나 개인에게 큰 이익이 될 것이다.

개인과 개인이 격리되어 오로지 자신만의 이익을 추구하게 되면, 합리적 바보가 자초하는 최악의 상황을 결코 벗어날 수 없다. 개인과 개인을 가로막는 장벽을 허물고 서로 협력하는 사람들의 관계가 되어야 한다.

이런 죄수의 딜레마를 해결하기 위한 것이 사회적 자본(social capital)의 형성이다.

나만 물고기를 적게 잡으면 손해라는 생각에 너도 나도 남획하면 어장은 황폐해지고 모두가 평생 일터를 잃게 된다. 하지만 상대방이 규정을 지키고 있다는 믿음과 신뢰가 있고 그래서 나도 규칙을 어기면 안 된다는 의식이 사회적 자본의 밑거름이다. 저쪽 방에서 신문받고 있는 내 친구는 결코 범죄사실을 털어놓지 않을 것이라는 믿음, 그래서 나만 살겠다고 자백하면 그것은 배신이라는 죄의식이 죄수의 딜레마를 해결하고 모두에게 최선의 상황을 안겨주는 것이다.

사회적 자본은 공동의 이익을 위한 조정과 협력을 촉진하는 연결망(네트워크), 사회적 규범, 믿음과 신뢰 등과 같은 사회적 조직의 특성들로 구성된다. 자원봉사의 볼런티어 활동, 시민운동과 NGO, 네티즌의 참여와 연대, 행복한 가정, 공공단체 등으로도 존재하는 사회적 자본은 뿔뿔이 고립되어 있는 인간들을 서로 연결시켜 주고 믿음과 신뢰로써 협력하게 하는 접착제 역할을 한다.

사회적 자본은 또 경제적 비용을 감소시킨다. 보석을 사고팔 때 서로 품질에 대한 신뢰가 있으면 굳이 비용을 들여서 감정서를 발급할 필요는 없다.

실제로 뉴욕의 유태인 보석상들은 서로 고가의 다이아몬드를 주고받을 때도 보증서가 없다고 한다. 유태인끼리의 오래된 사회적 관계가 신뢰라는 사회적 자본을 형성하였기 때문이다. 만약 전문 보석상 중에서 거래를 속이는 보석상이 있으면, 그 보석상은 모든 사회적 관계가 단절되고 유태인 공동체에서도 추방된다.

이런 공동체적 규범과 신뢰가 보석상들로 하여금 단기적 이익의 극대화와 기회주의적 행동을 억제케 하고 장기적으로는 공동체 구성원 모두에게 공공선(public good)이라는 선물을 안겨준다. 이렇듯 신뢰의 사회적 자본도 공공재(public goods)이다.

신뢰는 보이지 않는 공동체적 재산이며 사회적 자본도 무형의 공공재적 특성을 갖고 있다. 눈에 보이는 유형의 경제적 재화는 쓰면 쓸수록 효용이 감소한다. 사과를 처음 한 입 먹을 때는 달콤하고 시원해서 점점 효용이 높아지지만 나중에는 질려서 효용이 줄어드는 수확체감의 성격을 지닌다.

하지만 보이지 않는 공공적 재화는 쓰면 쓸수록 효용이 높아지는 수확체증의 특징을 가지고 있다. 신뢰는 보이지 않는 무형의 공공재이다. 서로 참여하고 협력하면 할수록 신뢰라는 무형자산은 닳아 없어지는 것이 아니라 더욱 커져만 나간다.

사랑은 나눌수록 커지고 머리는 쓸수록 좋아진다. 오늘날 사랑과 신뢰와 뇌는 무한한 보고(寶庫)이다. 사랑과 신뢰를 자양분으로 하는 사회적 자본과 더불어, 뇌에서 무한한 에너지를 얻고자 하는 지식 기반 사회가 시대적 요청인 것도 결코 우연은 아니다. 유형의 수확체감 법칙에서 탈출하여 무형의 수확체증 사회로 가고자 하는 필연적 결과인 것이다.

경제적 합리성도 동양과 서양이 다르다

느지막이 집으로 들어간 나는 대뜸 아내에게 물었다.

"우리가 일상생활에서 많이 쓰고 있는데, 저 사람은 매우 합리적인 사람이라고 할 때 합리적이란 말은 대체로 어떤 의미로 쓰이는감?"

아내는 갑작스런 질문에 머뭇거리면서 띄엄띄엄 말을 이어나간다.

"그러니까… 자신의 주장을 지나치게 내세우지 않으면서 남과 더불어서 살아가는 것을 의미하지 않을까 싶은데…."

아마도 자식이 커서 다른 사람과 함께 잘살아 가는 그런 합리적인 사람이 되길 원하는 어머니의 바람도 포함되어 있을 것이다. 우리가 학창시절에 똑똑하다는 말을 들으면 칭찬이지만 아버지 혹은 어머니 세대가 되어서도 이런 소리를 들으면 별로 기분 좋은 말이 아니거니와 일종의 흉이 된다. 흔히 우리 사회에서는 "그 사람, 참 똑똑하기는 한데…" 하면서 다음 말을 흐리는 경우가 많다. 그 다음 말은 안 들어도 뻔하다. 대개가 "그런데 그 사람, 너무 고집이 세고 자기주장이

강해서 다른 사람과 잘 어울리지를 못 한다"는 얘기다.

호모 에코노미쿠스, 합리적 인간?

합리성이라는 개념이 서양에서는 자신의 이익과 행복을 극대화한다는 개인적 차원이라면, 동양에서는 타인과의 관계를 고려하는 관계성을 더 중시하는 개념이다. 이 역시 일종의 문화 상대주의이다. 리처드 니스벳은 『생각의 지도』에서 동양과 서양 사이에 존재하는 사고방식의 차이를 잘 설명하고 있는데, 목차만 훑어봐도 책의 내용이 짐작된다.

"동양은 더불어 살고 전체를 바라보며 서양은 부분을 바라보며 홀로 사는 삶이다. 논리를 중시하는 서양과 경험을 중시하는 동양, 바로 사고방식의 차이와 기원은 무엇인가, 그리고 동양과 서양은 누가 옳은가?"

1991년 미국에서 끔찍한 살인사건이 벌어졌다. 미국 아이오대학 물리학과 박사과정에 있던 중국인 학생 루강은 우수논문 경연대회에서 입상하지 못했다. 그는 즉각 이의를 제기했으나 무시되었고 이후에 교수직을 얻는 데도 실패했다. 그해 10월 31일, 그는 학과건물에 들어가서 자신의 지도교수를 총으로 쏘고 근처에 있던 다른 학생들과 시민들에게 총을 난사한 후, 결국 자살하고 말았다.

이 사건에 대한 미국과 중국의 신문보도는 동양과 서양의 사고방식을 뚜렷하게 대비시켜 준다.

미시간대학의 신문은 루강의 개인적 특성에만 지나치게 초점을 맞추었다. 그 신문은 루강의 심리적 약점들, 이를테면 성격이 매우 안 좋았다거나 본성이 사악했다든지, 개인적 태도와 심리적 문제들("성공과 파괴에 몰두한 어두운 성격" "남이 자신에게 도전하는 것을 견디지 못하는 성향") 같은 지극히 개인적인 측면만을 부각시키고 있었다.

이와 판이하게 중국신문의 논조는 주로 루강의 생활환경에 초점을 맞추고 있다. 루강의 인간관계("지도교수와의 불화" "학교 내에서의 치열한 경쟁")나 중국사회의 학력에 대한 압박 그리고 총기구입이 쉬운 미국사회의 문제점 등을 이 사건의 원인으로 보았다.

이 사건은, 서양은 개별적 존재와 인간본성에 동양은 상호관계와 주변상황에 초점을 맞춘다는 것을 잘 보여주는 사례이다.

이런 패러다임 구도에 합리성의 개념을 대입시켜 보면, 역시 서양의 경우에는 최소 노력으로 최대의 자기만족을 얻는 인간본성의 개인주의적 의미가 도출된다. 이에 반해 동양의 합리성은 인간과 인간의 관계에서 맥락과 상황을 중시하고 조화로운 공동체의 울타리를 벗어나지 않는 집합주의적 개념을 지닌다고 보아야 할 것이다.

경제학 교과서의 방법론을 위해 추상화해 놓은 경제인 모델 역시 실제로 존재하는 서구적 인간특징들과 완전하게 동떨어질 수는 없다. 그것은 우리가 쇼핑카트에 담는 물건들이 마트에 진열된 상품의 범위를 넘어설 수 없는 것이나 같다. 미국인 전용 마트에서 담은 쇼핑카트에 오트밀, 버터, 우유가 들어 있지 인삼, 김치, 고추장이 들었을 리는 만무하다.

경제학의 호모 에코노미쿠스와 합리성 원칙은 백인의 인간본성, 개별적 독립주체, 부분 분석, 서구적 인간유형의 실체 등이 어우러진 종합작품이다. 이와 같은 서구적 경제인의 모델이 여기까지 건너와서 오히려 우리들 동양의 관계론과 공동체적 인간을 개인주의적 합리성의 원칙으로 옭아매어 가고 있다면 이보다 더 큰 오류가 어디 있겠는가.

무릇 지식은 공동체에 고유한 문화와 패러다임의 산물이다. 과학적 지식이라는 것도 결국은 문화적 모체에서부터 진행된다. 따라서 인간행동과 지식은 문화의 자기반영(self-reflexivity)이다. 똑같은 사물과 자연이라도 공동체 내부의 문화에서 그것을 어떻게 바라보는가에 따라, 관찰된 지식도 다른 모습으로 생산된다.

밤하늘을 붉게 그으며 떨어지는 별똥별을 보고 중세유럽의 신학자들은 헛것을 보았다며 고개를 흔들었다. 중세사람들은 천체의 운행과 별자리는 불변 고정되어 있다는 신학적 믿음과 하늘(신)과 땅(인간)은 이원적이며 별개라는 인식의 준거(準據) 틀(paradigm)을 가지고 있었기 때문이다.

반면에 조선시대에 별자리를 관찰하던 관상감(觀象監)은 어느 날 밤하늘에 갑자기 나타나 붉게 타오르는 살별(혜성)을 보고 다음날 왕에게 달려가서 곧 국경에 변고가 있을 것이라고 보고한다. 우주만물의 운행과 인간 사회질서는 일원적이라는 믿음과 신념체계가 당시의 패러다임이었기 때문이다.

조선시대에 하늘과 땅이 동심원으로 이어지는 천도합일(天道合一)의 문화적 모체에서 출발하는 지식의 생산은 당연히 중세유럽의 것과 다를 수밖에 없다.

Power is knowledge: 힘을 가진 자가 지식을 생산한다

결국 지식은 고유한 패러다임과 문화의 산물이기에 특수한 것이다. 이를 일컬어 지식의 문화 상대성이라고 한다. 그렇지만 문화와 패러다임이 힘을 얻으면 지식은 보편성을 획득하게 된다. 그래서 종종 Knowledge is power(지식이 힘이다)라는 베이컨의 명제를 앞뒤로 바꿔본다.

Power is knowledge. 힘이 곧 지식이다. 조금 의역을 하면 힘을 가진 자만이 지식을 생산한다는 것이다. 상대적이고 특수한 지식이라도 그것이 힘을 가진 자에게 있으면 보편성을 획득하게 된다.

서구 지식의 산물인 경제인의 학문적 방법론도 결국에 시장경제와 자본주의를 앞세워 우리의 동양에서까지 보편성을 얻고 있는 것이다. 더구나 지식의 추상적 힘이 마침내 우리네 다양한 일상적 삶의 의미까지 바꿔놓는다면, 지식과 힘이 얼마나 괴력을 발휘하고 있는지를 능히 짐작할 수 있다.

오늘날 글로벌과 신자유주의 시대가 밀려옴에 따라 우리 부모들이 자식에게 바라는 합리적 인간개념도 조금씩 바뀌고 있다. 아직도 이 땅의 많은 부모들은 자식들이 동양의 합리성을 그대로 간직하여 남과 더불어 잘살기를 바라는 마음이야 간절하지만, 특히 IMF 이후의 치열한 시장경쟁 사회와 청년실업난 등이 우리를 그냥 놔두지 않고 있다.

 성과 속, 시장과 욕망의 경제

리처드 니스벳의 『생각의 지도』에 나오는 설문조사를 그대로 인용해 보면, 1980년대 중반에 '자녀에게 제일 원하는 것'이 무엇인지를 물었을 때 중국의 부모들에게서 가장 많이 나온 답은 '원만한 인간관계를 맺는 능력'이었다. 그리고 10년이 지난 뒤에 다시 물었을 때, 중국의 어머니들은 미국 어머니들과 똑같이 자신들의 자녀가 '독립성을 가지고 이 세상에서 앞서가기'를 강하게 원하고 있었다.

지금 우리의 부모들이 자녀들에게 원하는 인간형은 어떤 것일까. 글쎄, 서구 경제인의 합리적 성향과 동양의 관계론적 인간형이 절충되는 모델 정도가 되지 않을까. 경제학이라고 예외가 될 수 없다.

합리적 바보이며 사회 전체를 최악의 상황으로 몰아넣는 서구의 경제인(호모 에코노미쿠스)은 동양 공동체의 관계론 속에 포섭 또는

▶▶ 수정이 필요한 경제인의 개념

자신의 이익만을 다투는 제레미 벤담(Jeremy Bendam)의 공리주의(功利主義, utilitarianism)는 더 이상 유효하지 않다. 자기의 쾌락을 추구하고 고통을 회피하며 최소 비용과 노력으로 자신의 물질적 최대 행복을 추구하는 경제인의 개념은 다음과 같이 수정되어야 한다.

…적정한 노력과 비용으로 적정한 행복을 추구해야 한다. 나 자신의 최대 행복을 덜어내어 타인과 함께할 때 우리들은 정신적으로 물질적으로 더 큰 행복을 얻을 수 있다. 홀로 고립된 경제인은 혼자 힘들게 노력해서 최대 행복에 도달하려는 어리석은 바보이고 자신이 처한 공동체까지 최악의 상황에 빠뜨린다. …최소 비용을 가지고 경제적으로 유용한 재화를 얻으려면 우리는 자연자원을 약탈해야 하고 생태계는 파괴될 수밖에 없다. 인간과 인간이 보이지 않는 사랑과 신뢰를 주고받고, 인간과 자연이 공생하는 윈-윈(win-win) 전략이 최선의 상황이다.

절충되어야 한다. 우리가 배우는 경제학 교과서가 경제인을 대표적 인간형으로 계속 고집할수록 그만큼 공동체 사회는 자신도 모르게 빠져드는 수확체감이라는 최악의 상황을 대비할 수 없게 된다. 이를 지적하는 경제학자들의 독백은 대략적으로 이렇다.

인간과 인간, 인간과 자연의 관계망 속에 존재하는 우리의 경제학적 인간유형은 협력인이어야 한다. 벤담의 공리주의(功利主義)가 주장하는 것처럼 합리적 경제인이 모여 최대 다수의 최대 행복을 이룰 수 없다. 오히려 최소 사람의 최소 불행이 더 절실하다. 이것은 합리적 경제인이라는 바보들이 모여서는 결코 이루지 못한다. 협력인이 함께 모여 만들어가는 사회적 지본의 신뢰와 연대, 참여와 연대 속에서 해답을 얻을 수 있다.

인간의 욕망은 키워지는 것

인간의 욕망은 무한하고 자원은 유한하다는 경제학의 희소성 원리를 홍콩영화의 제목으로 즐겨 쓰이는 사자성어(四字成語)로 흉내 내보면 '무한욕망 유한수단'(無限慾望 有限手段) 정도가 될 것이다.

우리가 가지고 있는 토지, 노동, 자본, 자원, 기술, 소득 등은 실제로 유한하니까 그렇다 치더라도, 과연 인간의 욕망은 무한하다고 단정지을 수 있을까?

사실 수단이 유한하다는 말도 맞지는 않다. 막걸리 한잔만 마셔도 행복한 사람한테 천 원짜리 한 장은 자기 욕망을 충족시키는 데 매우 넉넉한 수단이 되리라. 그런 사람이 어느 날 양주 먹는 부자를 보고 부러워한다면 똑같은 천 원짜리라도 그것은 턱없이 부족하고 유한한 수단이 될 뿐이다.

무한(욕망)과 유한(수단)은 상대적이다. 욕망이 무한하면 수단은 항상 부족하다. 거꾸로 욕망을 낮추면 수단은 상대적으로 무한하게 된다.

아름다운 이 세상 소풍을 끝내고 하늘로 귀천(歸天)한 천상병 시인처럼 막걸리 한잔에 그저 즐거웠던 그에게서 10만 원짜리 수표 한 장은 무한한 수단이 되었을 것이다. 이렇듯 삶의 유한한 욕망이 세상살이를 아름다운 소풍으로 즐기게 했고 그를 무한한 하늘로 돌아갈 수 있게 했을지도 모른다.

천상병 시인의 하늘

천상병 시인이 귀천한 하늘 저편의 영역은 플라톤 시절에 무엇이었을까. 신은 절대적 무한자였고 이쪽 세상의 인간은 유한한 존재였으며 신이 만들어낸 단순한 모사품에 불과하였다. 현실세계는 불변의 이데아가 드리운 그림자로 짙게 깔려 있었다. 무한의 검은 그림자가 지배하는 세상에서는 누런 소든 하얀 소든 모두가 유한자의 검은 소일 뿐이었다.

그러다가 어느덧 유한 존재도 본질의 그림자를 서서히 벗어나 하나 둘 제 모습을 드러내기 시작했다. 존재가 본질을 앞서고 인간은 주체적 인식존재로서 자리잡게 되었다.

근대철학의 아버지 데카르트는 지금까지 자명하다고 여겼던 모든 것에 회의를 품었다. 그렇지만 아무리 의문을 던지고 또 의심해도 자신이 의심하고 생각하고 있는 존재라는 사실은 결코 의심할 수 없었다. 나는 생각한다, 고로 나는 존재한다(Cogito ergo sum)라는 데카르트의 명제가 탄생하여 철학의 근본 중심이 되었다. 이제 인간은 절대적 무한에 매달리는 초라한 시녀가 아니라 무한자를 객관적 대상으로 바라보고 모든 사물을 인식하는 주체적 존재가 된 것이다.

천둥과 번개에 놀라던 인간도 자연의 공포와 두려움에서 벗어나기 시작했다. 영국의 로빈 후드가 도망쳤던 곳은 떡갈나무들이 무성한 숲이었다. 거대한 떡갈나무가 우거진 숲은 하늘을 가렸기 때문에 어둡고 두려운 곳이었다. 그런 야만적이고 두려운 숲에 글자 그대로 enlightenment, 즉 이성의 빛이 투사되고 어둠을 일깨우는 계몽(啓蒙)이 시작되었다. 계몽시대에 인간의 합리성은 앎(knowledge)을 힘(power)으로 삼고 기술을 매개로 해서 자연을 지배해 나갔다.

돌이켜보면 근대성은 숲을 허물고 최소 비용으로 생산력을 최대로 높이는 과정에서 자연과 인간을 새롭게 지배하는 야만성을 배태하였음은 물론이다.

수학에서 유한(10cm의 종이) 속에 무한(∞의 미분)이 있음을 알았던 것처럼, 인간의 의식은 끝없이 확장되어 유한 존재에서 무한을 발견하기에 이르렀다. 유한 속에 무한이 있고 무한 속에 유한이 있었

▶▶ 유한 속의 무한

손바닥만한 10cm 길이의 종이테이프(유한자, the finite)를 반절로 잘라보자. 그 반절을 또 반절로 잘라내는 작업을 수없이 계속한다면 어떻게 될까. 현실적으로는 불가능하겠지만 수학에서는 한없이 잘라내도 끝이 없을 무한대(the infinite)의 미분영역으로 남아 있을 것이다. 물론 오늘날에는 종이를 반절로 잘라내고 또 그것을 반절로 잘라 마침내 분자크기의 나노(1/10억cm)까지 오려내고 있는 실정이다.

던 것이다.

우리는 바닷가에서 푸른 하늘과 광대무변한 우주를 가슴에 품기도 한다. 어떨 때는 내가 하늘인지 혹은 우주인지 혼동하면서 그 순간에 느끼는 무한한 자유와 환희를 화폭에 옮기기도 한다. 그처럼 무한 절대정신은 유한한 인간존재의 의식 확장을 통해 세상에 실현되는 것이었다.

인간정신은 자신으로부터 멀리 존재하는(또는 자기소외 self-alienation) 하늘 저편의 무한 정신을 변증법적으로 받아들여 유한존재를 무한자로 만든다. 이렇게 헤겔의 유한자는 절대정신과 결합하여 자기 스스로를 무한한 존재와 동일화시켰다. 정(thesis)-반(antithesis)-합(synthesis)의 헤겔 변증법은 유한을 매개로 무한을 인식하는 방법이었다.

그럭저럭 게으르게 살아가는 나라는 존재〔正〕는 어느 날 이렇게 살아서는 안 되겠다는 생각을 한다. 뭔가 삶의 자기모순〔反〕을 느낀 것이다. 평소에 안일했던 존재가 자기모순을 느끼고 어제와는 다른 존재〔合〕로 새롭게 태어나는 것도 삶의 변증법적 발전이다. 새로운 합(合)의 존재라 할지라도 머지않아 또 다른 자기모순을 깨달아야만 무한히 발전할 수 있다. 나의 의식은 또 자기를 부정하고 변증법적 계단을 타고 올라가면서 무한의 절대정신에까지 다다를 수 있다.

우리는 언제나 광대한 우주와 하늘을 일정하게 바라볼 수 없다. 존재가 의미를 규정하는 것처럼 배가 고픈 존재는 하늘도 노랗게 인식한다. 배부른 사람과 배고픈 사람의 존재상황은 의식과 생각에서도 서로 다른 차이를 안겨준다. 현실의 물질적 토대에 따라 의식이 바뀌는 것이다.

마르크스의 자본주의 위기론을 비웃은 무한한 욕망의 신

마르크스에게, 인간의 내부의식이 확장되어 절대정신을 받아들이고 나로부터 소외되었던 신이 자기복귀한다는 것은 단순한 관념론에 불과하였다. 철봉에 거꾸로 매달려서 세상을 보고 허공에 대롱거리는 머리만으로는 사물을 똑바로 볼 수 없다. 이제 땅으로 내려와 두 발을 굳건히 내딛고 현실의 객관적 토대 위에서 세상과 사물을 직시해야 한다는 것이 유물론이다. 배가 고프든 고프지 않든 하늘과 사물을 객관적으로 바라볼 수 있어야 했다.

헤겔은 아직도 기독교의 신학적 세계관을 탈피하지 못했던 것이다. 유물론 입장에서 신은 인간의 염원이 자신의 모습을 닮은 형상물을 창조한 것에 불과하였다. 아이를 간절히 낳고 싶은 여인이 아기인형이라는 신을 만들어놓고 정한수를 떠놓고 기도하는 것처럼, 무한 세계와 신은 유한한 인간존재가 만들어낸 허상으로 인식되었던 것이다.

> 마르크스는 두 발을 땅 위에 튼튼히 세우고 객관적 현실세계와 물질적 힘에 눈을 돌렸다. 인간은 더 이상 무한 정신을 매개하는 관념적 유한 존재가 아니라 복잡한 실재(reality)의 현실에 둘러싸인 사회적 존재였다. 변증법적 발전의 계기가 되는 모순의 형태도 달랐다. 헤겔이 의식의 관념 속에서 자기모순을 획득했다면 마르크스는 인간존재를 둘러싼 현실세계에서 사회적 모순을 발견하였다.

마르크스는 자본가계급이 생산수단을 소유하여 노동자의 잉여가치를 빼앗는 생산관계를 근본적인 사회적 모순으로 보았다. 어디 모순이 이것뿐인가. 자본주의가 붕괴하는 필연적 모순에는 생산력의 발전에 따른 과잉생산이 도사리고 있었다. 어린이의 몸집이 커지면 옷도 맞지 않게 되는 모순이 발생한다. 결국은 몸이 커감에 따라(생산력의 발전) 그에 걸맞았던 자본주의라는 옷도 찢어져서 새로운 것으로 바뀔 수밖에 없는 것은 필연의 법칙이었다.

자본가들은 더 높은 이윤을 창출하기 위해 자본의 규모와 생산능력을 무한정 확대하고 어떻게든 노동자의 임금을 줄이고 노동시간을 연장하려 한다. 낮은 임금은 구매력을 약화시켜 과소 소비로 이어지고 자본가는 생산규모를 확대하지만 과잉생산에 빠지고 만다. 이쯤 되면 빈곤한 노동자의 불만은 높아지고 과잉상품은 산처럼 쌓이고 경기는 하락하여 공황에 직면할 수밖에 없다는 것이 마르크스의 자본주의 위기론이다.

그런데도 마르크스의 예언처럼 자본주의는 필연적 모순에도 불구하고 왜 붕괴되지 않을까. 과연 자본주의는 과잉상품이라는 내재적 모순을 어떻게 해결해 왔을까.

과잉상품의 처리에 대한 해답은 처음에 제기했던 무한(욕망)과 유한(수단)의 명제에서 찾아볼 수 있다.

이제 무한자의 절대정신은 세속적인 자본주의 시장경제에서 더 이상 설 자리를 찾지 못하고 종교적 영역으로 후퇴하였다. 그 대신 유한 속에 또 다른 무한이 자리잡게 되었다. 다름아니라 그것은 욕망이라는 무한 신이었다.

자본주의는 끊임없이 자신이 토해 내는 과잉상품을 소비하여 이윤을 획득하고 다시 투자되어 물건을 확대 재생산하는 자본의 운동법칙에 의해서 유지된다. 자본주의 생산방식이 필연적으로 야기하는 과잉생산은 무한한 인간욕망을 통해 소비되고 처리될 필요가 있었나. 우리는 자본주의가 창조해 낸 욕망의 무한 신을 때로는 물신숭배(페티시즘, fetishism)라고도 부른다.

결국 인간의 무한한 욕망은 경제학의 기본 조건이 아니라, 마르크스가 지적하는 자본주의의 필연적 모순과 위기를 극복하고 스스로를 지속적으로 발전해 나가기 위한 명제였던 것이다.

물질세계를 향한 인간의 욕망은 원래 무한하지 않았다. 다만 현대 자본주의에 들어와서 새로운 상품의 등장, 텔레비전 광고, 타인에 대한 과시, 물신숭배 등에 의해 끊임없이 자극받고 확대되면서 무한대를 향해 진화하고 있는 것이다.

이렇게 해서 인간은 자신의 내면에 잠재해 있는 욕망의 끈을 끄집어내어 다시 외부로부터 부추김을 받으며 확장시킴으로써, 욕망이라는 무한 신과 자신을 동일시하기 시작한 것이다.

무한욕망 유한자연

이제 다시 경제학의 홍콩영화 제목인 '무한욕망 유한수단'(無限慾望 有限手段)을 다른 말로 바꿔야 할 것 같다. '무한욕망 유한자연'(無限慾望 有限自然)이라고 이름을 붙여보면 어떨까. 역시 유한과 무한은 상대적이다. 인간의 무한한 욕망이 자연을 유한한 상태로 만든 것이다.

　포근한 대지(大地)의 품으로 인간을 안아주고 밤하늘의 별이 어머니의 눈처럼 반짝이던 자연은 젖과 꿀 같은 강을 잊어버리고 인간욕망의 생산에 바닥을 드러내고 있다. 기원전 1800년경 고대인도의 리그베다 찬가(讚歌)에서 볼 수 있었던 무한한 풍요로움은 한갓 옛말이 된 것이다.

> 장려한 인더스 대하(大河)여,
>
> 너의 유역은 말과 수레가 풍부하고
>
> 황금, 수없이 많은 옷감, 곡식 그리고 양모와 푸른 풀로 가득 찼구나.
>
> 넓디넓게 펼쳐진 들판은
>
> 무리지어 핀 꽃으로 뒤덮이었네. — 리그베다 찬가

　아직도 경제학은 자연이 무한하게 펼쳐져 있고 인더스 강의 풍요로움도 여전히 존재하는 것으로 전제한다. 석유와 석탄 등의 화석에너지와 유용한 재화를 공급해 주는 자연자원은 여전히 무한하고 고정불변하다는 가정에서 벗어나지 못하고 있다. 나카무라 오사무는 『경제학은 왜 자연의 무한함을 전제로 했는가』에서 이 점을 혹독하게 비판하고 있다.

　리카도는 자연을 유한하다고 인식하면서도 무한의 자연을 가설로 두고 자신의 이론을 전개하였다. …경제학에서는 자연을 의식하지 않은 채 경제활동만을 논의하고 있다. 그 자체는 바로 땅속에 묻혀 있으면서 아직 에너지로 변화하지 않은, 말하자면 열화(熱火)되지 않은 자연이 무한하다는 것을 가설로 채택하는 것이나 마찬가지이다. … 화석연료의 채굴·가공은 지구상에서의 소비 이외는 아무것도 아니다. 그러나 경제학은 화석연료(자연)가 무한하다고 가정함으로써 지하로부터의 채굴을 '생산'으로 인식할 수 있었다.

아직도 경제학은 자연이 무한하다는 가정 위에서 경제이론을 전개하고 있다. 땅속의 화석자원을 캐내는 것이 생산활동으로 되기 위해서는 자연이 무한하다는 것을 전제로 해야 한다. 하지만 자원이 유한한 상황에서 지하로부터의 채굴행위가 결코 '생산'으로 인식될 수는 없다. 그것은 곧 바닥날 쌀독의 뚜껑을 열어 쌀을 꺼내 밥 짓는 행위를 생산이라 얘기하는 것과 같은 이치다. 곧이어 끝나버릴 단순한 소비행위인데도 말이다.

인간의 욕망이 무한하다는 가설 역시 생산이 무한히 지속될 수 있도록 자연자원도 무한하게 존재한다는 것을 전제조건으로 해야 한다. 그런데 무한을 향한 욕망의 물신은 끝없이 확장되어 오히려 자연의 범위를 넘어서고 있다. 자연은 상대적으로 무한한 욕망에 위축되고 지난날 풍부했던 자연자원도 고갈되어 유한한 자연으로 바뀌었다.

자연과 인간의 욕망은 결코 무한하지 않으며 또 무한한 것으로 가정해서도 안 된다. 경제학은 자연과 인간의 욕망이 유한하다는 전제 위에서 새롭게 정립되어야 한다. 여기에는 욕망의 자본주의 체제에 대한 근본적 성찰과 실천적 노력이 필요하다.

우리는 다시 유한자의 겸손함으로 돌아와야 한다. 그럴 때만이 자연은 우리에게 무한한 선물을 줄 수 있다.

자동차가 자본주의를 선도한 까닭은?

1955년은 미국의 자본주의가 한창 꽃을 피우던 해이다. 그때 이유 없는 반항아로 청소년의 영원한 우상이 된 제임스 딘(James Dean)은 포르셰 레이스카를 타고 달리다 스물세 살의 젊은 나이에 사망하였다. 지금도 제임스 딘은 자동차를 매개로 기성세대에 반항하고 현재의 이곳을 벗어나 어디론가 무한질주하려는 10대의 문화적 아이콘이 되고 있다.

19세기 영국에서 자동차가 출현했을 때, 차에 탔던 사람은 낮에는 붉은 깃발을 들고 밤에는 불빛 램프를 흔들면서 차가 간다고 소리쳐 알려야 할 정도로, 속도 개념은 우마차 수준이었다. 하지만 길거리에서 터덕거리던 느린 말들도 자동차의 속도에 밀려 어디론가 사라졌다. 미국의 포드가 1909년 포드 T자형 모델을 대량으로 생산하면서 자동차는 더 이상 부유층의 전유물도 아니게 되었다.

자동차는 사람들의 공간개념을 바꾸어놓았고 생활방식을 혁명적으로 변화시켰다. 이웃집 자동차의 시동소리는 알람시계가 되었고 주말에는 사람들이 예전에 갈 수 없었던 곳을 갈 수 있게 해주었다. 길이 뚫리고 도시는 급격히 팽창하였다. 자동차는 스피드를 즐기고 이동공간을 확장하는 자유의 상징물이었으며, 여기에 편승하여 인간의 욕망도 끝없이 뻗어났다.

욕망에 서열이 매겨지고

포드는 자동차의 대중화시대를 열었지만, 1923년부터 컨베이어벨트 방식의 대량생산은 자동차의 과잉상태로 이어졌다. 소비자들 또한 단순하기 그지없는 포드 T-모델에 싫증을 느끼기 시작하였다. 이러한 소비자의 욕구변화에 유연하게 대응한 것은 GM이었다.

GM 자동차는 고급차에서 대중용 자동차까지 5단계로 차종을 나누어 시장의 동향과 소비자의 욕망에 민감하게 반응하였다. 고급차의 대명사로 알려진 캐딜락을 비롯해서 올즈모빌, 뷰익, 폰티악 그리고 대중용으로 값이 저렴한 시보레를 내놓아 시장을 장악하였다. 그때부터 포드는 자동차 생산의 1위 자리를 GM에게 내주고 지금까지 맥을 못 추고 있는 것이다.

포드가 자동차의 대량생산 시대를 열었다면, GM은 자동차라는 상품을 소비자의 욕망과 결부시켰다. GM의 마케팅은 소비자의 욕망과 교묘히 결합하여 이를 적극적으로 조작하였다. 자동차의 모델변화와 디자인은 소비자에게 새로움과 호기심을 끌어내고 정작 소비자 자신도 알지 못했던 잠재적 욕망을 구체적으로 자극하였던 것이다.

자동차는 한마디로 킬러 애플리케이션(killer application)이었다. 자동차는 인쇄술, 화약, 증기기관, 인터넷처럼 킬러 앱으로서 인간의 가치관과 생활양식에 충격을 주었지만, 이와 동시에 소비자의 잠재적 욕망을 읽어내고 새로운 욕망을 창출해 내는 킬러 상품이기도 하였다.

GM의 자동차 5단계는 사람들에게 욕망의 계단을 만들어놓았다. 시보레를 장만한 사람은 욕망의 계단을 하나하나 올라가서 마침내 캐딜락을 소유하는 것이 삶의 목표처럼 되어버렸다. 포드의 대량생산이 도로를 질주하는 수평적 욕망이라면, GM은 계단을 타고 신분 상승의 욕구를 꾀하는 수직적 욕망이었다.

우리 마음에 존재하는 욕망은 겉에서 잘 보이지 않고 자신도 잘 모를 정도로 은밀하고 복잡하게 뒤엉킨 실타래와 같은 것이다. 그런 내면적 욕망은 이제 상품과 결합하여 외부로 표출되고 누구나 확연히 볼 수 있는 욕망의 계단으로 표준화되었다. 인간의 욕망은 상품을 매개로 해서 자본주의 사회와 일정한 관계를 맺게 된 것이다.

욕망의 사회적 관계는 상품가치를 새롭게 만든다. 나로부터 멀리 있는 것은 가까운 것보다 더 갖고 싶게 마련이다. 내가 갖지 못한 것을 남이 갖고 있으면 욕구가 일어난다. '부족'은 '욕구'와 동의어가

▶▶ 킬러 애플리케이션

인터넷처럼 원래의 사용목적을 뛰어넘어 산업을 변화시키고 경제질서와 사회제도에 충격적인 영향을 미치는 제품 혹은 기술을 킬러 애플리케이션 또는 줄여서 킬러 앱(killer app)이라고 부른다.

되었다.

　자본주의는 이를 위해서 광고공세, 신상품의 개발, 자동차의 모델 변경, 새로운 욕망 만들기 등 잠재욕망의 조작(subliminal control)을 끊임없이 수행한다. 그렇게 해서 욕망과 결합된 상품의 물신은 블랙홀처럼 자양분을 빨아들이며 몸집을 키워가고 있는 것이다.

또 욕망은 상품의 가치를 낳고

우리가 가치 있는 삶이라고 말할 때, 그것은 돈과는 상관없이 매우 지고하고 신성한 의미를 지닌다. 도저히 값을 매길 수 없는 것(priceless)이야말로 가장 가치 있는(value) 것이다. 그런데 요즘에는 모든 것이 상품화되어 시장에서 잘 팔려야만 가치를 인정받는다. 그리하여 가격이 곧 가치(price＝value)가 되어버렸다.

　상품의 가치는 어디에서 오는가? 상품가치가 무엇이냐에 따라 그것을 토대로 건축된 경제이론도 근본적으로 차이가 나며, 서로 치열한 논쟁을 벌이거나 적대시하기까지 한다.

　재화를 생산하는 데 들어간 노동시간이나 노동량이 상품가치의 척도라는 것이 노동가치설이다. 예를 들어 시계를 만드는 데 투입된 노

> **▶▶ want의 이중적 의미**
>
> 영어의 want라는 단어는 '부족'과 '욕구'의 뜻을 동시에 지니고 있다. 어제까지만 해도 아무런 생각도 없었던 내가 오늘 아침에 다른 사람의 옷차림을 보고 부족함(want)을 느끼고 나도 입고 싶은 욕구(want)를 가진다.

동량이 신발보다 2배 많으면 시장에서도 시계는 신발보다 2배나 큰 교환가치를 갖는다. 또한 상품에 필요한 노동량이 증가할수록 그만큼 생산량도 늘기 때문에 투입된 노동시간은 매우 중요한 가치기준이 된다. 마르크스도 인간노동력만이 모든 가치를 창출하며 이윤의 유일한 원천이라는 노동가치설을 계승하였음은 물론이다.

우리네의 지난날 생활풍경을 가지고 한번 이야기해 보자. 아버지는 그날따라 새벽녘까지 일해서 가죽신을 더 만들어 시장에 내다팔고 자식들이 사달라고 졸라대던 학용품을 사가지고 왔다.

아버지가 쏟은 노동이 가죽신의 유일한 가치이다. 평소보다 늘어난 노동시간 때문에 가죽신의 생산량도 늘어난 것이다. 가죽신을 만드는 아버지처럼 공장에서 땀 흘려 일하는 생산자의 입장에서 보는 것이 노동가치론이다.

그렇지만 가죽신이 시장에서 팔리지 않으면 아무런 소용이 없다. 물건 사는 사람의 마음에 들어야 하고 변덕스러운 기호도 맞춰야 한다. 그렇다면 상품의 가치는 시장에서 소비자가 결정하는 것이 된다. 이렇게 소비자가 상품(가죽신)을 구입해서 마음에 느끼는 (주관적) 만족도를 가치기준으로 삼는 입장이 바로 효용가치설이다.

▶▶ 노동가치설과 효용가치설의 대립

시장에서 소비자가 상품(가죽신)을 구입해서 마음에 느끼는 (주관적) 만족도를 가치기준으로 삼는 입장이 효용가치설이다. 이 때문에 생산자(아버지)가 밤새도록 가죽신을 만들기 위해서 노동을 했다는 (객관적) 노동가치설과 대립한다.

효용(utility)은 어떤 재화를 소비해서 얻는 주관적 만족도를 의미한다. 그런데 현대경제학이 계승하고 있는 효용이론은 어떤 사람이 피자를 먹으면서 혼자서 맛있다고 느끼는 주관적 감정만을 다룬다. 소비자의 주관적 감정을 다루는 효용이론은 시장에서 어떻게 하면 합리적으로 소비행위를 할 것인가에만 초점을 맞춘다. 이러한 개인의 주관적 효용에서 벗어나 욕망과 가치론을 사회적 차원으로 끌어올린 사람이 독일의 게오르그 짐멜(Georg Zimmel)이다.

나와 대상물건 사이의 거리가 욕망을 발생시킨다. 좀 비약적인 예를 들면, 항상 같이 다니던 남친이 입대했을 때 더욱 보고 싶어지는 욕망이랄 수 있다. 자기 곁을 떠나서 멀리 있거나, 만나고 싶어도 어떤 장애물이 가로막을 때 비로소 소중한 가치를 깨닫게 된다.

짐멜은 『화폐의 철학』에서… 효용이 의미하고 있는 것은 대상에 대한 욕구이다. 대상이 우리로부터 멀어질 때 그리고 욕구가 그 거리를 극복하려고 노력할 때 우리는 비로소 진정으로 욕구하는 것이다. 대상과 주체 사이에 장벽이 없거나, 어떤 대상물을 소유하기 위해 난관과 희생이 필요하지 않다면 욕구는 뚜렷이 인식되지 않을 것이다.

현재 소유하고 있는 것에서는 욕망이 발생하지 않는다. 지금은 갖고 있지 않으나 앞으로 어떤 대가를 치르든지 꼭 소유하고자 하는 욕망에서 가치가 발생한다. 주체가 소유하고자 욕망하면 객체적 대상은 비로소 가치를 갖게 되는 것이다. 욕망의 빛이 투사되면 하찮은 돌이라도 소유대상이 되어 가치의 꽃망울을 피우는 것이라 표현할 수도 있다.

욕망이란 어느 날 문득 내 마음속에서 자연스레 피어나는 것이 아니다. 욕망은 타인과의 관계, 사람과 사람의 상호작용 속에서 발생하는 사회성을 지닌다. 프랑스의 문화비평가이자 철학자인 르네 지라르(René Girard)는 『폭력과 성스러움』에서 욕망은 타인을 모방하는 것에서 비롯된다고 밝힌다.

인간은 대상을 직접 욕망하는 것이 아니라 제3자의 중개를 통해서 대상을 욕망한다. 사람들은 자기의 의지에 따라 독창적으로 어떤 대상을 욕망한다고 믿고 있지만 사실은 제3자를 매개로 욕망하게 되는 것이다. 지라르는 타인을 매개로 해서 일어나는 욕망을 비자발적 욕망(involuntary desire)으로 구분한다.

제3자는 주체와 대상 사이에 개입되어 있는 욕망의 중개자(mediator)이자 모델이다. 주체는 중개자라는 모델이 욕망하는 것을 그대로 따르고 있는 것에 불과하다. 가까운 친구가 새 옷을 입고 왔다. 내 마음에는 부러움, 선망, 질투가 일어난다. 나라는 주체와 중개자(친구)는 묘한 경쟁관계에 들어가게 된다. 욕망의 모델이 되는 중개자는, 늘 붙어다니는 친구처럼 욕망주체와 너무 가깝고 나의 분신과도 같은데 이를 지라르는 짝패(double)라고 부른다.

지라르는 욕망주체와 중개자(짝패)는 은연중 경쟁관계에 있지만 짝패는 새 옷을 입고 나타나는 친구로만 국한되지 않는다고 말한다. 나의 욕망을 자극하고 모방본능을 불러일으키는 짝패는 텔레비전 광고에서 등장하는 욕망모델로 확장된다.

가상세계의 광고는 욕망 중개자로서 소비자의 잠재욕망을 조작할 뿐 아니라 한 걸음 더 나아가 상품소비를 통한 차별화를 시도한다.

여기 학생 세 명이 있다. 그들은 검은 농구화를 신고 서로 자기 신발이 더 좋다며 다투고 있는 상황을 한번 떠올려보자. 그런데 서로간의 다툼을 순식간에 종식시키는 사건(?)이 발생했다. 한 친구가 광고에 한창 등장하는 에어 조단의 농구화를 신고 이들 앞에 나타난 것이다. 아마 검은 운동화를 신은 학생들은 에어 조단의 농구화를 살 엄두를 못 내는 집안형편을 한탄하거나 부모님에게 졸라서 기어이 사야겠다고 각오를 하거나, 어쨌든 모두가 주눅이 들어 입도 벙긋 못하는 상황이 펼쳐질 것이다.

기어이 한 학생이 에어 조단 농구화를 사서 다음날 신고 왔다. 그 학생은 소비자의 욕망을 충족했음은 물론이고 사회적 우월감까지 획득하게 되었다. 이제 자본주의 사회에서 욕망충족을 위한 상품소비는 새로운 권력으로 등장하였으며, 검은 운동화를 신은 학생들은 잠시 동안일지라도 권력의 사다리 아래쪽에 놓이게 된 것이다.

이처럼 효용은 경제학에서 의미하는 바와 같이 더 이상 재화의 소비를 통해 얻는 주관적 만족도가 아니다. 재화의 효용은 짝패에 자극받은 모방욕망을 충족시킴으로써 얻어지는 사회적 만족도까지 의미하게 되었다.

결국 농구화의 양이 많은가 적은가 하는 희소성 원칙에 의해서 재화의 가치는 결정되지 않는다. 효용과 가치는 소유욕망을 충족하기 위해서 분명한 대가를 치르고 극복해야만 하는 주체와 대상 간의 거리 그리고 가까운 친구나 광고의 가상세계 등 욕망주체를 포위하고 있는 무수한 짝패(욕망의 중개인 또는 욕망모델)에 의해서 결정된다.

이렇게 소비사회의 욕망 메커니즘은 효용가치를 새롭게 창출하고, 주체의 욕망을 확장하고, 욕망의 서열화를 통해 소비권력을 만들어내면서 현대 자본주의를 이끌어왔다. 이런 대량소비 혹은 과잉처리 시대로 상징되는 고도의 대중소비사회를 대표하는 것이 바로 자동차산업이다. 질주하는 자동차만큼이나 욕망 경계선의 끊임없는 확장은, 기업에게 시장을 확대하고 새로운 이윤을 창출할 기회를 지속적으로 제공하고 있는 것이다.

07

왜 김밥보다 햄버거를 선호할까

경기가 어려워지면서 김밥 한 줄 값이 천원까지 내려갔지만, 햄버거는 보통 2천~3천 원으로 값도 만만치 않다.

김밥은 우리의 전통재료로 만드는데다 우리 몸에 필요한 영양소가 골고루 갖추어져 있는 편이다. 이에 반해 햄버거는 영양가도 별로 없을 뿐더러 칼로리만 높아서 어린이 비만의 주범이 되고 있다. 게다가 감자튀김 등의 정크 푸드(junk food, 쓰레기음식)와 함께 일회용 스티로폼의 엄청난 폐기물 발생으로 생태적 문제마저 일으키고 있다.

그런데도 왜 어린이와 청소년들은 김밥보다도 햄버거를 더 좋아할까?

한계효용은 물이 왜 싼지 설명한다

사람들이 어떤 재화를 선호하기 위해서는 그만한 가치가 있어야 한다. 사용가치(value in use)가 있어야 한다는 얘기다. 사용가치는 곧 효용(utility)이며, 그것은 김밥과 햄버거를 먹을 때 각자가 느끼는 주관적 만족도를 뜻한다. 이렇게 사용가치(효용)로 따져보면 영양도 풍부한 김밥이 햄버거보다 선호되어야 하는데, 꼭 그렇지만은 않다.

이야기를 살짝 비켜나서 물과 다이아몬드를 먼저 살펴보자. 물은 인간세상에서 없어선 안 되는 유용한 재화이다. 다이아몬드는 우리가 살아가는 데 꼭 필요한 것도 아니지만 값은 무지하게 비싸다. 사용가치로 따져보면 당연히 물이 다이아몬드보다 사용가치가 더 크기 때문에 비싸야 하는데도 그렇지 않다. 이러한 가치의 모순 또는 패러독스를 해결하기 위해서는 한계효용(marginal utility, MU)의 개념을 빌려야 한다.

한계효용은 김밥을 먹을 때마다 추가적으로 얻는 효용을 말한다. 처음 김밥 하나를 먹을 때 느끼는 효용이 10이라고 하면, 두번째 먹을 때는 12이고 점차 효용이 올라가다가 어느 시점부터는 배도 부르고 김밥에 질려서 효용은 다시 10, 8, 7… 등으로 떨어질 것이다. 한계효용이 올라갔다가 어느 시점부터 점점 떨어지면 급기야 김밥을 먹는다는 것 자체가 고통이 된다.

한계효용도 당연히 재화가 희소할수록 높다. 이 또한 경제학에서 말하는 희소성 원칙이다. 배고픈 사람에게 김밥 한 줄을 사다 주면

눈물겹게 고마워하는 것도 한계효용이 그만큼 높기 때문이다.

물은 풍부하고 흔하기 때문에 한계효용이 매우 낮다. 반면에 다이아몬드는 부존량도 많지 않고 소비량도 매우 적기 때문에 땅콩만한 크기의 다이아몬드를 추가할 때마다 효용의 증가분, 즉 한계효용은 매우 높아지게 된다.

한계효용은 재화의 가치를 좌우하기 때문에 상품가격에 영향을 미친다. 그래서 한계효용이 높고 희소한 다이아몬드가 그렇지 못한 물보다 비싸다는 것이 한계효용 이론의 설명이다. 여전히 물은 다이아몬드보다 사용가치가 높지만 한계효용 또는 가격, 즉 원화(元貨)로 표시되어 다른 재화와 바꿀 수 있는 교환가치(value in exchange)는 낮은 셈이다.

이와 같이 한계효용은 다이아몬드처럼 사용가치(효용)는 낮은데 교환가치(가격)가 높은 이유를 설명해 준다. 배부른 사람보다는 며칠 굶은 거지가 김밥 한 줄에 더 감격한다거나, 가난한 사람의 1만원이 돈 많은 부자의 10만원과 가치가 비슷하다는 등의 희소성(scarcity) 원리도 여기에서 도출된다.

그렇지만 희소성 원리는 재화를 질보다 양으로 따지던 시대에 더 적합한 가치론이다.

어릴 적 나의 꿈은 라면 5개를 한꺼번에 끓여먹거나 달걀 프라이를 마음껏 먹어보는 것이었다. 하지만 지금은 옛날과 다르다. 양보다는 질로 승부를 내는 시대이다. 그런 차원에서 우리는 일반 효용의 개념으로 다시 돌아와서 영양만점의 김밥보다 비만덩어리 햄버거가 더 선호되는 까닭을 찾아야 한다.

오늘날처럼 먹을거리와 물자가 풍부한 시대의 효용가치는 상품이 본래 가지고 있는 재료적 속성만으로 결정되지는 않는다.

재화의 사용가치를 압도하는 상징가치

현대 자본주의 사회에서 효용은 그 사회가 가지고 있는 일련의 욕망체계와 밀접한 관계가 있다. 결론적으로 햄버거가 선호되는 이유는 아메리카 문화의 확산, 때로는 서구적 삶에 대한 막연한 동경, 바쁜 생활과 패스트푸드의 현대적 기능성 등과 같은 문화적 욕구가 우리의 욕망체계에 영향을 끼치기 때문이다.

우리가 어떤 재화를 더 좋아하는지, 말하자면 재화의 선호 배열순서는 재화 본래의 효용(사용가치)이 결정한다기보다 해당 재화에 부여되는 문화적 의미와 가치에 좌우된다는 것이다.

미국 문화의 영향을 받은 욕망체계가 효용을 만들고 이것 때문에 재화의 선호도가 바뀐다. 현대 서구문화의 확산이 만들어낸 효용가치 때문에, 영양가도 별로이고 값도 비싼 햄버거가 김밥을 앞지르게 된 것이다. 이것을 문화의 상징가치(symbol value)라 불러도 좋다.

그래서 젊은이들은 서구형의 체질을 몸짱이라 뽐내고, 서구 브랜드의 티셔츠와 청바지를 즐겨 입고, 머리를 노랗게 물들이고, 도시적 감각과 세련된 현대인의 멋을 풍기는 상징인 양 김밥보다는 햄버거를 더 선호하는 것이다.

이 정도에서 프랑스 사회학자 보드리야르(Jean Baudrillard)를 짚고 넘어가지 않을 수 없다.

나는 10년 묵은 차를 아무런 불평도 없이 잘 타고 다니는데 요즘 와서는 조금 생각이 달라졌다. 좋은 차를 갖고 싶은데 '체어맨'이 괜찮을 것 같다. 그런 정도면 남한테 조금은 뽐낼 수 있을 것 같다. 체어맨이 첨단 전자장치, 안락한 의자, 넓은 공간, 안전성 등이 뛰어난지는 잘 모르겠다. 다시 말하면 체어맨의 사용가치(효용)가 어떤지는 알지 못한다는 것이다. 체어맨을 갖고 싶을 뿐이다. 체어맨이라는 단어, 즉 보드리야르가 말하는 기호(記號, sign)를 갖고 싶은 것이다.

이제 사물이 갖는 기호의 상징가치는 고유한 사용가치(효용성)를 밀어내고 있다. 여기서 중요한 것은 재화 자체가 아니라 다른 재화와의 차이(difference)이다.

햄버거는 김밥과 대비되는 기호의 차이를 통해서 막강한 의미 파워를 과시할 수 있다. 바로 햄버거는 서구의 기호이고 김밥은 한국적 기호이다. 이렇듯 기호는 차이를 통해서 막강한 의미와 이미지의 힘

보드리야르는 소비를 하나의 기호체계로 본다. 그는 사물을 물리적 실체로 보지 않고 기호로 파악한다. 별로 형편이 안 좋았던 시대에 소비란 배고프거나 목마를 때 밥과 물을 사먹는 식으로 인간의 실체적 욕구를 충족시켜 주는 행위였다면, 지금은 물질적 재화보다는 기호가치(sign value)를 위해 우리는 소비행위를 한다는 것이다.

을 발휘하게 된다.

현대 자본주의 사회에서 광고는 기호의 상징가치를 만들어나가는 데 크게 기여하고 있다. 특히 세계적인 체인망과 막강한 자본을 가진 맥도널드 햄버거는 아메리카의 문화 이미지와 기호가치를 조작하는 데 지배적인 역할을 하고 있다.

그렇지만 나의 경험에서 볼 때, 우리 한국만큼은 맥도널드의 세계적 자본과 이미지 파워 앞에서도 김밥의 한국적 기호를 여전히 고수하면서 음식 문화전쟁을 벌이고 있다.

따스한 손길로 만든 김밥, 얼큰한 떡볶이는 미국 문화가 총체적으로 응집된 햄버거의 서구적 기호에 대항하여 효용과 상징의 이미지 전쟁을 치열하게 벌이고 있다. 이는 민족적 기호를 지켜내기 위한 싸움이며, 또 한편으로는 김밥과 떡볶이의 의미망 속에 담겨 있는 우리의 정서와 가치를 지키려는 암묵적인 노력이다.

햄버거의 속도와 느림의 철학

누구나 그렇지만 추운 겨울날 김이 모락모락 피어나는 포장마차 문을 들치던 추억은 남다르다. 뿌옇게 김이 서린 안경알을 닦으면서 어슴푸레 드러나는 정겨운 장면은 결코 잊혀지지 않는다. 나 역시 가족들과 저녁식사를 든든히 사먹고도 골목길에서 호떡이며 꼬치 오뎅을 먹던 추억이 지금도 아른거린다.

아내와 함께 중국에서 가장 인상 깊었던 기억은 더운 여름날 밤 서안(西安)의 길가에 쭈그리고 앉아 독한 화주(火酒)에 곁들여 양고기 꼬치구이에 후추를 뿌리며 먹으면서 온몸이 땀으로 찐득했을 때이다.

붐비는 길거리에서 사람을 만나고 그곳에서 먹던 노점음식은 진짜로 우리가 맛봐야 하는 문화체험이다. 우리나라를 찾는 외국인 여행객에게도 매운 맛에 혀를 내두르는 떡볶이 투어는 결코 잊지 못할 추억이 될 것이다. 그런데 양고기 꼬치구이 대신 햄버거라면 문제는 달라진다. 햄버거에서 무슨 여유를 찾을 수 있을까. 여행은 자유롭고 느긋한 맛으로 다닌다. 길거리에서 방랑자처럼 여유부리며 그 나라 특유의 음식냄새에 코를 싸매도 그 자체가 즐거운 일이다.

우리의 일상도 좀더 여유로워져야 한다. 쉴 새 없이 걸어다니면서 먹는 햄버거의 속도로 살아갈 일도 아니다. 솔직히 점심시간에 수시로 햄버거를 먹을 수밖에 없다면 그 또한 쫓기는 삶이라 생각하고 불현듯 걸음을 멈춰 봐도 좋다. 잠깐 동안 멈춰서 떡볶이에 오뎅국물을 마시며 가로등불을 쳐다보고, 도심 외곽이라면 깜깜한 하늘의 별들을 만날 수도 있다.

햄버거는 바쁜 걸음의 산물이지만 떡볶이는 멈춤의 행위이다. 떡볶이는 우리의 속도를 늦추게 하는 길거리 문화이며 추억이다. 길거리에 나뒹구는 낙엽을 쓸지 않듯이 노점상도 거기 그 자리에 있어야 한다. 존재하는 것은 모두가 아름다운 법이다.

8

진정으로 부자가 되는 길

종종 늦은 퇴근길이면 동네 제과점에 들러 빵을 사가지고 간다. 집에 들어가 식탁에다 빵봉투를 펼쳐놓고 자기 방에 처박혀 있는 자식들을 불러모아 도란도란 얘기하는 시간은 하나의 기쁨이다.

나는 슈크림 빵을 참으로 좋아한다. 어릴 적에 궁색한 호주머니를 털어서 빵 하나를 사서는 냉큼 입에 넣고 달콤한 크림 맛을 즐기던 기억은 언제나 새삼스럽다. 그때 사먹던 빵은 오로지 혼자 먹기 위한 것이었다. 지금은 빵을 사다가 가족이 식탁에 둘러앉아 오순도순 대화하거나 은은한 불빛 아래서 아내와 함께 와인을 곁들여 먹는다.

이럴 때 빵의 질적 측면과 빵을 매개로 이루어지는 정겨운 분위기를 경제학에서는 어떻게 설명할 수 있을까.

정겨운 분위기를 경제학적으로 설명한다면?

같은 빵이라도 그냥 배부르기 위해서 먹는 빵과, 가족들과 둘러앉아서 먹는 빵은 분명히 다르다.

지금 내가 빵을 사는 행위는 물론 영양섭취와 맛을 즐기기 위함이기도 하지만, 그보다는 가족과 함께 대화하고 즐거운 식탁을 마련하기 위해 산다는 쪽이 훨씬 우세하다.

나에게서 빵은 효용을 얻기 위해 먹는 단순한 재화라기보다 가족과 대화하는 커뮤니케이션의 수단이다. 여기에서 일상의 자잘한 행복도 피어난다. 문화경제학자의 태두로 인정받고 있는 러스킨(J. Ruskin)과 그의 영향을 받은 인도의 노벨경제학 수상자 아마티아 센(Amartya Sen)의 이론은 한마디로 재화의 소비를 통한 새로운 행복론이라고 할 수 있다. 크게 어려운 것도 아니다.

우리는 재화에 내재된 고유 가치(잠재능력)를 향유하고 즐기는 능력을 기를 때 더욱 인간적인 경제생활을 할 수 있다는 것이다.

우리가 빵을 통해 배부르거나 영양을 섭취하는 데서 한 걸음 더 나아가 식탁에 둘러앉아 대화를 나누는 효용까지 향유할 수 있는 능력을 가진다면, 삶은 더 행복하고 다양해질 수 있다. 빵을 먹는 것에서, 그 빵이 지니고 있는 모든 것을 최대한 즐겨야 한다. 그것은 재화의 고유한 가치(intrinsic value)를 즐길 수 있는 향유능력(acceptant capacity)을 지녔는가 여부에 달려 있다.

어떻게 고유 가치의 향유능력을 기를 것인가. 결국 우리 스스로 끊임없이 의식적으로 학습하고 훈련하는 방법밖에 없다. 빵을 그저 배부르고자, 얼마간의 영양을 섭취하기 위해 먹는 사람은 기계적 인간으로서 경제인(호모 에코노미쿠스)이다.

이에 반해 빵에 내재되어 있는 재화의 고유한 잠재능력을 향유하고 그러한 능력을 열심히 기르는 사람은 의식적 인간이라 불린다. 경제원칙에 따라 피동적으로 움직이는 기계적 인간과 대비되는 의식적 인간은 전체를 아우르는 인격적 존재로서 전인(全人, whole man)이다.

이것은 비단 빵 먹는 것에만 국한되지 않는다. 한 편의 시를 읽고 행복에 젖는 사람은 분명히 그 동안 무수한 시집을 읽으면서 그 속에 담겨 있는 고유한 가치를 향유히는 능력을 키워왔을 것이다. 시를 읽는 훈련이 되어 있지 않은 사람은 시 한 편에 내재된 고유한 가치를 결코 향유할 수 없고 행복감도 누리지 못한다.

아버지가 빵을 사왔다고 해서 가족들이 자동적으로 식탁에 모여 대화하지는 않는다. 오히려 아이들은 빵 몇 개만을 쏙 집어서 자기

> 어떤 사람이
> 다른 사람에게 사랑을 받습니까?
> 사랑하는 사람이 사랑을 받습니다.
> 어떤 사람은 모든 사람에게 사랑받는데,
> 자신은 왜 그렇지 못합니까?
> 무엇인가 문제가 있다는 말입니다.
> 문제가 어디에서 오는지 잘 생각해 보십시오.
> 사랑하는 것도 훈련입니다. 사랑할 줄 모르면 사랑을 받을 수도 없습니다.
> —황인철, 『왕의 아이들』

방으로 들어가기 십상이다. 평소에 가족들과 대화하고 사랑하는 방법이 훈련된 사람만이 빵에 내재한 고유 가치를 향유할 수 있다.

사랑하는 것도 훈련이다. 빵 하나로도 가족의 웃음꽃이 필 수 있도록 의식적으로 학습하고 열심히 능력을 기른 사람이 진정 행복한 사람이라 하겠다. 러스킨의 다음 구절은 여러 가지로 해석이 되고 있지만 오늘날 문화경제학의 명제로 일컬어진다.

There is no wealth but life.
생의 풍요로움을 느끼는 자만이 진정한 부자이다.

빵 하나에서도 그 재화가 지닌 고유한 가치를 향유하고 그것을 통해 사랑의 커뮤니케이션을 유지하고 자그마한 것 하나에서도 생활의 풍요로움을 느낄 때, 우리는 진정한 부자가 된다.

생의 약동 속에서 진정한 부자가 된다

생의 풍요로움을 뜻하는 life는 베르그송(Henri Bergson)을 대뜸 떠올리게 하는 생의 약동(élan vital)이기도 하다.

베르그송은 우리가 매일매일 똑같은 일상에 매몰되고 지쳐가는 상태를 일컬어 기계적인 삶이라 했다. '나'라는 존재의 운동은 외부에서 강제되어 움직이는 것이 아니다. 시간도 손목시계의 초침처럼 외부에 존재하거나 물리적인 것도 결코 아니다.

어느 날 아침햇살에 눈이 부셔서 내가 살아 있음에 감사하고 뭔가 내 가슴 저 깊숙한 곳에서 생의 아름다운 충동이 일어나듯이, 우리 자신은 스스로 약동하는 비약적인 존재인 것이다.

생명은 단순한 물질적 결합이라는 기계적 질서를 통해 진화하지 않는다. 지구의 저 깊은 땅속에 잠자고 있는 용암이 분출되듯이 내적인 생명의 충동이며 예측 불가능한 힘이랄 수 있는 생의 약동을 통해 창조적으로 진화한다. 생의 약동은 모든 생명의 다양한 변화의 밑바닥에 존재하면서 도약을 미는 근원적인 힘이자 끊임없이 유동하는 생명의 연속적 분출이다.

어떤 일을 하는 데 10년이 걸린다는 말은 물리적 시간계산이다. 그런데 나 자신의 심연(深淵)에 움트고 있는 열정과 힘을 쏟아낼 경우에는 1년도 안 걸릴 수 있다. 생의 약동은 시간을 상대적으로 만든다. 그래서 베르그송은 생의 약동이 지속적으로 분출되는 것을 시간의 흐름이라고 설명한다. 시간은 밖에 있지 않고 나의 내면에 있으며 나는 외부현상을 작용하게 하는 진정한 원인이다.

There is no wealth but life.

생의 약동과 시간을 품고 풍요로움을 느끼는 자만이 진정한 부자이다.

신데렐라의 시계

고속터미널에서 차표를 끊고 어슬렁거리다가 사람들로 붐비는 지하 아케이드의 대형서점을 들렀다. 마침 눈에 띄는 손바닥만한 일본어 문고판이 있었다. 오늘 결혼식 행사의 컨셉과 맞게 제목도 『신데렐라의 시계』였다. 저자 또한 낯익은 이름으로, 쓰노야마 사카에(角山榮) 교수였다. 올해 연세가 83세인데도 여전히 연구활동을 왕성하게 하고 있었다. 고속버스에 앉아서 기가 죽은 마음으로 공손히 책을 넘겼다. 고리타분하리라 생각한 노교수였는데 뜻밖에도 책은 신선한 호기심으로 출발하고 있었다.

자연에서 신으로, 다시 상인의 것이 된 시간

왜 무도회에 참석한 신데렐라는 12시까지 귀가를 해야만 했을까. 물론 자정을 넘기면 마법이 풀리기 때문이다. 자칫하면 신데렐라의 화려한 드레스는 초라한 치마로 변하고 마차는 호박으로, 말은 4마리의 쥐로 되돌아갈 것이다. 첫날에 왕자님과 춤을 추던 신데렐라는 11시 45분을 알리는 시계 종소리를 듣자마자 서둘러 집으로 돌아왔다. 그런데 둘째 날에는 노느라 정신이 없어서 뒤늦게 서두른 나머지 유리 구두 한 짝을 무도회장에 떨어뜨리게 된다.

신데렐라의 뒷이야기는 다 아는 것인데 저자의 의문은 여기서부터 시작된다. 가장 현실적이고 핵심적인 문제로서 당시에 12시도 아니고 11시 30분도 아니고 그 사이에 있는 11시 45분을 알려주는 시계가 있었던 것일까?

시계와 시간의 역시는 이렇게 시작하고 있었다. 13세기 말에서 14세기 초까지 수도원에서는 일정한 시각에 신에게 기도를 드렸다. 제시간에 종소리를 자동적으로 알려주는 기계시계가 수도원에 있었으면 매우 편리했을 것이다. 그런 필요 때문에 자명종이 붙은 알람 기계시계가 탄생하였다. 종교적 이유로 제작하였던 수도원의 시계가 14세기쯤에는 도시시민을 위해 광장이나 시장에 시계탑으로 서게 되었다.

종소리 역시 15분 간격으로 울릴 때마다 음색(音色)이 달라서 조금만 주의를 하면 누구든지 11시 30분인지 11시 45분인지 구분할 수 있었다. 신데렐라도 이런 시계소리를 듣고서 서둘러 무도회장을 빠져나올 수 있었던 것이다.

기계시계가 출현하면서 사람들의 시간의식도 바뀌었다. 아침에 해가 뜨면 일어나 밭에 나가 일하고 저녁에 별을 벗 삼아 집으로 돌아오는 자연의 시간이 일상을 지배하고 있었다. 그러나 자연의 시간은 인공적으로 잘게 쪼개졌으며 사람들의 생활을 다른 방식으로 제도화하기 시작하였다.

중세의 수공업자들은 주문받은 가죽신발 한 켤레를 언제까지 마치겠다는 약속을 하지 않았다. 철저한 장인정신으로 땀 흘려서 자기만의 개성이 담긴 신발을 만들어야 끝났다. 좀바르트(W. Sombart)의 말대로 중세의 수공업 제품은 하나의 영(靈)을 가지고 세상에 나오게 되며 수공업자의 일에 그 사람의 기쁨과 슬픔 또한 흔적을 남기지 않고는 못 배기는 것이었다. 그런데 시간의식이 변함에 따라 제품 생산도 시간에 맞춰 이루어지게 되었다. 수공업자와 고객 사이에 제작을 언제까지 끝내겠다는 시간약속이 정해졌다.

중세에는 이자를 받는 징리(徵利) 행위가 죄악이었는데 그 이유도 시간 개념과 무관하지 않다. 기독교가 지배했던 당시에 시간은 원래 하나님의 것이었다. 시간은 신의 소유였기에 아무도 시간에 따른 이득을 얻을 수 없었다.

그렇지만 시간이 이자를 낳는다는 사고가 서서히 주목을 받기 시작했다. 상인들은 시간에 대한 새로운 생각을 자신들의 돈벌이에 응용하였으며 시간은 바로 돈(Time is money)이라는 논리가 지배하였

> ▶▶ **이자는 신의 시간을 훔치는 행위**
>
> 중세시대에는 이자받는 것을 죄악시하였다. 이자란 하나님의 시간을 훔친 결과물이라고 보았기 때문이다. 그래서 중세교회의 법학자들은 이자의 취득을 범죄행위로 간주하였다. 범죄는 처벌되어 마땅하였고 교회는 상인의 이자취득을 금지하는 이자금지법을 제정하였다.

다. 금융업자와 상인들은 돈을 빌려주고 일정한 기간이 지나면 원금과 함께 이자를 받았다. 신의 시간은 상인의 시간으로 전환하였던 것이다.

자본주의와 시간

상인과 부르주아들이 지배한 시간 위에서 인간의 삶과 노동이 규제되고 경제활동이 이루어졌다. 1563년 영국의 도제법(徒弟法)에서도 노동시간이 규정되었다. 3월부터 9월까지는 아침 5시 또는 5시 이전에 작업을 해서 저녁 7시와 8시 사이에 마치는 것으로 정해졌고 이를 어기거나 태만하면 임금을 대폭 깎았다. 오로지 임금으로 생계를 유지하는 노동자는 시간의 규칙에 철저하게 순응해야 했다.

자본주의라고 하는 새로운 사회는 신의 시간을 상인과 부르주아가 지배하면서 탄생하였다. 시간은 금전이기 때문에 돈처럼 아끼고 저축해야 하며 이를 위해 근면성실하게 사는 것이 최선의 덕목으로 자리잡았다.

신데렐라는 시간을 어길 경우에 마법이 풀린다는 벌칙이 따르긴 했으나 다행히도 왕자와 결혼하는 행운을 얻었다. 아름다운 미인이기에 가능한 일이었으리라. 하지만 노동자들은 시간에 늦으면 임금을 삭감당하거나 근무태만으로 해고되는 비정한 현실을 맞이해야 했다.

고속버스 안에서 여기까지 읽고 책을 덮었다. 과연 시간은 누구의 것인가? 83세까지 왕성하게 연구하고 책을 쓰는 노교수에게, 시간은 당신의 것이라고 말해 주고 싶었다.

고속도로 휴게실에 들어서는데, 밀레의 〈만종〉(晩鐘)이 눈에 들어온다. 추수가 끝난 들녘에서 가난한 농부들이 보리이삭을 줍다가 어느 성당에서 들려오는 종소리에 조용히 기도하는 모습이다.

〈만종〉은 노동과 신앙의 기쁨이 가득한 그림으로 추앙받고 있다. 예배당의 종소리는 성스러운 시간임을 알려주고 있다. 그러던 시계가 광장의 공중시계로 세상에 나오게 되면서 근대화의 공업노동자에게 출퇴근 시간을 알려주고 시간당 평균임금을 계산하게 해주는 장치로 변하게 된다.

〈만종〉의 들녘에서 은은히 울려퍼지던 종소리는 중세를 단순히 암흑세계로 보았던 우리의 편협한 생각을 수정케 하고 있다. 『중세의 가을』에서 호이징가(Johan Huizinga)는 중세의 쇠퇴기에도 아름다운 삶을 열망하던 중세사람을 그리면서 종소리의 상징을 이렇게 묘사하고 있다.

생활의 온갖 소란을 지배하고 모든 것을 고요와 질서로 감싸는 하나의 소리가 있었으니, 곧 교회 종소리가 그것이었다. 교회 종소리는 누구나 알 수 있는 톤으로 기쁨과 슬픔, 평온과 위험을 알려주는 영감이었다. … 그렇지만 중세의 가을이 오면서 성스러운 상징체계는 쇠퇴하고 이미지 역시 포기되고 있었다.

산업혁명 이후에 노동자는 광장의 시계에 따라 작업하던 허리를 펴고 하루 임금을 받아쥐고 퇴근하게 되었다. 이제 사람들은 더 이상 종소리에 맞춰 경건한 마음으로 감사드리지 않게 되었다. 그냥 바쁜 걸음을 재촉할 뿐이었다. 성스러운 종소리와 신의 시간은 세속에 묻혀버리게 된 것이다.

IO

성(聖)과 속(俗)의 경제

얼큰한 전주의 콩나물국밥은 어디서도 흉내 낼 수 없는 세계 최고의 음식이다. 콩나물국밥은 뚝배기에 양념한 콩나물을 넣고 멸치국물을 만들어 밥과 함께 끓이거나 혹은 밥을 콩나물국물에 말아서 만든 요리이다.

전주 콩나물국밥의 원조는 단연 '삼백집'이다. 그 옛날 허름했던 국밥집은 이제 세월과 함께 현대식 건물로 변해 버렸지만, 예나 지금이나 서민들의 술속을 풀어주고 고향 맛을 느끼게 해주는 명소로서 아직도 많은 사랑을 받고 있다.

하루에 300그릇만 판다는 삼백집

삼백집은 하루에 300그릇만 판다고 해서 붙여진 이름만큼이나 갖가지 일화가 많다. 공화당 시절에 집주인 할머니가 콩나물국밥을 먹던

총리에게 "지가 국무총리면 다냐!"고 쏘아붙여서 욕쟁이 할머니라는 별명을 얻었다는 이야기는 유명하다.

한번은 5·16쿠데타 직후인 1961년에 현역 준장 출신의 신임 도지사가 유명한 삼백집을 찾았다. 그는 하얀 차일 밑의 긴 나무의자에 걸터앉아 옹색하게 국밥을 먹고 나서는 음식 맛이 어떠냐고 묻는 수행원들에게 대수롭지 않게 "맛은 있는데, 조금 지저분하네!" 하고 말했다. 그 한마디에 곧바로 도청 관계자들은 부산을 떨었다. 욕쟁이 할머니에게 시멘트를 지원해 줄 테니 바닥을 깨끗이 덮어버리자고 제안한 것이다. 이를 할머니가 고집스럽게 거절하자 공무원들은 전전긍긍하다가 이번에는 그 아들에게 통사정을 하였다.

그러던 차에 할머니가 시골에 제사가 있어서 며칠 집을 비우게 되었다. 이 틈을 타서 아들과 공무원들이 합세하여 부엌이며 마당 할 것 없이 깨끗이 시멘트로 덮어버렸다.

며칠 후 시골에서 돌아온 할머니는 이를 보고 몹시 애통해하며 분개했다고 한다.

"이 뭘 모르는 놈들아, 단단하고 울퉁불퉁한 진흙바닥이 있어야 새우젓이나 음식국물이 바닥에 떨어져도 미끄럽지 않고, 진흙은 지가 알아서 냄새를 없애주는데, 이렇게 시멘트로 몽땅 처발라버렸으니, 너희들이 매일 부엌으로 출근해 물로 쓸고 닦아라!"

할머니는 진흙바닥이 정화작용을 한다는 생태적 사고를 생득적으로 가지고 있었다. 오늘날 갯벌의 의미처럼, 있는 그대로의 것에서 자연은 알아서 우리를 보살펴준다는 것을 믿어 마지않았을 것이다.

삼백집은 이제 300그릇이 훨씬 넘게 팔리고 현대식으로 깨끗이 단장하여 손님들을 맞이하고 있지만, 아무래도 그때 그 시절의 이야기들이 단순한 향수가 아닌 삶의 지혜로서 지금도 우리를 훈계한다는 생각을 지울 수 없다.

우리에게 생산은 무조건 시장에서 이윤을 얻기 위한 행위로 간주되고 있다. 현대인의 시장 지향적 심성(market mentality)이다.

사실 나와 내 가족이 먹고 살기에 적합할 정도만 생산하기 위해서는 그다지 많은 노동시간이 필요치 않다. 필요 노동시간이면 충분하지만 추가적으로 시장에 내다 팔아 이윤을 얻고 또 그것을 축적하기 위해서는 나머지 여유로운 시간(잉여노동)까지 깡그리 사용해야 할 것이다.

욕쟁이 할머니는 하루에 딱 300그릇만 팔고 그 대신에 여유의 시간을 얻었을 것이다. 내가 아는 어떤 프리랜서는 만약 자기가 자동차를 사면 그것을 유지하기 위해 어쩔 수 없이 하루에 2시간을 더 일해야 한다며, 그래서 자동차 없이 걸어다니고 그렇게 해서 주어진 2시간을 자신이 주체가 되어 마음껏 쓴다고 한다. 이 또한 생태적 사고다.

하루 콩나물국밥 300그릇은 강수돌의 『작은 풍요』에 인용된 하인리 뵐의 '느림 예찬'을 떠올리게 한다.

하루 300그릇을 파는 것은 시장에서 거래하는 판매(selling)가 아니라 어쩌면 음식을 제공(provision)하는 행위일 수 있다.

시장에서 공급(supply)과 수요(demand)의 개념은, 팔려고 생각하는 사람(공급자)과 사려고 생각하는 사람(소비자)이 머리싸움을 하는 행위를 말한다.

어느 조용하고 아늑한 어촌마을의 아침이었다. 햇볕이 따사롭게 내리쬐는 바닷가의 모래밭에서 한 고기잡이 노인이 평화롭게 단잠을 자고 있었다. 이 아름다운 마을에 휴양을 온 한 관광객이 바닷가를 거닐다가 이 노인이 잠자는 모습을 보게 되었다. 그 모습이 너무나 인상적이어서 이 젊은이는 사진을 찰칵, 찰칵 찍어댔다. 그런데 그 소리에 그만 이 고기잡이 노인이 잠을 깨고 말았다.

"그 뉘시오?"

"아이쿠, 죄송합니다. 지나가는 나그네이온데 할아버지 모습이 너무나 보기 좋아서 그만… 죄송합니다."

"……."

"그런데 할아버지는 왜 고기를 잡으러 나가지 않으세요? 벌써 해가 지만치…."

"이미 새벽에 다녀왔구먼."

"아, 그러세요? …그러면 또 한번 더 다녀오셔도 되겠네요?"

"그렇게 고기를 많이 잡아서 뭐하게?"

"…참, 할아버지도. 그러면 저 낡은 거룻배를 새 걸로 바꾸실 수 있잖아요?"

"그래, 가지고선?"

"그 다음에는 새 거룻배로 고기를 잡으시면 훨씬 빨리, 한결 많이…."

"음… 그 다음에는?"

"그야 당연히 크고 좋은 배를 몇 척 더 사시고, 사람도 많이 부리고… 그러면 뭉칫돈 버는 것은 시간문제 아니겠어요?"

"옳거니, 그래서는?"

"그 다음에야… 이 마을에 생선 가공공장도 세워, 싱싱한 통조림도…."

"흠… 그리고 나서는?"

"그때는 별 일도 않고 가만히 누워 그저 편안히 지내실 수 있지요."

이 말에 고기잡이 노인은 대답했다.

"지금 내가 바로 그렇게 지내고 있네."

"……."

공급자는 가격의 변동상황을 예의 주시하면서 얼마나 물건을 많이 팔아서 화폐잉여를 최대로 얻을 수 있는가, 소비자는 얼마나 물건을 잘 구입해서 효용을 최대로 올릴 것인가를 놓고 사전(事前, ex-ante)에 마음속으로 궁리한다. 마침내 공급자와 소비자가 마음에 드는 가격(price)에 팔고 사는 것을 서로 결정하고 그것을 행동으로 옮겼을 때 비로소 공급은 실제 판매로 이루어지고 수요는 구입(purchase)으로 전환한다. 판매와 구입은 공급-수요의 사전적 개념과 달리, 현실로 이뤄진 사후(事後 ex-post) 행위가 되는 것이다.

우리는 돈을 매개로 거래되고 교환되는 모든 행위를 시장경제의 공급과 수요 개념으로만 설명하려고 한다. 시장 지향의 심성으로 보면 하루 300그릇만의 판매는 도저히 이해가 가지 않는다.

결국 한정된 판매는 비시장경제의 영역에 속한다. 할머니는 자신이 먹고 사는 데 필요한 노동시간을 투입하여 맛있는 음식을 제공하고 나머지 시간은 이윤을 축적하는 대신에 넉넉한 일상을 즐겼으리라.

성스러운 것에 가격을 매기는 시장경제

비시장경제에 속하는 한정 판매는 성(聖)과 속(俗)의 차원에서도 조망해 볼 수 있다. 엘리아데(M. Eliade)의 엄밀한 개념을 다 옮길 수는 없지만 성(the sacred)과 속(the profane)이 풍기는 이미지를 잠깐 설명하면 이렇다.

우리는 세계에 있는 자연물 자체를 숭배하는 것이 아니다. 그 자연물을 통해 나타나는 성스러운 것, 즉 성현(聖顯, hierophany)을 숭배하는 것이다. …성스러운 돌, 성스러운 나무는 돌이나 나무로서 숭배되는 것이 아니라 돌과 나무에서 드러나는 성스러움 때문이다. …순수와 불순, 성과 속은 영원불변한 것이 아니다. 불순이 순수로, 속이 성으로 변할 수 있다. 고대 로마에서는 (불순한) 월경 피를 과일나무의 해충을 방지하기 위해 과수원에 뿌렸다고 한다. 이처럼 민속종교인들은 속에서 성으로, 불순에서 순수로 끊임없이 상승하고자 하는 태도를 드러냈다.

얼마 전 근교에 있는 메기탕 집에 식사를 하러 간 적이 있다. 음식은 나올 생각도 않고 부엌에서는 전 부치는 구수한 냄새가 술술 풍겨났다. "그것으로 안주를 삼게 조금 파시오!" 했더니 "오늘 제사지낼 음식이라 팔 수는 없고 조금은 드리지요." 하며 갖다 주는 게 아닌가.

똑같은 음식이라도 조상의 초월적 존재와 후손의 정성스런 손길이 닿아 있는 제물(祭物)은 성스럽다. 성스러운 것을 세속의 시장에서 사고 팔 수는 없는 것이다. 반면에 제물처럼 일단 팔 수 없는 성스러운 것인데도 가격을 붙여서 흥정하고 교환하는 행위가 시장의 속화(俗化) 과정이다.

최초에 대지(Erde)는 인간에게 넉넉한 안식처가 되고 우주의 어머니 품과 같은 것이었다. 대지의 여신(女神)은 도구를 만들고 땀 흘려 경작하는 인간노동을 받아들여 자신의 일부를 떼어주게 된다. 대지의 일부는 인간의 노동대상이 되고 식량을 생산하는 토지(grundeigentum)로 변모한다. 토지는 애당초 소유개념이 없었으며 자연으로부터 잠깐 빌려 쓰는 점유물일 뿐이었다. 마침내 자본주의 단계에 들어와서 상품화될 수 없는 토지가 서로 소유되어 거래되고 시장교환의 매물이 되었다. 이것도 알고 보면 성스러운 것의 속화과정이다. 산업화시대에 존엄성을 가진 인간까지 시장경제의 생산요소로 환원되어 노동력이 상품화되는 과정도 이와 같을 것이다.

대대로 가업으로 이어지는 일본의 어느 장인의 종이는 철저하게 한정 판매를 한다. 물론 진정한 예술인에게만 종이가 제공된다. 따라서 그 종이에다 그림을 그렸다는 자체로 작품은 높은 가치를 지닌다. 결코 파는 것이 아니다. 예술가는 그 장인 앞에서 무릎을 꿇고 정중하게 종이를 받는다. 이러한 의례(儀禮)의 성스러운 영역에서 지불되는 가격은, 시장교환의 거래행위가 아니라 '증여와 반례'의 상징적 주고받음일 뿐이다.

하루 300그릇만 만들어 파는 일은 욕쟁이 할머니의 입장에서 최고의 맛을 지키고 음식을 제공하는 성스러운 행위였다. 잉여시간을 돈으로 바꾸지 않고 삶을 스스로 주관하여 자신의 가치를 성스러운 영역에 묶어두고자 하는 생태적 삶의 표현이었다.

오늘날 삼백집은 24시간 문을 열고 있다. 그 명성 때문에 외지에서도 사람들이 몰려들면서 늘 북적거린다. 물론 맛이야 이제는 옆집과 그 옆집의 콩나물국밥 집과 크게 차이는 없다. 할머니의 여유와 당당함 속에서 빚어 나오는 입담과 욕은 사라지고 그냥 미소와 친절이 여느 집과 다를 바 없어졌다.

경제의 트라이앵글

오래 전에 이런 의문을 스치듯 품은 적이 있다. 『심청전』에 나오는 공양미 300석은 왜 하필 300석일까. 더구나 송나라 남경상인이 심청의 몸값으로 300석을 내놓을 정도라면 도대체 당시의 무역규모가 얼마나 되었다는 말인가?

쌀 한 석(섬)은 대두(大斗) 10말이고 지금의 쌀가마는 대두 5말 또는 소두 10말이니까 무조건 한 섬은 2가마가 된다. 공양미 300석은 오늘날로 치면 쌀이 600가마이고 가격으로는 1억 원에 2천만~3천만 원이 더 붙는 금액이다. 물론 현재의 쌀값 시세로 규모를 추정하기보다는 당시 고려시대에 한 가족이 평생 의식주를 해결할 수 있는 600가마로 계산해야만 공양미 300석의 값어치가 가늠될 것이다. 어쨌든 고대소설에 기록된 공양미 300석의 단위를 근거로 삼아 고려시대 말기 송나라와의 대중무역은 막대한 이문을 남길 정도였다고 진술해도 될까.

하지만 이런 생각이 엄청난 경제적 오류라는 것에 얼굴을 붉혔으니, 신화에서 3이 갖는 숫자의 상징적 의미를 알고부터였다. 아마도 공양미 300석은 숫자 3에다 심청이가 목숨을 내놓아야 할 정도의 쌀 단위가 곱해져서 나온 규모일 것이다. 다음은 주강현의『우리 문화의 수수께끼』에 나오는 숫자 3의 비밀이다.

동서양을 막론하고 3은 완성, 최고, 최대, 신성, 장기성, 종합성 따위로 인식되고 있었으니 우리만 3을 중시한다고 볼 수는 없다. …서구의 3 개념이 가장 절대적으로 드러난 부분은 역시 삼위일체다. …가까운 중국에서도 3은 두루 쓰였다. 제사도구들은 대개 3개의 다리로 되어 있으니 제기(祭器)를 뜻하는 정(鼎)이란 글자도 다리 셋을 형상한 것이다. …삼강오륜, 삼일장(三日葬), 삼배(三拜) 등이 그것이다.

인간은 물(액체)과 공기(기체)와 흙(고체)을 보고 세 가지 형태의 세계가 존재한다는 사고를 발전시켰다고 하는데, 이것은 동서양에서 공통적인 모양이다. 단지 자연현상만 3의 형태로 접근한 것은 아니었다. 경제학자들도 3분법으로 복잡한 경제현상을 해부하거나, 아니면 삼각형처럼 3가지가 만들어내는 안정적이고 온전한 경제형태를 드러내고자 했다.

고려시대의 해상무역과 칼 폴라니의 3분법

심청이가 인당수에 빠졌던 당시의 해상교역은 오늘날과 성격이 판이

하게 다르다. 국가간의 무역은 경제적 이익을 우선으로 하는 것이 아니었다. 선물을 주고받음으로써 유대의 망을 두텁게 하거나 외교관계를 우호적으로 도모하기 위한 호혜적 교환이었다. 주종관계든 형제국의 우애가 되었든, 조공무역은 선린 질서를 유지하기 위한 호혜이고 평화의 산물이었다.

물론 사절단에 실려 공물을 보내고 답례품(또는 回賜品)을 받아오는 호혜적 교역이라도 경제적 동기가 무시된 것은 아니었다. 이익을 얻는 경제적 동기는 외교라는 비경제적 동기 아래 종속되었을 뿐이다.

어찌 보면 심청이의 공양미 300석은 조공무역의 성격처럼 단순한 경제적 이익에 한정되지 않고 외교와 평화적 관계를 지속적으로 유지하기 위한 표현일 수 있겠다. 조공무역 시절에 교역은 국가적 행위였다. 나중에 남경상인이 인당수에 떠오른 연꽃을 중국의 천자에게 갖다 바친 것에서 볼 수 있듯이, 무역상인은 권력지배자와 밀접한 관계를 맺고 있었고 국왕체제의 또 다른 대리인이기도 했다.

국왕과 같은 권력지배자는 무역을 통해 국가 전체의 이익보다는 자신의 개인적 부를 축적하는 데 관심이 있었다. 그렇지 않으면 타인에 의해 권력이 위협받기 때문에, 지배층은 공무역의 비중을 높이고 사무역을 관장하거나 통제하였다.

전근대 사회에서는 국가 중심으로 이루어지는 재분배 장치가 상대적으로 컸으며 시장교환도 호혜라는 비경제적인 틀 속에 널리 종속되어 있었다.

그러다가 근대 자본주의에 들어와서 시장교환은 호혜구조와 사회·문화적 그물망을 뚫고 나와서 사회 전체를 자기 아래 포섭시켜 나갔다. 시장은 인간과 토지 등 본래 상품이 아닌 것을 상품화시키고 공동체와 문화를 윌리엄 블레이크의 시구처럼 악마의 맷돌(satanic mills) 속에 넣어 분쇄시켜 버렸던 것이다. 윌리엄 블레이크는 산업혁명과 기술발달 과정이 초래하는 문화 파괴의 현상을 악마의 맷돌에 비유하였다.

오늘날 사회와 경제를 통합하는 세 가지 패턴 중에서 호혜는 시장교환에 밀려 안중에도 없어져 버렸다. 그렇지만 시장교환은 사회적 질서의 일부분일 따름이며, 더욱이 호혜와 결합되지 않을 경우에 시장기구는 물론 사회통합 자체도 위기에 봉착하게 된다. 시장에서 탈락한 실업자와 빈곤자들을 그대로 방치할 경우에 엄청난 사회적 혼란이 야기된다는 것은 뻔한 일이다.

호혜는 전통적 삶의 조직(객지로 떠났던 자식을 기꺼이 받아들일 수 있는 대가족제도 또는 농촌), 지역사회의 커뮤니티, 종교자선단체, 장학재단, 볼런티어의 활동, 기부행위 등을 비롯하여 사회적 안전망, 미래세대와 과거세대의 주고받음을 조직화하는 국가적 호혜장치, 즉 사회보험 같은 사회정책 등을 포함한다.

시장교환 기구와 공동체적 호혜성이 서로 결합되지 못하거나 시장원리가 비정상적인 암세포처럼 비대해져서 사회통합이나 인간 고유의 존엄성이 훼손되는 현상을 우리는 한마디로 신자유주의의 모순이라 부를 수도 있다.

미국의 경제학자 볼딩(K. E. Boulding)은 증여경제학(Grant's economics)을 제창하는 『애정과 공포의 경제』(*The Economy of Love and Fear*, 1973)에서 사회적 삼각형을 제시하고 있다. 종래의 경제학은 주로 삼각형의 한 축인 시장교환(쌍방향적인 재화의 이전)과 시장기구만을 연구해 왔다는 비판이 볼딩의 출발점이다.

3이라는 숫자처럼 볼딩의 삼각형도 안정된 모습을 보여준다. 단순화시켜 보면 사회적 삼각형은 시장교환, 애정(증여), 공포 또는 협박(조세)이다. 시장교환의 쌍방성과 달리 애정과 공포에 의한 증여나 조세 등은 대가를 기대하지 않는 일방적인 성격을 가진다. 볼딩에 따르면, 사람들은 이러한 사회적 삼각형 속에서 생활하고 있으며 당시 미국의 국민총생산은 시장교환에 60%, 증여(애정)에 30%, 조세(협박)에 10%가 배분되었다고 한다.

어떤 경제학자는 미국 경제의 20~50%가 교환경제보다는 증여에 의해 형성된다는 통계를 내놓았는데, 캔터버리(E. R. Canterbery)는

『경제학의 형성』(*The Making of Economics*, 1980)에서 상대방과 거래하는 시장교환만을 경제 전체로 파악하는 것은 미국 경제의 40%를 무시하는 것이 될 수 있다는 지적도 해놓았다.

이렇듯 미국 경제는 시장교환과 더불어 독특한 증여경제의 특징을 지니고 있음을 알 수 있다. 물론 우리의 경우에는 일방적인 애정(증여)과는 성격이 다른 상부상조의 관혼상제 비용 같은 증여가 큰 몫을 차지하고 있다. 일정한 인간공동체에서 통과의례가 발생할 경우에 지출되는 축의금이나 부조금은 일방성보다는 훗날을 대비한 보험금의 성격이 짙기 때문에, 호혜적 증여라고도 이름 붙일 수 있겠다.

최근 들어 개인소득 1% 기증, 유산 물려주지 않기 등의 기부(donation) 운동이 우리 사회에서 활발하게 일어나고 있다. 이런 가운데 도네션(donation)의 발음을 변형시켜 또 내쇼, 더 내쇼 등과 같은 조어도 나오고 있어 우리를 즐겁게 한다.

경제학자들이 자신도 모르게 접근하게 되는 삼각형의 분류는 결국 시장경제의 교환만 가지고 경제 전체를 다루지 말자는 의미가 숨어 있는 것이라 하겠다. 물론 '증여의 토대가 결핍된 한국에서 미국식 신자유주의'가 야기하는 심각한 모순 역시 삼각형의 경제논법에 담겨 있는 경고이다.

12

브로델의 3층이론과 허생전

프랑스의 역사학자 페르낭 브로델(F. Braudel)을 생각하면 아날학파 (Annales School)를 창시했던 마르크 블로슈(M. Bloch)를 떠올리게 된다. 블로슈는 1939년 제2차 세계대전이 발발하자, 여섯 자녀를 둔 53세의 노교수임에도 대위로 참전하였으며 그후 다시 레지스탕스 활동을 하다가 체포되어 혹독한 고문을 받았다. 결국 1944년에 블로슈는 자신이 태어난 고향 근처에서 "프랑스 만세!"를 외치며 총살당하였다.

브로델도 전쟁 때 독일군과 싸우다 포로가 된 지식인이다. 5년 동안 포로수용소에 갇혀 있으면서 자료도 없이 자신의 기억에만 의존하여 『지중해』라는 방대한 저술을 집필하기 시작하였고 훗날 박사학위논문으로 제출되었다.

브로델을 생각하면 떠오르는 장면 하나가 있다. 어릴 적에 보았던, 지독한 소낙비로 천변의 냇물이 시뻘겋게 굽이쳐 흐르는 모습이다.

천변의 급류가 힘차게 흐르다가 어느 지점에서 일정하게 올라갔다가 포물선을 그리며 떨어지고, 맥주병은 둥둥 떠오르다가 다시 가라앉았다 천천히 떠오르기를 반복하고, 라면봉지는 물의 표면을 따라 기세 좋게 팔락이며 흘러가는 것이었다.

아마 급류가 내려오다 갑자기 기복을 크게 이루는 지점에는 물 속에 커다란 바위가 박혀 있었을 것이다. 브로델이 역사를 해석하는 3층이론 가운데 1층위에 해당하는 지점이며 역사의 흐름 속에서도 거의 움직이지 않고 고정되어 있는 구조이다.

브로델은 역사의 3층이론을 출렁이는 바다에 비유하였다. 1층위는 바다의 맨 밑바닥에서 거의 움직이지 않는 역사(수면 깊은 곳에 고정된 바윗돌)를 말한다. 2층위는 그 위의 완만한 리듬을 가진 역사(급

▶▶ 브로델의 3층이론으로 본 경제의 흐름

1층위는 물질문명 또는 물질경제이다. 물질문명은 장구한 세월 동안 변하지 않는 인간 삶의 경제로서 시장에 편입되지 않는 비계산적 특징을 지닌다. 텃밭을 가꾸며 먹고 사는 일, 자급자족, 물물교환, 인구, 식량, 의복 등 오래도록 변하지 않은 채 우리의 일상생활을 유지시켜 온 삶의 양식이다. 또한 거센 상층부의 급류에도 버티고 자신을 지키는 바위처럼 저항적이며 제약조건으로도 작용한다.

2층위는 시장경제이다. 역사적으로 도시가 등장하고 분업과 교환이 발생하는 활발한 국면으로서 우리가 일반적으로 말하는 시장경제의 형태이다.

3층위는 말할 것도 없이 자본주의를 가리킨다. 브로델의 자본주의는 시장 동향에 매우 민감하다. 시장가격을 이용한 유통거래, 주식거래, 환거래, 지역 차원을 넘는 거대한 자본투자 등이 급박한 리듬을 타고 있다.

류의 중간단계에서 오르락내리락하는 맥주병)이며, 3층위는 맨 위의 표면에서 출렁거리는 것(물의 표면에서 팔락거리는 라면봉지)으로 이루어져 있다고 하였다.

브로델의 물질문명-시장경제-자본주의의 세 층위는 뚜렷이 구분되지도 않을 뿐더러 서로 영향을 주고받으면서 전체적인 경제의 변화양상을 만들어가고 있다. 브로델의 3층이론이 지대한 영향력을 행사했던 이유는 수많은 경제학자들이 동일시하였던 시장경제와 자본주의를 날카롭게 분리해 낸 데 있었다.

시장경제와 자본주의는 별개다

조선시대 농촌에서 몇 마리의 닭이 낳는 달걀을 집안식구들끼리 먹을 경우에는 브로델의 물질문명 또는 물질경제에 해당한다. 그러다가 시골 5일 장시(場市)가 발달하면서 닷새에 한번 꼴로 달걀을 내다 팔고 다른 것과 교환한다면 이것은 시장경제의 층위이다. 그런데 어느 날부터 달걀 집하상이 출현하였다. 집하상은 농가마다 돌아다니며 달걀을 수거해서 거대한 지하창고에 저장하였다. 시골 장날마다 아낙네의 손에 들리었던 달걀꾸러미들이 사라졌고 때마침 달걀이 몸에 좋다는 소문도 나돌면서 값이 오르기 시작했다. 그러자 달걀 집하상은 잽싸게 창고 문을 열고 유리한 공급자의 지위에서 시세차익을 몽땅 챙길 수 있게 되었다. 바로 브로델이 말하는 자본주의 층위이다.

18세기 박지원의 『허생전』은 매점매석을 통해 말총의 가격을 최고

로 뛰게 만들었으니 최상층의 자본주의를 전형적으로 보여준 텍스트
이다.

　　허생(許生)은 만 냥을 입수하자, 다시 자기 집에 들르지도 않고 바로 안
성(安城)으로 내려갔다. 안성은 경기도·충청도 사람들이 마주치는 곳이
요, 삼남(三南)의 길목이기 때문이다. 거기서 대추, 밤, 감, 배, 석류, 귤,
유자 등의 과일을 모조리 두 배의 값으로 사들였다. 허생이 과일을 몽땅
쓸었기 때문에 온 나라가 잔치나 제사를 못 지낼 형편에 이르렀다. 얼마
안 가서, 허생에게 두 배의 값으로 과일을 팔았던 상인들이 도리어 열 배
의 값을 주고 사가게 되었다. 허생은 길게 한숨을 내쉬었다.
　　"만 냥으로 온갖 과일의 값을 좌우했으니, 우리나라의 형편을 알 만하
구나."
　　그는 다시 칼, 호미, 포목 따위를 가지고 제주도에 건너가서 말총을 죄
다 사들이면서 말했다.
　　"몇 해 지나면 나라 안의 사람들이 머리를 싸매지 못할 것이다."
　　허생이 이렇게 말하고 얼마 안 가서 과연 망건 값이 열 배로 뛰어올
랐다.

브로델의 자본주의는 단순한 유통과 교환에 머무는 시장경쟁이 아
니다. 독점적 영역을 확보하여 시장을 교란하고 왜곡시켜서 자신에
게 유리한 방향으로 가격을 좌지우지한다. 시장경제가 경쟁이라면
자본주의는 독점이다. 브로델 자본주의는 바로 허생의 자본주의라
할 수 있다.

그런데 웬만한 경제학 책을 뒤적여보더라도 자본주의와 시장경제를 구분하지 않는다. 자본주의 시장경제 또는 자본주의 경제로 부르고 있다. 여기서 시장경제는 수요와 공급이 가격을 통해 자동적으로 조절되는 메커니즘이며 소비상품이나 생산자원도 시장기구를 통해 마침내 효율적으로 배분된다. 시장경제는 소비자와 생산자 간의 경쟁이 치열할수록 좋고 완전경쟁 시장을 최고의 이상형으로 삼고 있다.

독점기업이나 거대자본에 의한 가격지배와 독점이윤은 시장의 효율적인 자원배분을 왜곡시키고 소비자도 상품을 비싸게 구입할 수밖에 없어 전체적으로 사회적 후생을 저해하게 된다. 경제학 교과서에서 독점은 불완전 경쟁시장이며 소비와 생산자 모두에게 사회적 손실을 끼치기 때문에 결코 바람직스러운 것은 아니다.

시장기구는 가격에 대응하여 수요와 공급이 균형을 유지하는 정상(定常) 상태(stationary state)를 궁극적 목표로 삼고 있다. 어떤 제품이 시장 외부의 특수한 사정 때문에 일시적으로 수요가 증가해서 가격이 오른다고 해도 가격인상만큼 공급이 증가하기 때문에 시장은 원래의 균형가격으로 되돌아온다. 시장 메커니즘은 외부에서 교란요인이 발생하여 일시적 왜곡상태에 빠지더라도 다시 조정국면을 거쳐 균형을 유지하는 힘을 갖고 있다.

그런데 문제는 시장균형이 유지되는 정상상태에서 기업은 기껏해야 먹고 살 정도의 정상이윤(normal profit)밖에 얻을 수 없다는 점이다.

이제 기업은 시장 내부에서 스스로 교란을 일으켜 더 커다란 이윤을 획득하고자 한다. 새로운 기술투자와 신제품의 생산, 해외진출,

마케팅 전략의 강화, 고객의 욕망과 스타일을 자극하는 혁신제품 등을 통해 다른 기업을 제치고 끊임없이 시장지배력을 강화해 나간다. 수요와 공급의 자동 조절적 기능을 교란시키고 균형가격을 독점가격으로 전화시켜야 새로운 이윤획득이 가능해지기 때문이다.

이렇듯 기업의 행동전략은 시장균형에 머물지 않는다. 그대로 안주할 경우에 다른 기업의 시장교란으로 생존마저도 보장받지 못한다. 독점이윤을 축적하고 다시 엄청난 자본을 기술개발에 투자해서 새로운 제품의 생산에 들어감으로써, 끊임없이 시장을 왜곡시켜야 하는 것이다. 시장교란이 바로 기업의 목표이며 본성일 수 있다.

허생은 바다 밖의 섬에서 이상향을 구상하면서 농사를 짓고 있었는데, 그때 마침 일본의 속주(屬州)인 장기도(長崎島)에 흉년이 들었다. 이에 허생은 앞으로 3년 먹을 양식을 비축해 두고 나머지를 배에 싣고 가서 구휼(救恤)하여 은 100만 냥을 벌어들이게 된다.

그리고 허생은 탄식하면서 말했다. "이제 나의 조그만 시험이 끝났구나." …돈 오십만 냥을 바다 가운데 던지며, "바다가 마르면 주워갈 사람이 있겠지. 백만 냥은 우리나라에도 용납할 곳이 없거늘, 하물며 이런 작은 섬에서랴!" 했다.

허생이 처음에 1만 냥으로 온갖 과일의 값을 좌지우지했을 정도로 조선이란 나라는 작았다. 만약에 허생이 100만 냥의 절반을 바닷속에 집어넣지 않았거나, 나라 안을 돌아다니면서 가난하고 의지가지

없는 사람들을 돕는 데 40만 냥을 쓰지 않았다면 조선의 작은 경제는 거대자본에 휘둘리게 될 판이었다.

자본은 운동양식의 속성에 따라 스스로 이윤을 창출하면서 무한하게 자기를 증식한다. 현대 자본주의에 들어와서 허생의 거대한 자금은 바닷속으로 침몰할 필요가 전혀 없으며, 국경을 뛰어넘어서 무한하게 자신의 영토를 넓히고 글로벌 수준으로 확장되고 있다. 특히 ME(Micro Electronics, 극소미시전자) 기술혁명에 의해 광속으로 이동하는 국제간의 자본거래, 세계의 모든 공장을 컴퓨터로 통제하여 지구의 거리를 좁혀놓는 지리적 응축(condensation) 등으로 자본은 무한정 자신을 증식시킬 수 있게 되었다.

IMF 사태처럼 브로델의 자본주의는 한국의 고유한 시장경제를 파괴하고 무차별한 자본공세로 수탈적인 수익률을 거두었다. 여기서 경제학이 이상향으로 삼는 시장경제는 글로벌 자본주의가 진입하는 데 걸림돌이 된다. 하지만 독점이윤도 시장공간을 바탕으로 실현되어야 한다는 점에서 시장경제는 기묘한 이중성을 지닌다.

시장경제와 자본주의는 결코 같지 않다. 경쟁을 통한 시장경제의 효율성과 약육강식의 신자유주의는 확연히 구분되어야 한다는 것이 오늘날에도 여전히 유효한 브로델의 3층이론이다.

13
그네들의 신과 생명보험

한때 나는 틈만 나면 신과 죽음의 문제에 관한 책들을 읽곤 하였다. 유교·불교·기독교의 죽음관에 이르기까지 이것저것 손에 닿는 대로 훑어보기도 하였다.

무슨 삶의 근원을 따져보고 인생을 성찰하려는 까닭은 아니었다. 생명보험을 통해 사회·문화의 심층구조에서 작동하고 있는 신의 코드를 확인해 보고 싶었기 때문이다.

죽음을 대상으로 하는 생명보험은 언제나 종교를 예민하게 자극하였고 문화적 저항까지 불러일으켰다. 생명보험이라는 렌즈는 신과 인간의 관계, 종교적 원형 속에 자리잡고 있는 문화적 특성까지 살펴볼 수 있는 적절한 도구라 할 수 있다.

사탄이라 배척받던 생명보험, 에레미아 49장 11절

초기의 생명보험 제도는 신성한 생명에 가격을 매기고 죽음을 상품화시킨다 하여 종교적으로 많은 논란을 일으켰다. 19세기 미국에서 생명보험은 교회와 성직자의 거센 반발을 뛰어넘어야 비로소 대중화될 수 있을 정도로 문화적 저항이 격렬하였다.

기독교 하나님은 우주만물의 운행과 인간 만사의 세세한 것까지 관여하는 유일신이다. 사람이 죽고 사는 생사문제 역시 근원적으로 하나님의 섭리에 속하는 것이었다. 그런데도 인간이 신의 영역에서 죽음을 빼앗아 세속화시키고 자신들의 노력으로 사후를 대비하고자 하는 생명보험은 불경스럽기 짝이 없는 것이었다.

죽음처럼 장래에 일어날 일은 신의 대권(大權)에 속하는 일인데 그것을 자신의 손으로 결정코자 하는 생명보험은 한마디로 사탄의 칼날처럼 신앙심을 마비시키는 도구였다.

생명보험에 가장 적대적이었던 집단은 성서기록에 충실한 기독교 근본주의자(fundamentalist)들이었다. 그들에게는 생명보험에 가입하는 행위란 신의 가호를 의심하는 일이었다.

그 근거로서 그들이 내세웠던 성서구절은 에레미아 49장 11절이다. "네 고아들을 남겨두라. 내가 그들을 살려두리라. 네 과부들은 나를 의지할 것이니라." 그리고 이에 맞서 인간의 의지를 강조하는 주의설(主意說, voluntarism) 종교관을 대변하는 사람들은 "신은 스스로 돕는 자를 돕는다"는 성경구절을 들이대었다.

그러나 이렇게 생명보험에 비난을 퍼붓던 기독교와 성직자들도 산업화에 따른 시대적 변화를 점차 수용하게 되었다. 아니, 한 걸음 더 나아가 개방적 교회와 성직자들은 생명보험 비즈니스에 종교적 이미지를 입혀주고 마케팅에 앞장서기도 하였다. 또 교회에서는 생명보험을 과부와 고아를 돌보고자 하는 신의 의지라고 설교하기까지 하였다.

생명보험도 자선과 종교적 색채를 마케팅 전략에 적극적으로 활용하였다. 어떤 보험회사 건물은 성당과 비슷하게 설계되었는가 하면 펠리컨을 심벌마크로 삼기도 하였다. 희생적인 펠리컨은 가뭄이 심하게 들면 자신의 가슴을 찢어서 새끼들에게 피를 먹였다는 전설을 가지고 있다.

이와 같이 기독교와 생명보험은 신과 인간의 관계를 둘러싸고 술

▶▶ 생명보험이라는 프리즘을 통해서 읽는 신의 코드

기독교는 지상에서의 금욕과 시련을 하늘나라에서 보상받도록 하고 있다. 생명보험 역시 평소에는 근검절약으로 보험료를 꼬박꼬박 납입하고 죽은 뒤에는 그 사망보험금을 가족들에게 물려주게 된다. 이로써 죽은 자는 감사하는 마음으로 충만한 유족의 가슴속에 영원히 살아있게 되었다.

생명보험은 기독교적 코드와 상당히 맞아떨어진다고 할 수 있었다. 다만 하나님의 영생이 아니라 부인과 가족의 마음속에서 불사(不死)를 누린다는 차이만 있을 뿐이었다.

최근 들어와서는 사회학자들도 생명보험이라는 프리즘을 통해서 하나님과 인간사회의 다양한 모습들을 살피곤 한다. 뿐만 아니라 현대 생명보험의 특성을 다루면서 우리의 가족관계가 사회적으로 어떻게 진화되고 있는가도 추적한다.

한 논란을 벌였지만, 일정한 지점에서 서로 타협하여 손을 맞잡았다. 심지어 종교는 자신들이 가장 금기시하였던 죽음의 비즈니스에 정당성까지 부여했다.

고도의 핵가족사회에서 생명보험금을 굳이 자식에게 물려줄 필요가 없거나, 돈으로 불치병을 고쳐서 삶을 연장하려는 작금의 시대에 이르러서는 생명보험의 상품도 그 내용이 바뀌고 있다. 가령 생전(生前) 급부보험(living benefit policy)은 시한부 인생을 통보받은 보험 가입자가 죽기 전에 사망보험금을 미리 지급받을 수 있게 한다. 그래서 이 보험에 가입한 사람들은 보험금을 받아 남은 인생을 화려하게 장식하거나 의미 있게 쓰기도 한다.

1993년에 미국의 어떤 여성은 생명보험금의 일부를 미리 받아서 평생 잊을 수 없는 친구와 지인(知人)들을 초대하여 성대한 파티를 벌였다. 또 평생 타고 싶어하던 고급 승용차를 구입하여 마지막으로 노모를 만나러 가는 시한부의 삶도 있었다.

이런 생전 급부보험 혹은 여명(餘命) 급부특약 같은 상품은 당사자에게 삶의 시한을 알리지 않는 동양권보다 서구에서 더 잘 판매되고 있다는 점에서, 개인과 공동체 문화의 차이를 반영해 주고 있다고 하겠다.

어떤 사회든 그에 고유한 신화적 원형(原型)과 종교적 코드를 읽으면 그 사회의 모든 제도적 현상과 의식구조를 어느 정도 감지할 수 있다. 교리를 충실히 지켜 생명보험을 반대했던 지난날의 기독교 근본주의(fundamentalism)를 잘 살펴보면, 오늘날 종교적으로 자기가 아닌 타자를 악의 축으로 규정하는 논리의 원류가 되고 있음을 알 수 있다.

미국은 신정(神政) 국가로 지칭될 정도로, 기독교 근본주의가 공화당, 부시정권, 유태인, 신보수주의(네오콘, neoconservatism)와 결합되어 세계에서 막강한 헤게모니를 휘두르고 있다. 어디 그뿐인가. 진작부터 네오콘과의 유대관계를 과시하고 있는 유대인들의 종교와 도덕적 기준은 미국식 자본주의를 더욱 고약하게 만들고 있다. 유대인은 세계적으로 비인간적인 금융고리대의 약탈적 자본주의, 즉 흔히들 부르는 천민(pariah) 자본주의를 만들어냈던 것이다.

모세가 시나이 산에서 야훼(하나님)로부터 십계명을 받고 하나님과 이스라엘 백성 간에는 계약이 체결되었다. 나 이외의 다른 신을 믿지 않는다는 율법 준수를 조건으로 이스라엘 민족에게 약속한 땅을 주기로 한 것이다. 유대인의 선민(選民)의식은 외부에 대해 철저하게 배타적이었으며 도덕적 기준도 내부와 외부가 엄격히 분리되는 이중성을 갖고 있다는 것이 막스 베버(Max Weber)의 종교 사회학적 설명이다.

유대교의 이런 대내도덕과 대외도덕은 경제에 관한 태도 또한 결정지었다. 동포 유대인들끼리는 이자금지와 공정거래를 적용하였지만 외부인에게는 이자를 징수하고 탐욕스러울 정도로 이익을 추구하도록 장려하였다.

악을 철저하게 규정하는 기독교 근본주의와 유대교가 결합하여 비윤리적인 이윤추구와 약탈적인 앵글로색슨 자본주의를 만들어내는 이념적 근거가 되었던 것이다.

신을 대하는 태도에 따라 보험의 성격도 달라진다

그네들의 기독교 유일신과 유대교의 야훼가 그렇다면, 아시아의 자본주의를 이끌고 있는 일본의 신(神, かみ)은 어떨까?

미야자키 하야오(宮崎駿) 감독의 애니메이션 〈센과 치히로의 행방불명〉을 보면서 궁금했던 것이 바로 저녁만 되면 온천장에 놀러 오는 800만의 신(鬼神)이었다.

서구와 동양을 비교 연구하고 일본의 사회문화를 이해하기 위해서는 역시 일본 특유의 종교적 코드를 읽어야만 될 것 같았다.

일본의 종교는 잡다하다. 태어나서는 신사(神社)에 가고, 결혼은 교회에서 하고, 죽어서는 불교에 귀의한다. 그렇지만 온갖 다양한 신을 믿는 일본 어디를 가나 거리에는 신사(神社)가 있고 집 안에는 교통안전, 사업성공, 건강 등을 기원하기 위해 그들만의 신을 모시는 제단, 즉 가미타나(神柵)가 있다.

마침 신년 벽두에 일본에 갈 기회가 있었다. 어설프게나마 일본 여기저기에서 신과 인간의 문제에 생각이 미쳤다.

북규슈 벳부의 산언저리에 자그마한 신전(神殿)이 하나 있다. 이상하게도 그곳 설렁줄에는 조그마한 방울종이 달라붙어 있었다. 우리는 교회든 절간이든 엄숙하고 경건해야 하는데 그곳에서는 설렁줄을 흔들고 시끄럽게 해서 신을 깨워야 한다.

전지전능하신 유일신은 항상 깨워 있지만 일본의 신들은 이웃집 할아버지처럼 인간이 깨워야 잠에서 일어난다.

이것도 일본신화 고사기(古事記)의 한 대목과 연결되고 있지 않을까 하는 생각이 들었다. 태양의 신 아마테라스가 삐쳐서 동굴로 들어가 버리자 세상은 온통 칠흑 같은 어둠으로 뒤덮였다. 그러자 팔백만 신(八百萬神)이 거대한 동굴 앞에 모여서 큰소리로 노래 부르고 춤추고 떠들며 아마테라스를 불러내기 위해 푸닥거리하는 장면도 있다. 이런 신화의 코드가 설령줄에까지 이어졌는지도 모르겠다.

일본의 가미〔神〕는 인간과 동떨어지고 초월적이며 죽어서 우리를 심판하는 가드(God)와 본질적으로 다르다. 선악에 상관없이 약간은 두려우면서도 상업의 신, 어업의 신, 가정 수호신처럼 각기 전문적인 기능을 갖추고 인간과 거의 동일선상에 놓여 있는 존재일 뿐이다.

또 일본의 신사 앞에는 언제나 약수가 있다. 바가지 물로 오른손과 왼손을 번갈아 씻고 왼손으로 물을 담아 입을 축인다.

기독교에서처럼 선과 악이 대립적으로 구별되지 않고 선악은 하나이며 단지 탁한 것〔惡〕은 물 씻김을 통해서 맑은 것〔善〕으로 돌아온다는 것이다. 구태여 현세의 욕망을 누르고 저 세상에 가서 심판을 받을 필요도 없다. 이 땅에서 몸으로 느끼고 수많은 신들에게 안녕과 번창을 빌며 신들과 함께 어우러지는 것이 일본사회의 저변에 작동하는 종교와 신화적 코드라 할 수 있다.

여기서 오늘날 일본 정부가 야스쿠니〔靖國〕 신사를 참배하고 전쟁의 죄과도 반성하지 않는 대목도 끄집어낼 수 있을 것 같다.

일본인에게서 죽은 자와 산 자는 기독교와 불교의 사후세계처럼 현세와 완전히 유리된 것이 아니다. 선악과 생사는 이원적으로 구분되지 않고 순환적이다.

야스쿠니 신사도 죽은 자와 산 자가 현세에서 서로 교통하는 종교

시설이다. 선과 악을 심판하는 초월적 존재도 없다. 선과 악의 시시비비 없이 우경화의 군국주의와 국수적 이데올로기가 일본 특유의 종교적 장치를 통해 자연스럽게 부활하는 것이다.

미국의 기독교 근본주의처럼 일본의 군국 자본주의도 독특한 종교와 신화적 구조 속에서 자신들을 정당화하고 타자를 억압하는 메커니즘을 계속 생산하고 있음이다.

그렇다면 기독교의 생명보험이 고유한 신과 인간이 현세에서 함께 어우러지는 일본의 종교관 속에서는 어떻게 변형되었을까.

사후 유족들에게 혜택이 돌아가고 그들의 가슴속에서 불사(不死)를 누리는 순수한 서구식 보장성 보험보다는, 현세에서 보상을 받는 저축성 보험이 강세를 보이는 경향도 여기서 짐작해 낼 수 있다.

종교의 프리즘을 통해 본 증여의 관행

가격과 상품이 등가적으로 교환되는 시장 메커니즘과는 달리, 시장 밖의 비시장경제에서 증여, 기부, 주고받는 호혜구조의 패턴 역시 종교적 원형에서 파악할 수 있다.

미국의 기부문화는 교회와 자선단체 등에 증여함으로써 천상에서 보상받고자 하는 코드가 작용하는 것으로 보인다. 반면에 한국과 일본은 연고(緣故) 공동체를 중심으로 경조사 때 부조금(扶助金)이 오고가는 상부상조가 지배적이다.

이것은 기독교와 일정한 대립관계에 있는 소우주(Mikrokosmos)와 대우주(Makrokosmos)의 순환적 우주관으로도 설명할 수 있다.

밤하늘의 별을 보고 저 광활한 끝에는 무엇이 있으며 내가 죽으면 어디로 갈 것인가를 궁리해 보는 것도 우주관이다. 새벽에 정안수를 떠놓고 자식이 잘되기를 빌거나 서낭당에서 우리들의 신을 만나는 것도 코스몰로지(cosmology, 우주관)이다.

중세 유럽에서 기독교가 뿌리를 내리기 전인 6~10세기에는 소우주와 대우주가 인간 삶과 신의 만남을 지배하고 있었다.

소우주는 바깥과 고립된 촌락공동체이며 내 집과 경작지를 중심으로 이루어지는 일상의 공간이다. 소우주 밖에는 대우주가 있는데, 이 대우주에는 인간의 운명과 길흉화복을 좌우하는 초월적 존재가 계신다. 그곳은 악령(daimon), 거인, 사자(死者) 등 수많은 신이 거주하는 공간이다. 소우주의 사람들은 풍요·가뭄·기근·질병 등의 배후를 지배하는 대우주의 신들에게 공물(供物)을 바침으로써 촌락공동체(소우주)의 안녕과 번영을 기원하였다.

우리가 추석 때 성묘를 하며 조상의 덕을 기원하고 묘 자리의 음택(陰宅)을 찾기 위해 풍수를 따지는 것도 소우주와 대우주의 코스몰로지이다.

인간은 신들에게 예물을 바치며 기원하고 덕분에 마을에 큰 재앙이 없게 되는 증여의 호혜관계를 통해 서로 연결되었다. 소우주와 대우주는 둥그런 원처럼 주고받음이 서로 이어지듯이 순환적이었다.

기독교는 소우주와 대우주라는 두 개의 우주를 인정하지 않는다. 소우주를 대우주에 집어넣어 일원화시켰고 절대적 유일신 이외는 대우주에 있는 어떤 신도 그 존재를 인정하지 않는다. 하나님 이외의 신은 모두가 우상일 뿐이다.

질병에 걸리게 되는 것도 스스로가 저지른 죄의 결과라고 생각했다. 이 세상[現世]과 저 세상[彼岸]은 서로 의사소통하는 호혜·순환적 관계가 아니라, 땅에 있는 사람들은 하늘의 심판을 받아야 하는 일방·수직적 관계로 바뀐 것이다.

중세의 촌락(소우주)은 대우주로 통일되어 공동체 의식도 사라지고 사람들은 촌락의 중심에 자리잡은 성당의 십자가를 통해서 하나님과 개별적으로 끈이 맺어지게 되었다. 사후 천국에서 최후의 심판을 통해 구원을 기대하는 자는 현세에서 개별적으로 선행을 쌓아야 했다.

이렇게 해서 공동체와 호혜성은 기독교 유일신과의 내적인 관계를 통해 개인성과 수직성으로 바뀌어버렸다. 알랭 로랑(Alain Laurent)은 『개인주의의 역사』에서 기독교가 개인주의에 어떻게 영향을 끼쳤는가를 기술하고 있다.

그때 기독교가 부상하면서 기존의 공동체를 간접적이지만 양쪽 방향에서 전복시키고 무너뜨린다. 즉 기독교는 인간을 자유롭고 인격체로서 철저하게 내면화시키는 한편, 부족이나 국가에 대한 종속상태에서 해방시킴으로써, 개인을 보편적 인간성을 동등하게 구현하는 존재로 만드는 것이다. …기독교는 주변의 전체론과 완전히 단절된 유례없는 종교가 되었다. …신과 직접적이고 내면화된 관계를 맺은 결과로 '세상 밖에서' 구원받을 수 있다고 믿었기 때문에, 이들은 마음 깊은 곳에서—그리고 뒤에는 사회와의 관계에 있어서도—개인화되었던 것이다.

기독교 문명은 서구 특유의 개인주의를 배태시켰으며, 대우주의 수많은 신들을 우상으로 배척하는 배타성은 이후 성전(聖戰)이라는 이름 아래 십자군전쟁의 살육, 식민지의 수탈과 노예포획 등을 정당화시키는 철저한 종교적 신념으로 또다시 변모되었다.

기독교는 또 중세 유럽인들의 생사관도 바꿔놓았다. 중세 초기의 게르만인들은 죽은 자와 산 자를 똑같이 취급하였으며, 죽음 역시 현세에서의 소멸이 아니라 저 세상으로 잠깐 이행한다는 관념을 가지고 있었다. 프랑크 왕국(5~9세기)을 구성하였던 게르만족의 살리카법전(Lex Salica)에서는 죽은 자도 잘못이 발견되었을 경우에 산 자와 똑같이 벌금이 부과되었다고 한다. 죽은 자와 산 자의 거리도 소우주와 대우주의 순환만큼이나 가까웠던 것이다.

기독교 이후에 생사의 통로는 일방적이 되고 죽음의 이미지도 완전히 달라졌다. 한마디로 현세에서 부와 쾌락을 누릴 것인가, 아니면 사후에 영혼을 구제받을 것인가, 지옥인가 천당인가를 선택하는 엄숙한 긴장감에 휩싸이게 되었다.

중세 모든 시대에 교회는 유언서와 밀접한 관련을 맺고 있었다. 교회는 사후 구원이라는 척도를 가지고 재산의 상속과 처분에 깊이 개입하였다. 라틴어로 씌어진 어떤 유언서의 내용은 영혼 구제를 위해 교회 등에 재산을 기증하는 내용이 80%를 차지하고 있었다. 이런 유언서는 천국을 가는 패스포트가 되었으며 피상속인과 신의 대리인, 즉 교회 사이에 맺어진 보험계약이었다.

　　―아베긴야(阿部謹也)의 저작집 제5권(2000) "제1부 소생하는 중세유럽"

소우주와 대우주의 호혜적 순환관계는 바뀌었다. 내 조상들에게 항상 감사하고 그분들이 우리의 마을을 지켜준다는 관념은 한낱 우상숭배에 지나지 않게 되었다. 돈 많은 사람들은 사후에 영혼을 구제받기 위해 아낌없이 재산을 기증하였다. 교회와 성직자는 하나님의 대리인으로서 구원을 약속하며 피상속인의 유언서에 깊숙이 개입하였다. 이렇게 기독교 교회는 사람들의 생사문제에 관여하고 천국으로 가는 보험계약을 체결해 주었던 것이다.

도식적으로 말해 본다면, 기독교의 수직·일방적 코스몰로지는 선행과 보상이라는 기부문화를 낳았고 한국과 일본의 소우주(마을과 이웃)와 대우주(조상)의 순환론은 자손의 번창을 기원하는 조상숭배와 서로 주고받는 호혜문화를 유지시켰을 것이다.

신과 종교적 원형이 자리잡고 있는 문화구조가 모든 사회·경제적 행위를 규정하지는 않는다. 보이지 않는 것을 통해 보이는 것을 확인하고 해석하기 위해서, 종교와 신화적 원형을 읽으려는 노력도 필요하다는 것뿐이다.

그네들의 신이 있고 우리들의 신이 있다. 그것을 서로 인정하지 않을 경우에, 우리는 세계화된 엄청난 자본주의 헤게모니가 자기네 신을 앞장세워 타자를 배타적으로 억압하게 됨을 목격한다. 사무엘 헌팅턴(S. Huntington)도 『문명의 충돌』(*The Clash of Civilization*)에서 자본주의와 민주주의는 서구 기독교문화에 특유한 것으로 제시하고 비서구문명의 근대화는 곧 기독교=서구화라고 말할 정도로 앵글로색슨의 자민족 우월주의를 은연중에 내비치고 있다.

어쨌든 현실생활에서 노후와 사망을 대비하기 위한 생명보험이,

경제학과 역사 속으로 들어와 신과 인간, 우리들의 삶과 경제를 들여다보는 흥미로운 거울이 될 수 있다. 이 또한 경제학을 다양하게 접근하는 새로운 재미가 아닐 수 없다.

내 지갑 속의 돈 경제학

'화폐가 무엇인가' 하는 질문을 받았다고 하자. 아마 대부분의 사람들이 별로 망설이지 않고 다음과 같이 답할 것이다. 화폐는 교환매개(exchange medium)와 지불수단이며 가격을 표시하는 회계 단위로서 가치척도의 기능을 수행한다. 여기에다 가치를 저장하는 수단이라고 덧붙이고 지폐 발권업무를 다루는 중앙은행까지 말한다면 그야말로 훌륭한 답변이 된다.

그러면 이런 가정을 한번 해보자. 지금 당신의 호주머니에 봉투 두 개가 있다. 하나는 어제 저녁에 뇌물로 받은 봉투이고 또 하나는 회

> **▶▶ 물음 하나**
>
> 쉽게 번 돈은 쉽게 나가고 땀 흘려 번 돈은 아까워서 좀처럼 쓸 수가 없는데, 그 이유는 무엇일까?

사에서 특별 보너스로 받은 봉투이다. 그런데 마침 아이들이 책을 사야 한다며, 돈을 달라고 한다.

당신은 둘 중 어느 봉투에서 돈을 꺼내주겠는가? 아마 십중팔구 보너스 봉투에서 돈을 꺼내줄 것이다. 왜 그럴까?

이것은 화폐금융론에 나오는 화폐의 교환매개, 지불수단, 가치척도와 저장기능만 가지고는 도저히 설명할 수가 없다. 화폐의 상징성(symbolism)과 원시화폐로까지 여행을 해야만 설명이 가능하다.

영화 〈트로이〉와 부자들의 돈에 대한 주술

호머의 서사시 『일리아드』(*Iliad*)를 주물럭거려서 만들었다는 영화 〈트로이〉가 있다. "신을 섬기고 내 여자를 아끼고 나라를 지킨다"는 헥토르의 단순하고 힘찬 출사표(出師表)가 아직도 기억에 남는다.

프리아모스 왕은 죽은 자식의 시신을 찾기 위해 아킬레스에게 간청한다.

"시신을 돌려다오! 내 손으로 자식의 눈에 동전을 얹게 해달라!"

장례의식에서 시신의 눈 위에 동전 두 개를 올려놓는 장면도 인상적이었다. 저승 노잣돈으로, 영혼이 강을 건널 때 뱃사공에 주는 삯인 듯싶으나 고고학적으로 볼 때 일리아드 시대에 동전이 주조되지 않았음은 물론이다.

동양에서 노자(路資) 돈은 저승길을 가는 여비이거나 혹은 북망산에서 전생의 기억을 깡그리 망각하기 위해 꼭 마셔야 하는 주막집의 술값일 수 있겠다.

죽음 앞에서는 모든 것이 엄숙하듯이, 근대 이전의 원시화폐는 신에게 바치는 지불수단이요 성스러운 돈(sacred money)이었다. 장례식과 같은 통과의례에서 화폐는 무사히 극락으로 갈 수 있게 기원하거나 무덤자리를 얻기 위해 지신(地神)에게 바쳐지기도 했다.

여기서 화폐의 기능은 시장교환을 위한 교환수단이 아니라 신에 대한 지불이 우선이었다. 화폐를 현대적 관점에서 오로지 교환·유통 수단으로만 이해한다면 자칫 역사적 오류를 범하기 십상이다. 시간과 공간에 상관없이 화폐가 출현한 곳에는 무조건 시장교환이 있었다는 결론을 얻게 되기 때문이다.

우리의 『삼국유사』에서도 장례의식과 화폐의 관계를 짐작케 하는 대목이 나온다. 신라 경덕왕(760) 때 월명사(月明師)가 죽은 누이동생을 위해 재를 올리고 향가를 지어 제사를 지냈는데, 이 과정에서 다음과 같은 가사가 나온다.

風送飛(紙)錢資逝妹…
바람은 지전(紙錢)을 날려 죽은 누이동생의 노자(路資)로 삼게 하고…

어떤 학자는 이 대목을 누이동생의 혼이 극락세계로 가는 동안에 노잣돈으로 쓸 수 있도록 지전(紙錢), 즉 지폐를 제단에 올려놓은 것으로 해석하였다. 당연히 신라시대에도 화폐가 사용되었으니 시장교환도 일찌감치 있었을 것이라는 주장이 엉뚱하게 나오게 된 것이다. 여기서 종이돈[紙錢]은 실제로 오늘날과 같은 지폐가 아니라 돈을 흉내 내어 종이 한가운데를 둥글게 뚫은 것이었다.

우리가 지금 생각하듯이 최초의 화폐기능은 시장을 염두에 두는 교환수단이 아니었다. 화폐는 생전에 지었던 죄를 씻고 신에 대한 채무를 갚기 위한 지불수단에서부터 시작되었다.

어느 일본학자는 고대 종교제사에서 사회적 채무를 해소하고 씻어내는 祓(불, 일본발음은 '하라이', 한자 뜻은 푸닥거리를 하거나 부정을 없애는 것)과 지불(支拂)한다는 拂의 발음이 '하라이'로 똑같다는 데 착안하여 '돈을 지불한다'는 것은 '신전에 예물을 바쳐서 죄를 씻는 것'과 같은 것이라고 해석하였다.

화폐가 있는 곳에 유통과 교환이 있다는 시장의 선입관념에서 탈피하면, 우리는 대롱으로 세상을 바라보는 좁디좁은 관견(管見)에서 벗어나 보다 넓은 시야에서 펼쳐지고 있는 여러 현상들을 살펴볼 수 있다.

일반적으로 원시화폐로는 공동체를 상징하고 통합하는 물리적 소재들이 주로 사용되었으며, 이런 원시화폐에 사람들의 믿음과 기원(祈願)이 위탁되곤 하였다. 예를 들어 카우리 조개껍데기(cowrie, 별보배 고둥, 紫貝)는 생김새가 여성의 생식기 모양을 닮아서 다산, 풍요, 번영을 상징하는 대표적인 화폐였다. 이렇게 이어지는 화폐의 심벌리즘(상징체계)으로 들여다보면 일상생활 속에 나타나는 현대의 주술적 관념도 이해할 수 있다.

어느 날 옆방의 선배교수가 지갑에서 10만 원짜리 수표를 꺼내더니 지폐로 바꿔줄 수 있느냐고 묻는다. 부의금을 넣는데 수표는 실례가 되니까 지폐로 넣어야 된다는 것이다. 저승길에 은행이 없기도 하지만 사람의 정성과 노력이 묻어 있는 직접화폐로 조의를 표하는 것이 예의인 듯싶었다.

어떤 효자는 지갑의 한쪽에 1만 원과 5천 원짜리 지폐 한 장씩을 고이 간직하고 다닌다. 연로한 아버지와 어머니께서 주신 세뱃돈인데, 이 사람에게는 일종의 부적인 셈이다. 1년 동안 그렇게 지니고 다니다가 그 다음해에 받은 세뱃돈으로 바꿔넣는다고 한다. 새해 첫날은 성스러운 시간 단위의 출발이다. 부모님의 세뱃돈을 바꿔넣는 것은 아마도 1년의 속(俗)을 버리고 성(聖)으로 옮겨가고자 하는 마음에서 비롯되었을 것이다. 불순에서 순수, 속에서 성으로 끊임없이 상승하고자 하는 태도는 바로 그 성스러움에서 건강한 생명력을 얻을 수 있다.

또 하나의 에피소드가 있다. 한 친구가 부모님께 용돈으로 빳빳한 새 돈을 드렸더니 이분들이 아까워서 그 돈을 못 쓰더라는 것이다. 그래서 다음부터는 용돈을 헌 돈으로 드렸다고 한다. 그렇다면 부모님한테는 용돈을 헌 돈으로 드리고, 자녀들한테는 새 돈으로 주는 것도 지혜가 될 법도 하다.

대개 부자들에게 찾아볼 수 있는 공통점 하나도 돈에 사랑의 마법을 건다는 데 있다. 사랑과 집착이 다르듯이, 돈을 악착같이 모은다고 부자가 되는 것은 아니다.

진짜로 돈을 벌고 싶다면 돈에게 "너를 사랑한다!"는 마법을 걸어야 한다고 말한다. 돈을 사람처럼 생각하고 돈을 아껴주는 사람에게, 돈은 반드시 돌아온다는 것이다.

일본에서 최고의 부자로 손꼽히는 아이토 히토리는 지갑에 지폐를 넣을 때도 그림방향을 맞추어서 넣고 돈에게 "고맙다!"고 인사말까지 하며 고마움을 표시한다고 한다. 그렇다고 결코 구두쇠도 아닌 그는 이같은 신조를 부자 되는 비결로 삼고 있단다. 또 어느 번창한 식당에서는 손님에게 거스름돈을 신권으로 주기 위해 아침부터 종업원들이 은행에 달려간다고 한다. 은행에서 1인당 신권 바꿔주는 금액이 하루에 20만 원으로 제한되어 있어서, 그곳 종업원이 다 동원되어야 거스름돈을 마련할 수 있다고 한다.

> ▶▶▶ **진짜로 돈을 벌고 싶다면 돈에게 "너를 사랑한다!"는 마법을 걸어야 한다**

돈을 깨끗이 사용하라. 찢어진 곳은 테이프로 붙이고 구겨진 곳은 다리미로 다리거나 잘 펴서 사용하라. 돈이란 인간과 마찬가지로 사랑받기를 원한다. 아껴주고 잘 관리해 주면 외출했다가도 더 많은 친구를 데려오지만 그렇지 않으면 집을 나가버린다.

물건을 사거나 남에게 돈을 줄 때 대개 헌 돈을 고르지만 새 돈을 먼저 주어야 한다. 새 돈은 밖에 나가서 친구를 데리고 내 지갑 속으로 들어온다. 새 돈을 받은 사람은 순간의 가벼운 즐거움과 좋은 감정을 갖게 된다. 새 돈을 내주는 연습을 하다 보면 돈 씀씀이가 크게 줄어들 것이다. 새 돈이 아깝게 여겨지기 때문이다.

새 돈을 주고 지갑 속에는 헌 돈을 소지하여라. 헌 돈에는 수많은 사람의 손을 경유하면서 많은 사람의 기(氣)가 묻어 있어 내 지갑 속에 좋은 힘을 줄 것이다. 돈에는 영혼이 있다. 여러 사람의 손을 거치면서 각양각색의 사람들 생각을 지니므로 오히려 영혼 그 자체라고 할 수 있다. 돈은 영혼 자체이니 사랑하라.

기업을 하거나 부자가 된 사람들은 어떻든간에 화폐의 상징과 주술성을 공통적으로 간직하고 있는 것 같다.

배낭여행을 하고 돌아온 딸도 예쁜 스웨덴 지폐 한 장을 가지고 왔다. 배낭여행에서 만난 외국인 친구가 여행의 안전을 기원하며 주더란다. 그래서 나는 딸에게 다음부터 외국에 나갈 때는 천 원짜리 신권 몇 장 정도는 들고 나가라고 일러두었다.

초등학교 교과서에 화폐를 설명하는 대목이 나오는데, 돈은 교환수단이며 한국은행이 발권한다는 등의 내용보다는 화폐의 마법과 상징성을 얘기해 주면서 돈을 아끼고 사랑하는 습관을 일찍부터 키워 나갈 수 있게 하는 것도 바람직하지 않을까.

돈이라고 해서 다 똑같은 돈이 아니다

다시 영화 〈친구〉의 한 장면이 떠오르는데 묘하게도 장례와 관련된 장면이다.

비가 주룩주룩 내리는 저녁나절, 장의사 아버지는 동수의 멱살을 잡고 있다. 동수는 장의사라는 직업보다 나을 것 같은 건달세계에 이미 빠져 있었다.

"장의사가 어때서, 네놈이 그런 짓해서 갖다 준 돈보다 훨씬 깨끗하다!"고 소리치는 아버지의 말을 뒤로하고 동수는 장의사 문을 박차고 나와서 돈이 든 노란 봉투를 단숨에 찢으려고 애를 쓴다. 그러다가 포기하고는 돈봉투를 문틈에 던지고는 나와버린다.

돈이라고 해서 다 같은 돈이 아니다. 돈에도 귀한 것이 있고 천한 것이 있다. 현대 자본주의에서 무슨 일을 해서 어떻게 벌었든 1만 원짜리 푸른 지폐는 시장에서 만능으로 통하고 다 똑같은 듯이 보여도, 사회의 심층구조와 밀접하게 닿아 있는 화폐의 상징성은 여전히 돈을 성스러운 것과 속된 것으로 구분한다.

지금은 어떤지 모르겠으나, 서예가에게 글씨를 받고 대가를 치를 때는 조심스럽게 행동해야 했다. 속지[內紙]에 돈을 싸서 봉투에 정성스럽게 넣어 감사의 말을 써놓아야 한다. 그리고는 살며시 방석 밑에다 봉투를 밀어넣으면서 "지필묵을 사와야 되는데 어떤 것을 주로 쓰시는지 몰라서 이렇게 왔습니다!" 하는 정도의 예의는 갖춰야 한다. 그냥 호주머니에서 수표 몇 장 끄집어내서 물건 사고팔 듯이 하면 돈 내고 욕 얻어먹기 십상이다.

화폐의 속됨을 성스러움으로 최대한 감싸서 예술품의 성역에 존경을 표해야 한다는 뜻이겠다. 바로 이것이 시장경제의 화폐가 비시장경제의 영역을 통과하면서 거치게 되는 성화(聖化) 과정이다.

요사이는 화폐의 성스러움이 사라지고 속된 것으로 쉽게 전락한다. 어떤 돈이라도 벌면 되고 그것으로 뭐든지 살 수 있다는 화폐관념이 곧 속된 것이다.

돈이 들어오는 과정이 순수한지 불순한지 그 성격에 따라 소비지출도 제약된다. 근면하게 번 돈은 떳떳하게 자녀들의 수업료로 사용되지만 그렇지 않은 돈은 꺼림칙하게 마련이다. 그러다 보니 유흥비로 빨리 탕진해서 마음의 흔적을 없애야 직성이 풀린다.

조금은 옛날이야기인 듯싶은데, 나의 어머니 장롱에는 가계부가 있었고 그 안에는 노란 봉투 5개가 들어 있었다. 봉투마다 적금, 수업료와 잡부금, 음식 및 연료비, 아버지 용돈, 공과금 등 돈의 지출용도가 적혀 있었다. 그 시절의 아버지 월급은 어머니 손에 의해 지출항목별로 칸막이가 쳐진 대로 배분되었으며 아버지 용돈이 부족하다고 해서 다른 지출봉투를 결코 넘볼 수 없었다.

객지에서 자식이 힘들게 벌어 송금한 돈은 어느 누구도 손을 대지 못한다. 어머니는 그 돈으로 자식의 결혼적금을 붓든지, 혹은 시골이라면 자식 명의로 논밭을 사두거나 송아지를 사서 키웠다.

이렇게 똑같은 돈이라도 성격에 따라 지출 용도와 목적을 특정하게 표시하는 것을 이어마크(earmark, 귀표시. 소와 양이 자신의 소유라는 것을 귀에다 표시하는 것)라고도 한다.

만약에 생각지도 않은 뇌물봉투가 들어온다면 어떻게 될까. 아마도 더러운 돈(dirty or profane money)은 성스러운 가정으로 들어오지도 못할 뿐더러 가장의 호주머니에서 곧바로, 필시 떳떳치 못한 곳으로 쉽게 지출될 것이다.

경제심리학자는 이렇게 뇌물과 같은 돈을 천하고 낮은 것으로 간주해서 함부로 낭비하는 경향을 심리적 회계 혹은 마음의 회계장부(mental account)라고도 부른다.

> ▶▶ **현대화폐와 원시화폐**
>
> 현대화폐는 교환 · 지불 · 가치척도 · 저장 · 계산 수단의 기능을 모두 담당하는 일반 목적의 화폐(all-purpose money)라고 할 수 있다. 이에 반해 고대의 원시화폐는 특정 목적의 화폐(particular-purpose money)로서 물리적 소재의 종류에 따라 수행하는 화폐의 기능도 각기 한정되어 있었다.

심리적 회계는 돈이 생기게 되는 원천에 의해 그 돈의 사용방식이 결정되는 것을 말한다. 여기서 우리는 폴라니(K. Polanyi)가 구분하는 원시화폐와 현대화폐가 지금도 서로 연결되고 있음을 보게 된다.

16세기에 다호메(Dahomey, 지금 서아프리카의 베닌)는 노예무역의 최고 중심지였다. 이때 원시화폐로 사용되었던 카우리 조개껍데기는 교환(유통)과 채무변제 수단으로 한정되었고 노예가 대외지불 수단으로 쓰였다. 고대 바빌로니아에서는 은(silver)이 계산화폐, 대맥(大麥, barley)은 지불수단, 석유와 양모는 교환수단에만 각각 제한적으로 사용되었다.

화폐의 모든 기능을 하나로 통합한 현대화폐 역시 특정 목적에 한정하여 지출하도록 '특정 표시'(earmark)가 되어 원시화폐화되기도 한다. 가령 수업료와 잡부금이라 씌어진 노란봉투는 오로지 지불수단, 자식이 객지에서 보내온 돈과 적금은 저장수단, 음식 및 연료비는 교환수단으로 한정되는 것이다.

다호메에서 물물교환 수단으로 한정되었던 석유와 양모가 다른 지역에 가서는 채무를 변제하는 지불수단으로 쓰일 수도 있다. 원시화폐는 동일한 화폐적 소재라 하더라도 다른 곳에서는 또 다른 기능과 상징성을 띤다. 특정의 원시화폐가 어떤 상징성과 기능을 가지는가는 각 공동체의 상징체계와 의미구조에 따라 다양해지는 것이다.

어디 원시화폐뿐이겠는가. 공동체의 문화적 심층구조에 따라 물, 돌, 나무 한 그루도 상징하는 의미가 다르고 심지어는 다른 곳에서 나타나지 않던 성스러움의 드러남[聖顯]도 있게 된다.

남태평양 멜라네시아의 로셀(Rossel) 섬에서 다푸(ndap)라는 이름이 붙은 조개화폐〔貝貨〕는 교환수단으로만 사용된다. 다푸의 조개화폐에는 각기 다른 번호가 하나씩 붙어 있는데 어떤 번호는 가옥과, 또 어떤 번호는 신부와 교환할 수 있다. 이렇게 다푸는 일반적 교환수단이 아니라 특정한 조개화폐와 특정한 것만을 교환하는 것으로 한정짓고 있다.

이러한 특정 교환수단은 현대 복지프로그램에서 저소득층 노인이나 빈곤층에게 식품이나 생필품만을 구입 또는 교환할 수 있도록 쿠폰을 제공하는 식량배급 증서(food stamp)와도 같다.

현대 사회복지는 시장에서 탈락한 빈곤층을 대상으로 실시하는 비시장경제의 재분배 정책이다. 생활보호 대상자가 되는 노약자와 저소득층이 최소한도로 기초생활을 유지하기 위해서는 특정 교환용도가 지정된 쿠폰, 즉 원시화폐를 발행하여 필요한 식량과 생필품만을 구입할 수 있도록 하는 것이다.

현대의 시장경제에서도 비시장경제의 원시화폐는 어떤 형태로든 여전히 의미작용을 하면서 화폐계산에 매개되고 있는 인간과 인간의 관계를 따뜻하게 이어주고 물신화된 자본주의를 그래도 건강하게 유지시켜 주고 있다. 다만 현대화폐는 눈에 보이지만 원시화폐는 눈에 보이지 않는다.

현대사회의 공동체적 심성과 사회적 건강이 오늘날 원시화폐를 키우는 자양분이다.

드라마에서도 돈과 관련해서 이런 장면을 심심찮게 볼 수 있다. 어떤 여인이 하얀 돈봉투를 획! 되돌려주면서 다음과 같은 말을 던진다. "이 돈이 그런 돈인 줄 몰랐어요! 당신이나 갖고 가서 잘 먹고 잘

사세요!"

라디오에서 흘러나오는 어느 남편의 아름다운 이야기는 가슴을 찡하게 한다.

"당신과 처음 결혼했을 때 우리는 월세 7500원에서부터 시작했지. 그러다가 200만 원짜리 전세로 옮기고 2층집을 아래층만 구입해서 내 집을 갖게 되었을 때 우리는 얼마나 감격했소. 그동안 집안의 반대에도 불구하고 못난 나와 결혼해서 참으로 고생이 많았소. …오늘 은혼식을 맞아서 당신이 매달 주는 용돈 5만원(교통비 등을 뺀 순수한 용돈)에서 만원을 빼 저금한 돈 12만원을 당신에게 선물하오."

돈이라고 다 똑같은 돈이 아니다. 더러운 돈과 깨끗한 돈이 있다. 똑같은 12만 원이라도 어떤 돈은 마법이 걸려 여왕에게 바치는 황금의 선물로 변모하게 된다.

똑같은 돈이라도 지출목적을 한정하여 화폐표시(monetary earmark)를 한다거나, 지갑을 칸막이해서 씀씀이를 달리하는 것은, 현대사회에서도 원시화폐의 상징과 의미작업이 우리를 행복하고 건강하게 만들 수 있음을 보여준다.

미국의 사회학자 젤라이저(Viviana A. Zelizer)는 『화폐의 사회적 의미』(*The Social Meaning of Money*, 1997)에서 이 생각을 발전시키고 있다.

현대화폐 역시 원시화폐의 특징을 위탁받는데… 그것은 속을 성으로 전환하고… 사람들은 끊임없이 수입원천에 따라 지출 목적과 용도를 특정하게 표시하고, 화폐처분의 자유에 제약을 가하여 자신들의 화폐를 원시화하려(primitivize) 한다. …최근에 많은 인류학자들은 현대화폐가 문화적으로 중립적이라는 오류에서 벗어나기 시작했다. 화폐는 어디서나 동질적인 것이 아니다. 어떤 학자는 현대화폐가 문화적 모체에 따라 어떻게 상징적 의미가 다양하게 나타나는가를 보여줌으로써 화폐의 상이성(heterogeneity)을 제시하고 있다. …예를 들어 동아프리카의 케냐 루오어(Luo)족은 땅 판 돈으로 가축을 산다면 동물들이 죽을 것이고, 담배 판 돈으로 결혼할 신부를 맞는 지출금에 보태면 새 각시는 머지않아 연기와 불 속에서 사망할 것이라 믿고 있다.

케냐 루오어족의 화폐주술을 단순한 미신으로 간주해서는 안 된다. 어디까지나 공동체의 심층에서 발현되는 의미구조로 이해해야 하며 그래야 자문화 중심의 편견에서도 벗어날 수 있다.

케냐의 루오어족에서도 그러하듯이, 화폐와 물자의 교환패턴도 더러운 돈[聖]과 깨끗한 돈[俗], 돈의 성격에 따른 지출목적의 특정화, 공금과 사적 용돈의 칸막이, 사회적 금기(taboo) 등 공동체의 상징적 질서와 경로에 따라 일정하게 규제되고 있다.

이제 뇌물로 받은 돈이 자녀들의 수업료로 나가지 않고 로또복권에 당첨된 사람이 결코 행복해지지 않는 이유도 알 것 같다.

현대화폐는 다양한 문화적 상징과 공동체의 의미작용 속에서 끊임없이 원시화폐로 변형되고 있다. 현대화폐는 중앙은행이 정부의 권위와 보증을 인쇄하여 발권하는 것으로서 화폐정책의 대상이지만, 원시화폐는 사회의 심층구조에서 우리의 마음과 따뜻한 인간관계가 만들어내는 주조물이다. 어쩌면 현대화폐의 가치중립적 계산합리성을 얼마나 공동체의 원시화폐로 바꿔나가는가 하는 것이야말로 그 사회의 건강성을 가늠하는 척도일 수 있다.

15

GNP의 허상

동네 베이커리에서 식빵 하나가 보통 2천 원 정도 한다. 이 빵에 들어간 밀가루, 우유, 설탕 등의 원료(중간재) 1천 원을 빼고 나면 주인이 직접 만들어낸 시장가치는 1천 원어치가 될 것이다. 1천 원은 빵집주인이 생산한 최종 생산물의 시장가치 또는 부가가치이다. 이런 것들을 모두 집계해서 대략 시장가격으로 곱한 것이 바로 국민총생산(GNP, Gross National Product)이라는 개념이다.

빵집 주인이 자신만의 독특한 노하우로 식빵을 더 맛있게 만들어 2500원을 받을 수 있다면 나머지 차액(부가가치) 또한 GNP를 늘려주는 데 기여하게 된다. 이렇게 나온 국민총생산액의 수치는 나라마

> 국민총생산(GNP)은 일정 기간 동안 한 나라의 국민이 생산활동에 참여해서 최종적으로 만들어낸 재화(유형의 상품)와 서비스(무형의 상품)를 시장가격으로 표시한 것이다.

다 경제력을 비교하는 매우 손쉬운 지표로 사용된다.

국민총생산은 아직도 유용하게 쓰이고 있으나 지표의 태생적 한계에다 문제점까지 덧붙여지고 있다. 일례로 모기장의 오류를 들 수 있다. 모기가 많아서 살충제와 모기장을 번거롭게 생산해야 하는 섬이 있다. 당연히 모기 한 마리 얼씬 않는 쾌적한 섬보다 국민총생산은 훨씬 높을 것이다. 그렇지만 과연 살 만한 섬인가는 물어볼 필요조차도 없다.

그래서 경제후생이나 복지, 환경 등을 고려한 MEW(경제후생지표, measure of economic welfare)와 Green GNP 등과 같은 관련지표가 있지만, 실용화되기도 만만치 않아서 여전히 GNP를 대체하지 못하고 있다.

개방화와 글로벌 시대를 맞아 1996년부터 GNP 대신에 국내지역에서 외국인 노동자가 한국에서 소득을 올리거나, 외국의 다국적 기업이 이곳에서 현지 인력을 고용하거나 원자재를 구입하여 다시 제3국으로 생산 수출하는 사정 등을 반영하기 위해 국내총생산(GDP, Gross Domestic Product)을 사용하고 있다. 하지만 지금도 국민들에게 1인당GNP 2만 달러를 달성하자는 슬로건처럼 최근의 GDP도 낡은 GNP를 이겨먹지 못하고 있다. 그 이유는 과거 개발성장 방식으로 GNP 1만 달러의 성공시대를 재현하려는 성장신화의 망령 때문일 것이다.

성장은 복지가 될 수 없지만 복지는 성장으로 이어질 수 있다

국민총생산(GNP)은 아담 스미스의 자유방임주의에 종지부를 찍고 국가의 보이는 손(visible hand)과 정부의 개입으로 거시경제학을 열었던 케인스(J. M. Keynes) 이론과 성격을 같이한다.

1930년에 세계경제는 대공황의 늪에 빠져 있었다. 물건은 상점과 창고에 산더미처럼 쌓여 있는데 소비자들은 구매할 능력이 없었다. 재고가 넘치게 되자 생산량은 줄어들고 길거리로 쫓겨나는 실업자는 늘기만 하였다.

케인스는 이런 현상을 생산물에 대한 총수요가 부족하기 때문이라고 보았다. 지금 생각하면 케인스의 처방은 간단했지만 수요(소비)가 있어야 공급이 생긴다는 사고는 종전의 고전파 경제학과 정반대되는 패러다임이었다.

실업이 줄고 경기가 회복되려면 당장에 소비를 살려서 생산물에 대한 총수요가 늘어나도록 해야 했다. 재정지출의 확대로 일자리를 창출하여 소득이 증대하면 생산물 수요가 늘어나서 재고량이 줄거나 공장생산이 활기를 띠게 된다는 것이 케인스 정책의 핵심이었다. 공장 가동률이 높아지면 다시 고용이 늘고 소득이 증대함에 따라 소비가 생산을 자극하는 승수효과로 경기가 회복된다는 것이었다. 이후에 각국은 공공 투자사업으로 정부지출을 증대시키고 조세를 감면하는 등 적극적인 재정정책을 앞다투어 실시하였다.

1933년 미국의 뉴딜정책이 대표적이다. 당시 루스벨트는 농작물 재배면적을 제한하여 농작물 가격을 인상시켜서 농민의 구매력을 향상시키고자 했다. 또 테네시강 유역개발 등의 대규모 토목공사로 재정지출을 확대하거나 노동자의 단체교섭권 등을 인정하여 임금 구매력을 증진시키는 방식으로 총수요를 자극하였다.

그 결과 미국 경제는 점차 회복세를 보였지만 제2차 세계대전이 시작되는 1939년까지 1920년 수준의 상태로 회복되지는 못했다. 세계대전이 일어나서야 미국은 전쟁물자 수요로 내수 경제가 활성화되고 공황으로부터 탈출할 수 있었다.

이 때문에 뉴딜정책의 성공에 여러 의문이 제기되기도 하지만, 어쨌든 케인스의 유효수요 확대정책이 미국을 최악의 상황에서 벗어나게 했던 것은 사실로 인정되고 있다.

케인스 경제학에서 총수요를 확대하면 국민소득은 (단기간 동안이나마) 늘어나게 되어 있다. 총수요가 GNP를 결정해 주기 때문에 GNP 수치를 알면 한 나라의 총수요가 얼마인지도 대충 알 수가 있

> ▶▶ **린토트(J. Lintott)의 말**
>
> GNP는 사실 경제적 복지를 측정하는 지표로 의도된 것이 아니었다. 그것은 1930년대 케인스학파 경제학자들이 경제의 운영관리를 창시하던 시절에 개발된 국민경제 계산방식의 일부였다. 케인스 경제학파에게 국민경제 계산은 경제적 복지를 측정하는 것이 아니었으며 케인스 경제이론의 핵심 개념인 총수요(aggregate demand)를 측정하기 위한 것이었다. 그런데 본래 의미와는 상관없이 성장 경제학자들은 GNP를 경제적 복지를 측정하는 포괄적 지표로 여기게 되어 오늘날 거의 보편적으로 사용되게 되었다.
> 　　　　　－에킨스(Paul Ekins)의 『생명경제학: 새로운 경제학 만들기』
> 　　　(*The Living Economy: A New Economics in the Making* 1986)에서

다. 이렇게 GNP는 총수요를 추정하는 총량자료이지만 경제성장을 대변해 주는 지표로 적극 활용되고 있다.

기존 경제학은 생산의 총량과 효율성에 집중하여 GNP를 신앙으로 여겨왔다. 여기에 대항하여 생명경제학(The living economy)은 전체 인간의 기본적 필요와 환경, 자원, 지구의 모든 생명과 공존 등을 기준점으로 삼아 지표를 새롭게 개발해야 한다고 주장한다.

인간의 진정한 삶과 복지를 목적으로 삼는 새로운 생명경제학은 GNP의 개발성장 방식부터 버릴 것을 제안한다. 우리도 GNP를 경제성장의 지표로 삼는 한 개발연대의 경제방식을 여전히 답습할 수밖에 없다.

한국의 성장신화도 1인당GNP의 수치와 함께 이루어졌다. 1972년에 1인당GNP가 불과 300달러였으나 1995년에는 1만 달러를 달성하였다. "모든 국민이 잘 살아보세!"라는 구호 속에서 열정과 희생을 이끌어왔던 국민 동원경제는 GNP의 기록으로 나타났다.

박정희 시대의 성공신화는 개발독재 또는 개발을 통한 성장전략에 근거한 것이었다. 이제 한결같이 낡은 개발 패러다임을 벗어나 지식정보 시대에 적합한 산업구조로 전환하고 환경과 생태계를 보존하면서 쾌적한 공동체와 인간 삶의 질을 중시하는 경제방식으로 돌아서야 한다고 말한다. 그런데도 GNP 2만 달러 신화가 재연되고 있는 것은 개발성장 전략을 포기하지 않겠다는 의지이다.

국토를 훼손하는 국책 토목사업, 신도시 건설, 골프장 건설, 대형 관광 프로젝트 등은 단기간에 경기를 부양하고 GNP를 늘릴 수는 있겠지만 장기적으로 경제의 성장잠재력을 훼손하고 환경파괴, 적자재정, 인플레이션 등의 끝없는 부작용은, 케인스가 그런 뜻으로 사용하지는 않았지만 "장기적으로 우리는 모두 죽어 있을 것이다"라는 예언을 실현시킬지도 모른다.

케인스는 절약과 저축이 최선의 미덕은 아니며 적절한 소비를 통해 개인의 욕망을 충족시키고, 그것은 국민소득을 증가시키고 사회 공동 이익에 기여하는 것으로 보았다. 포디즘(Fordism)의 고임금과 소비확대는 대량생산과 대량소비 시대의 문을 열게 하였고, 개인의 생애 구매력 조절(젊을 때 불입한 퇴직연금으로 소득이 없는 노령기에도 소비지출을 유지)과 정부의 사회적 지출로 경기를 조절하는 사회보장과 복지국가를 탄생시키는 배경에도 케인스가 있었으니, 이름 또한 케인시안 복지국가 자본주의(Keynesian welfare state capitalism)이다.

하지만 한국에서 케인스는 복지국가를 열기보다는 개발성장 위주의 토건국가를 일으켰다. 토건국가(土建國家, 도켄고카)는 일본에서 암적 존재처럼 뿌리내린 핵심 시스템이지만 한국 경제의 실상도 정확히 반영해 주고 있다. 토건국가는 불황 속에서도 비효율적인 공공사업을 강행하여 정경유착과 부패고리를 지속시키고 그 결과로 환경파괴는 물론 재정적자가 발생하여 일본의 장기불황이 심화되고 전체 산업의 구조조정 자체를 방해하는 장애물로 지탄받고 있다.

일본처럼 성인의 날에 정부가 1만 엔짜리 쿠폰을 선물해서 소비를 늘리거나, 우스갯소리로 땅속에다 돈 항아리를 묻어놓고 그것을 캐내서 쓰도록 하는 것 정도는 정부가 재정적자로 허덕이지 않는 한 케인스의 귀여운 수요확대 정책으로 볼 수 있다. 그런데 개발로 국토를 헤집고 시멘트로 버무리는 한국형 뉴딜정책은 GNP의 악령을 다시

> ### ▶▶ 한국형 뉴딜은 어떤 경제위기를 가져올까
>
> 한국은 지난 2년 동안 건설업을 위해 현 도시지역 면적의 두 배에 해당하는 소위 한계농지를 개발지역으로 전환시키는 입법과 제도 전환과정을 겪었다. 그리고 건설업을 위해 모든 자본을 쏟아 부을 준비가 되어 있다. 그러나 '한국형 뉴딜', 농업과 농촌을 포기하고 '건설산업 연착륙' 기조에 의한 전면적인 국토개발로 전국을 서울화하는 길은 곧 한국형 대공황의 단추를 꾹 누르는 짓이다. 이론적으로도 경험적으로도, 국내총생산에서 건설업 비중이 20퍼센트를 넘어서면 경제위기가 시작된다. 한국 사회가 위기를 피할 길은 스위스와 덴마크 모델이라는 생명의 대전환이다.
>
> —우재훈, 『아픈 아이들의 세대』(2005)

불러내는 주술마저 되고 있다.

역사적으로 국내총생산(GDP)에서 건설이 차지하는 비중이 13% 이상이면서 선진국이 된 국가는 토건국가로 유명한 일본(15%)이 유일하다. 대부분의 선진국들은 8~13% 정도이다. 그런데 우리나라는 약 24%로, 세계 자본주의 체제로의 발걸음을 내딛고 있는 요르단(30%), 베트남(27%), 우즈베키스탄(25%) 같은 신참국가들의 수준이라고 한다.

지나친 건설비중은 부동산경기를 과열시키고 땅값 상승은 높은 부지비용으로 전가되어 공장 증설과 신축을 어렵게 만들고 국내산업의 공동화를 가속화시킨다. 또한 기형적인 지대 발생은 산업과 기술개발로 자본이 흘러드는 것을 왜곡시켜 성장 잠재력을 가로막게 된다.

GNP는 부동산과 증권 등의 자산가격이 상승하여 얻어지는 자본이득을 계상하지 않는다. 아파트와 땅값이 급등하고 불로소득이 일

부 계층에 집중적으로 편중되는 빈부격차의 확대, 즉 소득분배의 불평등 상태는 GNP와 전혀 별개인 것이다.

수요확대와 GNP 성장을 위한 한국형 뉴딜정책은 소득의 양극화 현상을 더욱 부채질하게 되는데 이로 인한 분배구조 악화가 소비침체를 낳는 원인으로 지적되고 있다. 산업연구원의 보고서(2005)에서도 "소비침체의 근본 원인은 소득격차 확대에 따른 소비성향의 하락에 있다"면서 "분배구조를 개선하고 중·저소득 계층의 가계소득을 증대하는 적극적 정책이 필요하다"고 분석하였다.

개발형 GNP의 성장신화는 분배구조를 왜곡화시켜 오히려 케인스의 소비확대 지출을 가로막는 장애물이 된다. 비록 소득재분배의 정부이전 지출은 GNP에 잡히지 않더라도 사회적 안정망 확보와 복지지출은 양극화된 분배구조를 개선시켜 소비지출을 늘리고 사회통합과 건강한 공동체까지 이루는 또 다른 승수효과를 낳게 된다.

성장이 곧 복지를 뜻하지는 않지만 복지는 성장이 될 수 있다. 더구나 GNP는 개발성장 전략과 복지정책을 대립적으로 파악하고 있으니 여기에서 탈출해야만 새로운 경제학으로 떠날 수 있게 된다.

그것뿐인가, GNP의 낡은 시대적 망령은 미래의 지식정보 산업도 제대로 예견할 수 없다. GNP는 공업화의 물질경제학에 적절히 반응할 수는 있으나 지식의 두뇌경제학에서는 그러지도 못한다. 유형의 재화는 당장에 사고파는 거래가격으로 환산할 수 있지만 무형의 지식서비스 제품과 창조성이 갖는 무한한 가치는 어떻게 평가해서 GNP에 계상할 수 있을 것인가.

이보다 더 큰 문제는 GNP의 시장화폐로 계상되지 않는 삶의 소중

한 공간과 근원이 경제학에서도 역시 간과되어 그 토대마저 무너지
고 있다는 점이다.

GNP로 결코 계량화할 수 없는 소중한 영역들

에킨스의 『생명경제학』을 보면 전체 국민경제를 3단 케이크에 비유
하는 설명과 만나게 된다. 케이크는 화폐금액으로 표시되는 GNP와
GNP로 나타나지 않는 비화폐적 부문으로 구분된다. 그림처럼 GNP
는 점선을 기준으로 아랫부분을 전부 무시하거나 고려하지 않고 있
다. 즉 공식경제에 숨어 있는 지하경제 또는 암시장, 사회협동적 대
응경제(counter-economy), 자연환경에 흡수되든 되지 않든 온갖 외
부비용이 GNP에 계상(計上)되지 않고 있다.

외부비용은 다른 사람에게 의도하지 않은 손해를 입혔으면서도 해
당 주체가 부담하지 않는 비용을 말한다. 자동차 매연, 농경지의 개
발과 환경파괴, 산업쓰레기, 유독성 폐기물 등은 GNP의 화폐금액에
서 처리되지 않고 비화폐적 생산부분으로 전가되는 것이다.

주부들의 가사노동, 손수 물건 만들기(DIY, Do It Yourself), 자녀
양육, 자원봉사 활동, 양로원의 노인환자 돌보기, 텃밭에서 상추를
키워 먹는 생태활동 등 가정의 사랑과 사회적 연대를 다지는 활동은
GNP에서 전혀 고려되지 않고 있다. 가정생활에서 아이를 돌보는 일
이나 손수 만드는 요리가 유료 탁아소와 인스턴트식품으로 대체된다
면 GNP는 늘어나지만 거꾸로 복지수준은 낮아지게 된다.

지하경제 역시 마찬가지이다. 세금자료 없이 거래되는 주류판매,

그림 | 산업사회의 총생산 시스템

(하얀 크림이 덮인 3단 케이크, Hazel Henderson 1982)

업자들이 상납하는 뇌물이나 리베이트, 마약과 매춘 등은 모두 불법
이거나 은밀히 거래되기 때문에 국민총생산에 잡히지 않는다. 지하
경제가 그림에서는 15%를 차지하고 있으니 이것을 양성화만 시킨다
면 GNP는 늘어나게 된다. 우리나라의 지하경제는 2003년 GDP 대
비 20.7%이며 150조 원의 규모로 추계되고 있다(현대경제연구원 자

료). 부동산투기, 사채업과 같은 지하경제를 공식경제로 끌어올리는 노력이 더 시급한 것이다.

그럼에서 어머니의 사랑, 볼런티어의 자원봉사 활동, 자연환경의 가치와 인내심 등을 돈으로 계산할 수 없지만 비화폐적 생산부분은 국민경제에서 50% 정도로 추정되고 있다. 비화폐적 부분은 규모에 비해 시장화폐로 환산되지 못한다고 해서 무시되고 주목받지 못하는 데 문제의 심각성이 있으나, 더 중요한 것은 비계산적 영역이 GNP의 계량영역을 위해 끊임없이 희생되고 케이크를 받쳐주는 토대가 녹아내리고 있다는 사실이다.

개발성장의 GNP로 과연 우리는 무엇을 얻을 수 있을까. GNP의 1% 성장을 위해 희생당하고 사라지는 소중한 것들을 생각해야 할 때이다.

자녀에게 손수 목각인형을 만들어주고, 함께 어려운 이웃을 도와주고, 독거노인의 낡은 주택을 수리해 주고, 지역공동체의 커뮤니티를 위해 자원봉사를 하면서 함께 땀을 흘려 나눠주는 땀의 분담(sweat-equity)은 키워나가야 할 케이크의 몫이다.

GNP의 온갖 쓰레기와 외부비용을 흡수하며 인내심의 한계로 버티고 있는 대지의 어머니, 자연이 흘리는 땀방울을 닦아줘야 하는 것도 땀의 분담이다.

2

미로와 곡선, 디지털과 문화 경제

비법과 디지털 경제

전주 콩나물국밥에는 만드는 방식에 따라 두 가지의 음식표준이 존재한다. 콩나물국밥으로 유명한 '삼백집'은 뚝배기에 육수, 콩나물과 밥을 넣어 직접 끓이는 탕(湯)의 방식이다. 그리고 전주 남문시장 깊숙한 곳에 자리잡은 '현대옥'은 뜨거운 멸치국물에 밥을 말아서 내는 국밥 방식이다.

현대옥을 들어서면 붐비는 손님들 틈새로 멸치국물을 끓이는 커다란 솥 두 개와 밥이 수북하게 쌓인 소쿠리가 먼저 눈에 들어온다. 이곳은 마늘이며 파, 청량고추를 미리 다져놓는 법이 없다. 단골들의 입맛에 일일이 맞춰 그때그때 양념을 바로 썰고 다져서 방금 만 국밥에 듬뿍 넣어준다. 현대옥은 보통 아침 7시에서 낮 12시까지만 문을 여는데, 주인아줌마의 체력으로는 국밥을 수없이 말아내고 양념을 다지는 고된 작업을 하루 종일 할 수 없기 때문이다.

첨단의 테크놀로지도 암묵적 지식에서부터

현대옥을 아는 사람들에게, 이곳 국밥의 국물 맛은 가히 전설적이다. 그 깊고 오묘하고 시원한 국물 맛은 도저히 말로는 형언할 수 없으며 온몸을 날아가게 할 정도로 개운하다. 아무도 그 맛을 흉내 낼 수 없다.

사람들도 줄을 서서 기다리다가 시간이 맞지 않으면 바로 옆집을 가도 되련만 차라리 발길을 되돌려 다른 곳에 가서 딴 음식을 먹는다. 그것은 입맛을 버리지 않고 지난번에 먹었던 현대옥 콩나물국밥의 기억을 그대로 간직하고 싶기 때문이리라.

멸치국물도 온갖 재료에다 정성까지 들어가야 하지만, 그 집만의 독특한 맛이 있으려면 역시 비법이 있어야 한다. 흔히들 비법을 미스터리(mystery)라고 표현한다.

우리가 배우는 지식에는 두 가지 종류가 있는데 암묵적 지식(implicit knowledge)과 형식적 지식(explicit knowledge)이 그것이다. 암묵적 지식은 감추어진 지식이며 말로써는 어떻게 표현할 수 없는 앎이다. 이에 반해 형식적 지식은 드러난 앎으로서 체계화되어 있고 일정한 전달방식을 통해 서로 나눌 수 있다.

요리책에 나와 있는 비빔밥 요리는 드러난 지식이다. 어떤 재료가 얼마만큼 들어가고 그에 따른 배합과 조리방법이 표준화되어 있기 때문에 누구나 공유할 수 있다. 그것은 하나의 공통된 기술로서 테크놀로지이다.

요리책을 보고 비빔밥을 만든다고 해서 맛이 다 똑같지는 않다. 어머니의 독특한 손맛이 담겨 있거나 평생을 통해 체득한 자기만의 노하우가 음식 맛을 좌우한다. 그것은 테크놀로지와는 달리 자식이나 후계자에게 비밀리에 전수되는 비법이며 미스터리이다.

우리 집에서도 현대옥의 콩나물국밥을 흉내 내기 위해 갖은 노력을 다해 보았지만 성공하지 못했다. 도저히 현대옥 국물의 시원하고 깊은 맛을 재현할 수 없었다. 현대옥 아줌마도 당신의 요리비법을 말로써 표현하라면 몇 가지 힌트는 줄 수 있겠지만 결코 완벽하게 설명할 수 없으리라. 바로 이런 것이 전달하거나 설명할 수 없는 숨은 지식으로서 암묵적 앎이며 미스터리이다.

물론 우리는 미스터리에 속하는 요리방법의 모든 과정을 단계별로 나누고(분절分節), 재료의 양을 계량컵으로 일일이 측정하여 수치로 나타내고(계량화), 누구나 쉽게 접근할 수 있도록 일반화시켜(표준화) 일정한 요리 기술과 지식으로 체계화할 수 있을 것이다. 결국 우리가 지금 접하는 모든 일반적 기술과 지식은 미스터리에 근거하고 있다고 할 수 있다.

비법(mystery)이 일반화되면 기술(technology)이 되듯이, 암묵적 지식은 곧 형식적 지식의 근원이다. 지식은 배우거나 가르치고 전달

> **▶▶ technology의 탄생**
>
> 영어의 테크놀로지(technology)에서 테크노(techno)는 비법 혹은 미스터리를 뜻한다. 그러다가 근대화 이후에 지식을 조직·체계화시키고 이론을 의미하는 접미어 -logy가 techno(기예와 비법)에 붙어서 technology가 되었다.

할 수 있지만 비법은 고된 훈련과 경험에 의해서 얻어진다. 비법의 거대한 지하창고야말로 지식의 풍부한 원천인 것이다.

오늘날의 비법 또는 암묵적 지식은 자기 삶과의 접맥, 현실과 유리되지 않는 치열한 문제의식, 고된 방법론적 훈련과 반복, 실험하고 응용하면서 체득하는 경험 등에서 우러나오고 이를 바탕으로 보편적 지식이 생산되는 것이리라. 숨은 비법에 대한 치열한 노력과 학습이 뒷받침되지 않는 지식은 한갓 허망하고 낡은 것일 따름이다.

현대옥에서 먹는 국물 맛은 미스터리이며, 만약 그것이 요리책에 공식적으로 기록된다면 테크놀로지가 되고, 그것이 제품화되어 대량으로 판매된다면 지식의 응용이 될 것이다. 물론 이렇게 되면 비법은 사라지고 표준화된 육수제품으로 맛도 모두 똑같아진다.

나는 오늘도 현대옥 국물 맛의 비법을 맛보러 남문시장을 헤맨다. 그리고 현대옥 아줌마의 도마 두드리는 소리에 마음이 편해지고 때로는 미스터리의 신비한 행복을 느낀다.

디지로그, 온라인과 오프라인의 만남

오늘날의 디지털 경제는 감성, 즉시성, 고객맞춤(customization), 점(node)의 연결과 커뮤니티(부족사회)를 특성으로 한다.

그물망과도 같은 디지털의 연결 속에서 소비자들은 이성과 목적을 가지고 생활하기보다는 즐거움, 재미, 새로운 것 등에 즉각적으로 반응하고 마냥 즐거워하는 감성적 행동을 보이고 있다.

디지털의 고객맞춤은 소비자의 다양한 니즈(needs)와 취향이 공

▶▶▶ 디지털 경제의 특성

인터넷 거미줄 망에 수많은 사람들이 연결되고 카페와 블로그를 만드는 커뮤니티 속에서 새로운 공동체의 부족사회를 형성하는 것은 디지털 경제의 특성이다.

급자에 즉각 전달되고 제품에 반영되는 방식으로 이루어진다. 아날로그는 모든 것이 일방적이었으나, 디지털 시대에는 소비자와 공급자가 쌍방향의 정보통신으로 이어져서 서로의 생각을 주고받는 가치사슬(value chain)로 연결되어 있다.

콩나물국밥집 현대옥에서 아줌마는 고객의 입맛에 일일이 맞춰 그때마다 양념재료를 썰고 다져서 우리를 행복하게 해준다. 그 집에 가면 우선 왁자지껄하고 흥겹다. 아줌마와 걸쭉한 농담이 오고가고 키득키득 웃어대며 오랜만에 우리는 타인과 함께 있으면서도 사람들과 더불어 사는 맛이 이런 것이구나, 진하게 느낀다.

서로 모르던 사람들이 저마다 한 봉지씩 들고 온 어리굴젓, 갈치속 젓갈 등을 조금씩 나눠먹는 장면도, 이곳 현대옥에서는 결코 낯설지 않다. 옆사람이 그냥 국밥만 먹고 있으면 자기가 사가지고 온 돌김을 슬그머니 밀어넣으면서 같이 먹자고 말을 건넨다. 내 것과 네 것을 가리지 않는 현대옥의 새벽풍경은 마을의 잔칫상처럼 보기 좋다.

이렇듯 현대옥은 그들만의 또 하나 원시적 부족공동체이다. 우리는 현대옥에서 나를 기억하고 나와 더불어 서로 함께 있어서 즐겁고 뭐라고 말로 표현할 수 없는 시원한 콩나물국밥에 행복해한다.

전통적 아날로그의 콩나물국밥집이 최첨단 디지털과 서로 통한다면 조금 지나친 비약일까. 그렇지만 어쩔 것인가. 현대옥 콩나물국밥집이야말로 우리가 디지털 시대의 가상적 만남이 연결고리가 되어 현실에서도 이뤄지기를 진실로 원하는 바로 그런 곳임을.

온라인 디지털도 결국은 오프라인의 만남으로 이어져 함께 따스한 체온을 느껴야 한다. 바로 디지로그(digilog)이다.

미로와 진화경제학

아들을 일찍 학교에 바래다주고 남문시장의 콩나물국밥집 현대옥을 찾아간다. 오늘도 그랬다. 주차를 하고 나서는 '남문시장'이라고 씌어진 낡은 간판을 찾아서 잠시 걸었다. 시장으로 들어가는 통로는 여기저기 뚫려 있지만, 내게는 조금 멀더라도 정해진 길이 있다. 길눈이 어둡기 때문이다.

언젠가 한번은 욕심을 내서 다른 길로 들어갔다가 혼난 적이 있다. 이른 새벽의 시장 안은 어두컴컴했고 이리저리 헤매다가 장의사 앞에 수북이 쌓인 관(棺)을 보고서 기겁하였다. 결국은 다시 밖으로 나와 처음부터 가던 길로 다시 들어가 콩나물국밥을 먹었다.

내가 혼자 가는 길은 이렇다. 시장통 입구에서 그대로 걷는다. 천천히 걷다가 나 같은 사람이 두서넛만 있으면 일단 그들을 앞선다. 시장에서 한가히 걷는 사람은 십중팔구 현대옥 콩나물국밥집을 가는 사람이다. 까딱하면 줄을 서야 하는데 서너 명만 제쳐도 10분이 절약

된다. 그러다가 △△젓갈집 옆에 몸을 비스듬히 돌려야 간신히 갈 수
있는 통로를 따라가면 콩나물국밥집이 나온다. 나로서는 젓갈집의
간판이 유일한 표지판이며 시장통의 중심인 셈이다.

대하소설 『혼불』을 남겨두고 고인이 된 소설가 최명희는 도근점
(道根点)을 좋아했다. 어느 날 저녁 길거리를 걷다가 행인들의 발걸
음 사이에 쭈그리고 앉아서 한참이나 도근점을 쳐다보았다고 한다.
도로원표(道路元標)는 언제나 세상의 길들이 지금 어디로 가고 어디
만큼 가고 있는지를 확인해 주는 표지(標識)였다.

누구라도 자기만의 의미를 지닌 도근점을 갖고 있다. 그것을 중심
으로 삼아 길을 걷는다. 되돌아올 곳이 있어야 우리는 떠날 수 있다.
삶에 지쳐 어디론가 떠나고 나그네의 자유가 부담스러워 여행을 끝
내는 것도 다시 되돌아올 중심이 있기 때문이다.

중심이 없으면 모두가 미로이다. 아직도 누군가는 되돌아갈 중심
을 찾지 못해 이 세상 어딘가의 미로에서 뭔가를 찾아 헤맬 것이다.

어느 스님은 도(道)를 얻기 위해서 끝없이 길〔道〕을 걸었는데 어
디선가 길이 끊어지자 목 놓아 울었다고 한다. 아마 그 스님은 또 다
른 길을 찾아나섰을 것이니 구도(求道)의 삶은 떠남에 있나 보다.

서울 태평로에 있는 도로원표가 나의 중심이라고 여긴다면 우리는
서울로 가고 그 다음에는 도쿄로, 뉴욕으로 가야 할 수밖에 없다. 그
것은 주어진 중심일 뿐이다. 이제는 내가 서 있는 곳이 언제나 중심
이 된다. 내가 어디에 놓여 있든 그 자리에서 솟구쳐 올라 어떤 분야
가 되었든. 세계의 그 어느 누구보다도 1mm만 높으면 된다. 그

1mm를 얻기 위해 여행길을 찾아나선다면 바로 내가 서 있는 곳은 언제나 세상의 중심이 될 것이다.

미로와 디지털 시대

나도 이제는 비록 자그마한 남문 시장통일망정 그 중심점을 바꾸고 길을 새로이 잡아야 할 듯싶다. 몇 년 동안 습관에 젖어서 그 길을 따라다녔으니, 또 다른 미로를 꼬불꼬불 걸어볼 때가 된 것이다.

시장통의 미로는 알 수 없는 미지의 세계와 같다. 여기저기 찾아다니면서 약재상의 구수한 한약 냄새를 맡고 허옇게 웃음 짓고 있는 돼지머리의 순대국밥집 앞을 스쳤다가 자칫 장의사집으로 빠질 경우에는 죽음의 의미도 되새겨볼 수 있을 것이다. 시장통의 골목길은 미로처럼 어둠침침하고 불안과 두려움이 가득하다. 꼬불꼬불한 회로 속에는 새벽을 묻히고 돌아온 사람들의 삶과 머나먼 기억이 숨쉬고 있다.

그런데 어디나 그렇듯이 남문시장도 재래시장의 구조조정에 따라 허물고 다시 건축된다는 소식이 들린다. 현대식 건물이 들이선다면 복잡한 미로는 사라지고 반듯한 통로에 계단이 달라붙고 표시판도 있어서 편리해지는 것은 틀림이 없다.

그렇지만 이런 재래시장의 현대화와 더불어, 우리 시대가 꼬불꼬불한 회로 속에 고이 간직해 오던 삶의 숨결과 일상적인 만남 그리고 미로 안에서 미래로의 길을 예비하는 몽상 또한 사라질지 모를 일이다. 아마 그 순간부터 미로의 마법에서 깨어난 것처럼, 콩나물해장국

맛의 비법(미스터리)도 순식간에 사라질 수 있을 것이다.

근대에 들어와서 모든 길은 반듯반듯한 직선이 되었다. 근대의 이성과 계산합리성은 자신에게 거추장스러운 미로를 추방하고 모든 길을 직선으로 바꾸어놓았다.

자크 아탈리(Jacques Attali)는 『미로: 지혜에 이르는 길』에서 근대화의 산업혁명과 직선에 의해 쫓겨났던 미로가 다시 활성화되어 우리의 미래를 담아내고 있음을 지적한다.

그 뒤로 이성과 함께 직선과 투명한 것이 득세하게 되었다. 미로는 장애물이 되었고 쫓아버려야 할 난해한 대상이 되었다. 경제란 빨리 가고 똑바로 걷고 시간을 벌고 시야를 넓히고 미래에 대해 예측할 것을 요구한다. 따라서 미로는 역사의 뒤안길로 사라져서 정원이나 장식하고 살롱을 즐겁게 하는 등 돌차기 놀이부터 주사위 놀이까지 사회적인 유희로 전락하고 말았다.

미로는 역사의 뒤안길로 사라졌다. 그러나 이제 사라진 미로가 되돌아오고 있다. 아날로그의 산업시대에 사라졌던 미로가 디지털 시대를 맞아 부활하고 있다.

거미줄처럼 연결망으로 얽힌 컴퓨터 네트워크는 마치 뇌세포들을 서로 잇는 가느다란 신경섬유망의 뉴런(neuron)처럼 복잡한 미로를 다시 만들어내고 있다. 디지털 사회에서 우리는 그물망처럼 얽힌 사이버의 미로에서 길을 찾아나서고 있다.

이집트의 피라미드가 수수께끼 같은 미로를 만들어 하늘과, 신과,

사후세계와 통할 수 있는 길을 만들었듯이, 이제 클릭 하나로 시공을 초월하여 과거와, 현재와, 미래를 여행하고 신을 만나고 무한한 우주를 여행하며 미래의 길을 열어주고 있다.

우리는 활성화된 미로 속에서 태초의 꿈을 찾고 신화를 읽고 그들만의 은밀한 놀이를 즐긴다. 컴퓨터 게임에서도 우리는 무한한 미로를 헤매며 보물을 찾거나 언제 일어날지 모르는 불확실성 속에서 마녀를 물리치고 그들의 무기와 마법을 빼앗아 공주님을 구하고 마침내 영웅이 된다. 하나의 미로를 통과하여 승자가 되고 단계별로 그 다음의 미로를 찾아나서는 컴퓨터 게임과 시나리오는 그래서 단계구조(stage structure)를 만끽해야 한다.

컴퓨터 게임을 '잃어버린 것에 대한 그리움과 근원에 대한 향수'라 한다면, 그것은 미로 속에 감추어져 있는 태초의 기억을 더듬는 일이 될 것이다. 게임의 미로 속에 숨쉬고 있을 『한단고기』(桓檀古記)의 백제 상고사(上古史)에는, 잃어버린 고구려의 광대한 영토와 한민족 태초의 꿈이 어려 있고 무한한 상상력과 웅혼(雄渾)을 예비하는 근원이 담겨 있을지도 모른다.

내 것이라고 움켜쥐고 남이 그려놓은 직선의 중심에서 탈주하여 다시 활성화된 미로를 찾아 길을 나서야 한다. 바로 거기에서 내가 중심이 되는 세계를 발견할 수 있으리라.

직선의 패러다임에서 벗어나고 있는 경제학

합리성은 최소의 시간과 노력으로 최대한 빨리 그리고 많이 생산하는 극대화 행동원리와도 같다. 합리적 경제인 또한 최소 비용으로 최대의 만족과 이윤을 얻기 위해 직선적으로 행동하는 사람이다. 직선이란 점과 점을 있는 최단 거리를 뜻한다. 따라서 합리성은 직선이며, 합리적 경제인은 직선 인간이다.

근대 올림픽의 더 빨리, 더 높이, 더 멀리의 구호도 예외가 아니다. 올림픽도 최고의 기록을 올리기 위해서는 가장 빠르고 효율적인 직선으로 뛰고 던지고 달려야 한다.

그런데 요즘 어떤 자전거 경주는 가장 늦게 들어오는 선수가 1등이라고 한다. 자전거는 멈추면 넘어지게 마련이므로, 자전거를 넘어뜨리지 않고 느리게 페달을 밟는 일은 참으로 어렵다. 게다가 늦게 골인하려면 자전거는 직선의 코스보다는 넘어질 듯 말듯 갈지자로 비뚤거리며 미로(迷路) 달리기를 해야 한다.

빠른 속도와 직선이 다시 느림과 미로를 재생시키고 있는 것이다. 효율과 합리성을 추구하던 경제학도 직선의 패러다임에서 벗어나고 있다.

냇물은 직선으로 똑바로 건너야 가장 빠르다. 사람은 합리적으로 행동하기 때문에 모두가 가장 빠른 직선코스로 가고자 할 것이다. 하지만 대개 사람들은 누가 언제 놓았는지는 모르지만 냇물 속에 살짝

▶▶▶ 물음 하나

어떤 사람이 냇가를 건너고 있었다. 그런데 이 사람은 지그재그로 비뚤거리면서 커다란 S자 모양으로 건너가고 있었다. 왜 직선으로 바로 가지 않고 빙 에둘러서 건너는 것일까?

잠겨 있는 징검돌을 하나씩 딛느라 꼬불꼬불한 곡선으로 건넌다.

아무리 자신이 직선으로 빨리 가려고 맘을 먹었어도 자신의 합리적 행동은 이미 놓여 있는 징검돌에 의해 제약을 받게 마련이다. 이를 일컬어 제한된 합리성(bounded rationality)이라고 한다.

제한된 합리성에서는 직선(보편적 극대화 원리)보다는 지금의 경제학이 무시하고 있는 징검돌(사회의 문화적 패턴과 제도, 관습적 행동)을 중시한다. 오늘의 행동은 어제가 원인이 되어 나타난 결과로 보는 까닭이다.

이것을 베블렌(T. Veblen)은 누적적 인과관계(cumulative causation)라는 말로 표현하였다. 바로 제도학파 경제학의 핵심 개념이기도 하다. 진화론적(evolutionary) 경제학도 여기에서 출발한다.

인간은 합리적 이성과 완전한 정보를 갖고 있지 않으며, 이득을 극대화(profit-maximizing)한다는 전제 아래 모두가 똑같이 동질적으로 행동하지도 않고, 또 그런 것 자체가 불가능하다고 보는 것이 진화적 경제학의 문제의식이다.

진화론적 경제학은 경제주체들간의 이질적 행동과 그것을 그렇게 만드는 관행 또는 루틴(routine)을 강조한다. 모든 사람들이 냇가를 똑같이 직선으로 걷는 것이 아니라 냇가에 놓인 징검돌의 위치에 따

> ▶▶ **제한된 합리성**

인간의 현재적 행동은 자신만의 천부적 이성과 합리성에 의해 결정되지 않고, 과거의 누적된 행위와 관습 또 이것들이 체계화되어 나타난 규칙이나 제도에 의해서 현재의 행동이 결정된다는 것을 '제한된 합리성' 이라 한다.

라 S자 모양 혹은 Z자 모양으로 건너는 행동의 차이를 보인다는 것이다.

또 과거에 놓여 있던 징검돌의 경로에 우리의 행동이 의존한다는 것을 경로의존성(path-dependency)이라 부르고 쿼티(qwerty)를 그 대표적인 사례로 드는데, 어렵게 학습한 행위는 쉽게 바꾸어지지 않는다는 것을 말해 준다. 쿼티 자판이 비효율적임에도 그것에 익숙해진 소비자들의 손가락과 마음은 쉽게 돌아서지 않는다. 어렵게 일단 익혀서 손에 고착된(lock-in) 관행과 루틴은 쉽게 바뀌지 않고 우리의 행동을 지배한다. 전축바늘이 레코드의 홈을 따라가듯이 경로 의존성에서 벗어나지 못하는 것이다.

비효율적인 쿼티가 효율적인 드보락을 제치고 지금까지 살아남을 수 있었던 것은 경로의존성의 고착현상 그리고 시장을 선점하여 사실상의 표준(de facto standard)이 되었기 때문이다.

시장과 인간이 최소의 노력으로 최대 효과를 거두기 위해서 늘 합리적으로 행동하는 것은 아니다. 때로는 비효율적일지라도 경로의존성에 따라 길을 걷는다. 이성과 효율성이 직선이라면 우리 개인들의 행동과 습관, 사회문화적 전통과 문화 등은 미로라고 할 수 있다.

직선의 합리성이 최고는 아니다. 미로의 곡선을 알지 못한다면 진정한 세계화도 이룰 수 없다. 글로벌 경영에서 "생각은 글로벌하게 하고 행동은 지역에 맞게 하라"(Think global, but act local)는 것도 결국은 각국의 소비자 요구에 빠르고 적절하게 대응하려면 지역적 혹은 문화적 정서에도 정통해야 한다는 주문이다.

우리는 IMF를 맞아 한국경제의 비효율적 관행과 제도를 외부적 충격에 의해 교정할 수 있는 기회를 가졌다. 그렇지만 한국의 시장과 국부(國富)는 달러자본으로 재편하려는 미국 헤게모니에 무릎을 꿇고 유교자본주의의 장점과 아시아적 가치마저도 훼손시키는 어리석음 또한 범하였다. 목욕물을 버린다고 갓난아이까지 함께 버린 격이었다고 표현하면 지나칠까.

그때 우리의 냇가 징검돌은 최소한 느슨한 모양의 S자가 되었어야 했다. 사실 I자 모양의 직선은 우리만이 가지고 있는 미로의 지혜와 은밀한 공동체적 회로를 파괴하는 것에 다름 아니었다.

　후대의 사람들이 뒤따라올 길을 만든다는 것은 힘들고 외롭다. 보편적 직선은 누구나 만들 수 있지만, 시대의 철학과 비전을 담고 선각자의 깨달음으로 민족과 삶의 원형을 그려가는 것은 쉽지 않다. 김구 선생은 언제나 사명대사가 지은 시를 가슴에 품고 살았다.

　踏雪野中去 不須胡亂行 今日我行跡 遂作後人程

　눈 덮인 들판을 밟아갈 때는/모름지기 그 발걸음을 어지러이 하지 말라

　오늘 걷는 나의 발자국은/반드시 뒷사람의 이정표가 될 것이리라

03

짬뽕 한 그릇

연구실에서 짬뽕 하나라도 시켜 먹을라치면 그릇을 몇 겹으로 둘러싼 비닐 랩을 찢어내느라 애를 먹는다. 그러다가 걸핏하면 국물이 묻어나서 손을 한번 정도는 씻어야 한다.

요즘은 짬뽕그릇의 비닐 랩을 위에서 찢어내기보다는 조심스레 벗기곤 한다. 어느 스님이 말했던가, 매듭을 자르지 말고 풀어라. 모든 것을 칼로 자르듯 하지 말고 하나하나 풀어야 한다는 글귀를 보고 마음을 바꿨던 것이다. 나에게는 하찮은 짬뽕그릇의 비닐 랩이라도 단숨에 찢지 말고 매듭을 찾아 풀어야 한다는 말로 들렸다.

지금은 짬뽕그릇의 밑바닥을 손으로 만지작거리면서 비닐 랩의 첫 시작을 찾아 푸느라 더 애를 먹는다. 그렇지만 손에 국물이 묻지 않아서 좋긴 하다.

직선은 외부 침입자의 선

미로의 곡선은 언제나 그들만의 이야기와 은밀한 전설을 간직하고 있다. 그곳에는 알 수 없는 미지의 세계와 신화가 존재한다.

크레타 문명의 시기는 그리스의 여명기라 할 수 있다. 테세우스는 곧 제물이 되어야 하는 열네 명의 처녀총각들 틈에 끼여 크노소스 궁전으로 항해하고 있었다. 그날따라 에게해는 쪽빛으로 더욱 푸르렀다. 사람의 몸에 황소머리를 한 우두(牛頭) 괴물 미노타우로스가 크노소스 성에서 그들 일행을 기다리고 있었다.

크노소스 성에는 한번 들어가면 절대로 빠져나올 수 없는 미로(labyrinth)가 있다. 테세우스 일행은 크노소스의 미궁으로 끌려갔다. 그때 테세우스를 사랑하는 크레타 미노스왕의 딸 아리아드네는 그를 구하기 위해 미궁을 설계한 건축공예의 명장(名匠) 다이달로스에게 간청하였다. 다이달로스는 아리아드네에게 굵은 실타래와 검을 주고는, 미로 입구의 기둥에 실을 단단히 동여매여 놓고 따라가면 복잡한 미로를 되돌아나오는 것도 어렵지 않다고 일러주었다. 마침내 테세우스는 미궁 속의 괴물을 죽이고 무사히 탈출할 수 있었다.

테세우스는 거미줄과도 같은 미궁을 최초로 빠져 나와 그리스의 영웅이 되었으며, 우리에게는 자신의 한계를 극복한 사람으로 기억되기에 이른다.

테세우스는 도전과 희생정신, 삶의 여정에서 사귄 제3자의 도움에 힘입어 어둠, 복잡함, 나선(螺旋), 다양함, 인내, 애매모호함의 미로로 이루어진 크노소스 성을 무사히 빠져 나올 수 있었다. 테세우스가 이전에도 스스로 선택한 위험을 극복하고 크노소스에서 보여준 미로의 통과는 지혜를 얻는 수련과정이기도 했다.

테세우스와 대비되는 신화의 인물은 다이달로스의 아들 이카로스라 하겠다. 이카로스는 아버지가 만들어준 깃털과 밀랍으로 된 날개를 달고 날아올랐다. 아버지의 경고에도 불구하고 어두운 미로를 넘어 단숨에 태양 빛에 가까이 가고자 했던 이카로스는 밀랍이 녹아 추락하고 만다. 밀랍날개는 아버지가 제작한 지식도구일 뿐이었다.

어느 천재 수학자는 "태양이 우리 날개의 밀랍을 녹이기 전에 우리가 얼마나 높이 날 수 있는지 알아보자"고 외치면서 이카로스의 용기를 높이 찬양하였다. 그러나 이카로스가 미로의 매듭을 지혜로 풀지 않고 단칼로 잘라버린 것은 직선 문화에 가깝다.

서구 문명의 사고는 역시 효율을 중시하는 직선이다. 그것은 끊고 맺는 것이 정확하다는 장점도 있으며 강력한 힘이 넘치기도 한다. 유클리드의 정밀 기하학에 기초한 기계발명 역시 직선의 소산물이다. 두 점을 이으면 직선이 되고 축을 중심으로 직선을 회전시키면 원이 된다. 직선은 단순하고 획일적이며 대량생산에 적합한 문화이다.

근대 식민지의 외부침입 역시 곡선을 직선으로 바꾸는 것에서부터 시작했다. 20세기 중반까지 유럽의 식민지였던 아프리카의 지도를 한번 들여다보자. 반듯반듯한 국경선으로 나누어져 있다. 제국주의 시대에 유럽인들은 아프리카를 침략하면서 지도 위에다 선을 긋고 자기네들 편한 대로 나누어 가졌던 것이다. 민족이나 문화는 고려하지 않고 서로 다른 문화권에 사는 부족들을 강제로 묶어놓았기 때문에, 아직도 아프리카의 많은 나라에서는 종족들 사이에 내전이 치열하게 벌어지고 있다.

　우리의 38선도 외세의 잣대가 그려놓은 직선이다. 벚꽃의 명물인 전군도로(전주-군산) 역시 직선이다. 식민지 시대에 일제는 호남의 거대한 곡창을 수탈하여 군산항으로 반출하기 위해서 길을 새롭게 만들었다. 반듯한 직선으로 길을 새로 뚫었다고 해서 신작로(新作路)라는 이름까지 붙었다. 그 도로는 아예 뻗은 김에 다시 남문의 전주성곽을 뚫었다. 성읍(城邑) 도시에서 성은 방어지이며 중심이었음에도, 신작로를 뚫는다는 명분 아래 성곽은 해체되고 일본인들이 그 공간을 차지하게 되었다. 당시 사람들은 무너진 전주성곽을 보고 비로소 나라가 망했다고 한탄하며 통곡했다고 한다.

　미로는 안과 밖을 차단하는 경계선이다. 그래서 미로에 들어서면 이방인이나 외부 침입자는 내부의 은밀한 코드와 복잡함 때문에 길을 헤맨다. 미로에서 길을 헤매거나 수수께끼를 풀지 못하면 이방인은 죽을 뿐이다. 그렇기 때문에 이카로스의 외부인은 언제나 미로의 곡선을 직선으로 뚫어버리고 침입할 수밖에 없다.

　외부인에게 직선의 근대화는 빛과 이성, 발전, 논리, 명확함, 방법론 지식으로 미로의 지혜를 파괴하는 이성의 오만이었다.

고르도스의 매듭을 끊어버린 알렉산더의 오만

이카로스에 이어서 매듭을 끊는 직선적 사고의 선두는 알렉산더 대왕이 아닐까 싶다. 알렉산더 장군은 고르도스의 매듭(Gordian knot)을 풀어 왕이 되었다. 기원전 334년에 고르도스는 신탁(神託)을 내린 신전에 마차를 묶어두었다. 그때부터 이 묶은 매듭을 푸는 사람이 장차 아시아의 주인이 될 것이라는 말이 전해지기 시작하였다. 수많은 용사들이 시도했지만 실패로 돌아갔고 알렉산더 역시 번번이 물러서고 말았다. 결국 알렉산더는 칼로 매듭을 단번에 잘라버리고 왕이 되었던 것이다.

고르도스의 매듭은 어떤 복잡한 문제를 일거에 해결하거나 과감한 결단력을 칭찬하는 비유로 많이 쓰인다. 과연 매듭을 풀기 위해서 시간을 끌고 곰곰이 생각하는 것이 우유부단한 것일까? 반드시 그렇지는 않다.

알렉산더가 고르도스의 매듭을 칼로 끊었던 것이 과연 온당한 행동인가, 생각해 본다. 알렉산더가 매듭을 칼로 끊으면서, 아니 외부 침입자에 의해 매듭이 끊어지면서, 그들만의 은밀한 신화와 신의 예언은 일순간에 사라지고 말았다. 결국 매듭을 칼로 끊었던 알렉산더의 행위는 폭력이며 오만이었을 뿐이다.

어쨌든 끊지 말고 묶여 있는 매듭을 풀 일이다. 끊으면 끊긴 부문은 절대로 다시 써먹지 못하고, 인생살이에서 그것은 나에게 이롭지 않게 되거나 나를 원망하는 적이 될 수도 있다. 또 뒤돌아보면서 너무 빨리 살아왔지 않은가, 남이 뚫어 놓은 길[method]을 아무런 생각도 없이 스치듯 지나오지 않았는가, 반성해 볼 일이다. 그리고 뒤돌아보면서 하나하나 삶의 매듭을 묶으며 느리고 야무지게 살아야 할 일이다. 그렇다고 너무 단단히 묶을 것도 없다. 왜냐하면 묶은 것을 푸는 결자해지(結者解之)도 나의 몫이며 또한 테세우스의 지혜이니까.

자연을 품어 안는 곡선

동양의 사고는 꼬불꼬불한 곡선에 더 잘 맞는다. 거기에는 자연이 담겨 있다. 직선은 자연을 이용하지만 곡선은 자연을 품에 안는다. 저 멀리 휘어 돌아가는 길에서 모퉁이를 돌아가는 정인(情人)과의 이별도 서럽다.

아름다운 동양의 곡선은 유클리드 기하학의 직선과 원의 규격에 밀려서 제대로 인식체계에 들어오지도 못했다.

알렉산드리아 대학의 수학교수였던 유클리드의 기하학은 0차원(점), 1차원(선), 2차원(면)에서 3차원의 입체공간으로 이어진다. 결국 꼬불꼬불하고 휘어지고 부드럽고 날아갈 듯한 동양의 곡선은 비유클리드의 소수점 차원에서나 파악할 수 있다. 0과 1차원, 1과 2차원 사이에 존재하는 무수한 곡선과 공간 속에서 비로소 한국의 미와 곡선은 정당한 대접을 받게 된다.

종이를 자에 대고 칼로 오리면 1차원이지만 그냥 손으로 천천히 찢을 때 나타나는 곡률(曲律)의 다기다양한 선이나 얇게 한 겹이 살짝 벗겨지면서 생기는 종이의 면(面)들은 1.63차원의 곡선이다. 칼로 오리는 종이는 직선의 1차원이며 규칙적이지만 종이를 찢을 경우에는 습도와 종이의 결, 속도, 심리상태 등에 따라 불규칙한 곡선을 수없이 낳는다.

1975년 만델브로트는 울퉁불퉁하고 둥글지 않고 매끄럽지 못한 모양을 가진 우주의 삼라만상을 제대로 표현하기 위해 새로운 기하학이 필요하다는 결론에 도달했다.

만델브로트가 해안선과 같은 소수(분수) 차원의 불규칙한 형상에 이름 붙인 것이 유클리드의 정수 차원과 대비되는 프랙털(fractal) 기하학이다. 인간의 뇌는 주름지고 울퉁불퉁한 면과 원구(圓球)의 입체로 이루어져 있는데, 종이를 손에 넣어 단단하게 구기면 3차원에 가까워지는 것처럼 뇌 모양도 2.79의 프랙털 차원이 된다.

소수 차원의 프랙털은 또한 자기닮음을 특징으로 한다. 나무 전체의 모양은 매우 불규칙하고 복잡한 것처럼 보여도, 나뭇가지가 일정하게 갈라지고 다시 또 갈라져 변주(變奏)되는 일정한 규칙성을 보여준다. 전체는 작은 부분의 닮은꼴이다. 밤하늘에 내려치는 번개는 습도, 기압, 온도, 이온화 경로에 의해 결정되기 때문에 일직선이 아니고 구불구불 진행하며 가지치기를 한다. 이렇게 번개의 모습은 불규칙하지만, 전체적으로는 ⅂의 모양과 자기유사성을 갖는 프랙털 구조를 이루는 것이다.

유클리드의 직선은 누구나 똑같이 그릴 수 있다. 그러나 프랙털 곡선은 그리는 사람마다 그 모양새가 다르다. 한 가지의 문제에 수많은 답이 있고 해결방식도 같지 않듯이 말이다.

0과 1 사이에는 무수한 해답이 존재한다. 햄릿의 죽느냐(0) 사느냐(1)의 문제가 아니라, 삶과 죽음 사이에서 어떻게 살 것인가를 성

찰하며 인생의 무수한 대응점을 찾아가는 것이 필요하다. 바로 퍼지
(fuzzy)의 삶이다.

퍼지 세탁기는 세탁할 것인가(1) 아닌가(0) 하는 이분법에서 벗어
나서 빨랫감의 재질, 오염 정도를 감지하여 600가지나 되는 분류세
탁을 한다. 우리의 삶도 다양하고 그 선택은 우리 자신의 몫이다. 하
지만 0과 1 사이의 수많은 삶을 선택하면서 우리는 어찌 방황하지 않
을 수 있겠는가.

괴테는 『파우스트』에서 이런 말을 남긴다. "인간은 노력하는 한 언
제나 헤매게 마련이다."

04

누룽지와 복잡계 경제

가을날 낙엽 태우는 냄새가 아무리 구수해도 식당에서 얻어먹는 누룽지 맛이나 숭늉만은 못하다. 간혹 찾아가는 두부집에서는 점심이 나오기 전에 노릇노릇 잘 익은 누룽지를 수북이 담아서 내어놓는다.

요즘 누룽지는 옛날 것과 색깔부터가 다르다. 아예 맨밥을 누룽지로 만들기 위해서 좋은 솥에다 구워내기 때문에 전체가 누르스름하다. 진짜 누룽지는 글자 그대로 까맣고 누런 부분이 섞여 있는 깜밥과 눌은밥(누런 밥)이라야 제격이다.

옛날 서당에서는 하늘 천(天) 따 지(地)! 검을 현(玄) 누를 황(黃)! 을 공부하면서 학동들이 장난삼아 하늘 천 따지 깜밥 눌은밥이라고 부르며 훈장어른을 놀려대곤 했다. 그런데 그게 전혀 터무니없지는 않은 것 같다.

천자문의 시작에서 천지현황(天地玄黃)은 우주 태초의 시작을 표현하는 사자성어다. 천지현황은 황하의 누런 흙먼지가 하늘을 뒤덮어 천지간을 가득 메우니 태양이 문득 가리고 세상이 어두워져서 아득하고 고요한 상태가 되는 것을 연상시킨다. 그리고 뿌연 황하의 모래먼지[黃]에 깊고 오묘한[玄] 혼돈과 무질서의 세계는, 다시 넓고 거친[洪荒] 우주공간이 끝없이 펼쳐지고[宇宙洪荒], 해와 달이 차고 지고[日月盈昃] 계절이 순환하는 만물의 질서공간으로 바뀐다.

천자문에서 말하는 태초의 무질서한 공간은 어떻든 거무스름하고 누런 깜밤과 눌은밤의 색깔을 띠었을 것이다.

질서는 혼돈 속에서 나온다

오늘날 혼돈과 무질서는 신화적인 창조의 세계에서만 논의되고 있지 않다. 복잡계(complex system) 과학에서는 질서(cosmos)의 세계가 창조되는 조건으로서 카오스(chaos)와 혼돈의 세계를 전제로 하고 있다.

혼돈 속에서 질서가 나온다. 기존의 어떤 규칙과 질서가 깨지기 위해서는 요동(fluctuation)치는 무질서가 존재하고 거기에서 새로운 질서가 창출된다.

냄비에 있는 물(액체)을 가열하면 부글부글 끓어 요동치는 무질서를 보게 된다. 이윽고 물은 끓어서 수증기의 기체 질서로 이행한다.

이 끓는 모습을 좀더 자세히 들여다보자. 물은 냄비의 가장자리에서부터 조금씩 끓기 시작하다가 가운데서 보글보글 신나게 요동치는 것을 볼 수 있다. 바로 이 가장자리를 카오스의 가장자리(edge of chaos)라 부른다. 무질서가 질서로 넘어가는 길목이며 새로운 질서를 형성하는 자리이다.

결국 어떤 질서가 이것에서 저것으로 바뀔 때, 이것과 저것 사이에는 과도기로서 무질서와 혼돈의 세계가 있게 마련이다. 그것은, 확실히 이것도 아니고 저것도 아닌 애매모호한 영역이며 프랙털 구조에서도 나타나는 퍼지(Fuzzy, 애매함)라 할 수 있다.

혼돈의 가장자리에서 요동치는 무질서와 혼돈을 제대로 이해해야 새로운 질서도 창출하고 역동적 에너지도 끄집어낼 수 있다. 혼란스러운 위기를 단순히 회피하거나 과거의 질서만 고집하면 새로운 사회적 발전도 결코 창조될 수 없음이다.

밥 짓는 과정이라고 해서 복잡계 과학과 무관할 수 있겠는가. 쌀과 물을 솥단지에 담고 끓일 때 가장 요동치는 부분이 어디인가. 솥단지의 아래와 옆 부분으로, 새로운 질서를 받아들이는 카오스의 가장자리일 것이다. 그것은 쌀도 아니며 물도 아니며 나중에 밥이 되었을 때도 여전히 밥도 아니고 죽도 아닌 누룽지로 남게 되는 영역이다. 그 형태는 솥단지 바닥처럼 새까만 것도 아니고 쌀밥처럼 하얀 것도 아닌 거무스름하고 누런, 모호한 색깔이다.

이것도 아니고 저것도 아닌 애매한 퍼지 영역이 누룽지는 아닐까. 그래서 식당마다 공깃밥 추가에는 1천 원을 받지만 누룽지는 공짜로 준다. 쓸 데가 있으면서도 쓸데없는[用不用] 애매한 것이 누룽지다. 그래서 오히려 돈을 주고 사고파는 유용한 거래물품도 아니게 되며 스스럼없이 여기저기 경계선을 넘나들게 된다.

옛날에 어느 가난한 소녀는 옆집 식당 할머니가 아침마다 주는 누룽지로 배고픔을 면하였다. 그 할머니는 소녀에게 누룽지를 줄 때마다 "마침 누룽지가 남았는데 좀 먹으렴!" 하였다. 사실 할머니는 누룽지가 남았던 것이 아니다. 그 소녀가 창피해할까 봐 흰 쌀밥을 억지로 눌러 누룽지로 만들어서 주었던 것이다. 흰밥은 자존심을 건드리지만 누룽지는 그렇지 않았다. 흰 쌀밥이 아니라 깜밥 눌은밥의 애매한 색깔이 소녀의 자존심을 통과하여 배고픔을 면하게 해준 것이다.

너와 내가 서로 끓고 요동치는 카오스의 가장자리, 서로가 공유할 수 있는 누룽지의 애매한 영역을 키우고 포용할 수 있어야 새로움의 씨앗도, 아름다운 사랑도 꽃피울 수 있다.

복잡계 경제학과 지식정보 산업

냄비 속에 있는 물이 종전의 평형상태를 깨고 복잡하게 요동치고 끓다가 새로운 기체질서로 변하는 것을 자기조직화(self-organization)라고 한다.

얼음이 물로, 또는 물이 기체로 가는 것도 자기조직화이다. 얼음과 물은 복잡한 무질서를 거쳐서 스스로를 뭔가 성질이 다른 질서로 조직화하는 것이다. 이럴 경우에 물은 물로 봐야 되고 얼음은 얼음으로 봐야 한다. 무조건 분자구조를 따져서 H_2O로 환원해 버리면 물과 얼음과 수증기는 아무런 성질의 차이도 가지지 못하게 된다.

이것을 요소 환원주의(element reductionism)가 갖는 오류라고 말할 수 있다. 분명히 물은 복잡해져서 새로운 성질을 얻었는데도, 이것을 여전히 물분자의 구성요소로 환원하여 분석해서는 안 된다는 것이다. 이렇듯 복잡계 경제학에서는 분석하지 말고 전체를 통찰하는 전체성의 지혜(wholeness knowing)를 강조한다.

여기 어떤 대통령이 있다. 아무도 그가 대통령이 되리라 생각도 못했다. 그는 대학도 안 나왔지만 신선한 젊음과 개혁, 특유한 능력과 도전정신으로 대통령에 당선되었다. 여기서 결정적인 역할을 한 것은 수많은 네티즌들이 폭발적 네트워킹을 통해 주고받은 반응과 상호작용의 힘이었다. 따라서 이 대통령은 지식정보 사회의 복잡한 요소들이 네트워크에서 요동치고 새로운 성질을 획득한 복잡계의 산물일 수 있다.

과거에는 유권자들이 언론을 통해 대통령을 판단하고 개개인이 투표장소에서 한 표를 행사하면 되었다. 즉 1천만 명이 1표를 행사해서 모은 1천만 표일 뿐이었다. 부분이 모여서 전체가 되었을 따름이다. 그런데 서로 영향을 미치는 지적 요소와 인간들이 복잡하면 전체의 성질이 변한다. 1천만 명의 네티즌이 모여서 1천만 표가 행사되는 것이 아니라 자기조직화를 거쳐서 새로운 성질의 파워질서가 형성되는 것이다. 부분이 모이면 전체의 성질이 바뀌게 되는 것이 바로 복잡계의 특징이다.

디지털 사회를 곧잘 설명해 주는 복잡계는 아날로그 시대의 대중

> ▶▶ **복잡계(complex system)란?**
>
> 수많은 요소들이 존재하고 그 요소들이 서로에게 영향을 주다 보면 어떤 일정한 패턴이 형성되거나 전혀 예상치 못했던 어떤 성질을 띠게 된다. 이렇게 형성된 패턴과 성질은 원래의 각 요소에 피드백(feedback)되면서 또다시 영향을 미친다.   —미국 뉴멕시코의 산타페 연구소

(mass)이나 민중(people) 대신에 다중(多衆, multitude)이라는 새로운 유동적 집단을 주목한다. 다중은 개별자들의 무수한 단독성이 무수한 연결망으로 이어져 있다. 네트워크로 연결된 무수한 사람들이 광장에 쏟아져 나와 촛불시위를 벌이는 장관에서 촛불 하나하나는 무수한 단독성이다.

복잡계 경제학은 진화론적 경제학과 더불어 지식정보 사회를 분석하는 데 유용한 분석도구를 제공하고 있다.

지금까지 경제학 명제는 수확체감의 법칙이었다. 다른 생산요소를 고정시켜 놓고 하나의 가변요소만을 증가시킬 때, 어떤 단계를 지나고 나면 수확량은 지속적으로 감소한다는 법칙이다.

그런데 항공기, 컴퓨터의 하드웨어, 소프트웨어, 전자통신 등과 같은 하이테크 산업에 와서는 이 수확체감이 수확체증의 법칙으로 바뀌게 된다.

마이크로소프트사가 초기 윈도우 95를 개발할 때의 초기 비용은

> **▶▶ 수확체감의 법칙**
>
> 한정된 면적(고정요소)의 땅에 배추를 경작할 경우에 노동을 투입하면 할수록 배추생산도 늘어나지만, 일정 단계가 지나면 사람이 너무 많아 서로 엉덩이가 부딪힐 정도가 되면 수확량은 오히려 줄어든다. 게다가 배추농사 짓는 사람이 늘어나게 될 경우에 시장경쟁도 치열해져서 수익도 간신히 정상이윤(다음해에 농사지을 마음이 겨우 생겨날 정도의 이윤수준)에 머무는 일정한 균형상태에 도달하게 된다.
> 시간과 비용을 들여 생산하면 생산할수록 자기한테 돌아오는 수확(returns)은 점점 줄어든다는 것이 수확체감의 법칙이다.

5천만 달러에 이를 정도로 엄청났다. 그러나 첫 제품이 나온 후부터 윈도우 95 CD롬 한 장에 들어간 제작비는 고작 3∼4달러에 불과했다. 윈도우 95 공급량이 늘어날수록 한계비용(marginal cost, 제품 1단위를 추가로 생산할 때마다 들어가는 비용)은 감소하고 수확은 체증된 것이다. 윈도 95 CD롬 1장의 시중 판매가격이 약 100달러였으니까 제조비용의 25배 이상의 값으로 판매되고 있는 셈이다.

여기에다 최근 출시된 윈도우 XP는 윈도우 95를 수정하고 약간 개량했음에도 불구하고 여전히 높은 가격에 시판되고 있으니 수확은 엄청나게 체증되고 있는 것이다.

물론 윈도우의 정보독점에 대항해서 리눅스를 운영체제로 사용할 수 있다. 반드시 무료는 아니지만 윈도우에 비해 큰 손색이 없으며 배우기도 어렵지 않다. 하지만 대부분의 사람들이 윈도우 체제를 벗어나지 못하는 것 역시 익숙한 것으로부터의 결별이 쉽지 않고 한번 배운 것을 좀처럼 바꾸려 하지 않는 고착화(lock-in) 내지는 경로의 존성에서 탈피하지 못하고 있기 때문이다. 수많은 윈도우 사용자와 소프트웨어들이 서로 얽히면서 발생하는 네트워크 효과(network effect)도 윈도우 시스템을 더욱 고착화시키고 있다.

윈도우가 표준이 된 것도 매우 우연한 계기 때문이다. 마이크로소프트사의 MS-DOS가 처음 시장에 나왔을 때 컴퓨터 마니아들은 이런 제품으로 뭘 하겠냐고 코웃음을 쳤다. 그러다 일단 DOS가 시장점유율에서 우세를 보이자 순식간에 폭발적인 성장세를 보였다. 이와 같은 계기는 우연하게도 IBM과 제휴한 덕택이었지 결코 DOS가 기술 면에서 타제품을 능가했기 때문이 아니었다.

윈도우는 최고의 기술은 아니었지만 시장선점으로 폭넓은 사용자들에게 먼저 익숙해지고 소비자들이 다른 길로 가지 못하게 경로의 존성을 제시하는 '사실상의 표준'이 되었던 것이다.

복잡계 경제학은 하이테크와 지식정보 산업, 심지어 문화산업에까지 폭넓게 적용할 수 있다. 아무리 너훈아가 뛰어난 가창력과 율동을 갖고 있어도 나훈아를 이기지는 못한다. MS-DOS처럼 시장을 선점해서 제품의 표준이 되면 이긴 자가 밥상을 독차지하는 승자독식에 따라 2등의 너훈아는 아무런 존재의미도 없게 된다.

입소문에 의해 형성된 규모수익 체증의 순환은 영화는 물론 심지어 식당에도 적용된다.

영화티켓을 사기 위해 길게 늘어선 행렬에 우리는 자신도 모르게 끼여든다. 썰렁한 식당은 들어가기도 싫다. 요즘은 주차장이 텅 빈 음식점은 아예 들어가질 않는다. 북적북적한 사람들 틈에 끼여 영화를 보거나 밥을 먹고 입소문으로 다시 퍼져나가는 것도 질서와 혼돈 사이에 위치한 복잡계이다.

> **▶▶ 영화의 흥행성공은 무엇으로 결정될까?**
>
> 미국에서 두 명의 경제학자가 1985년 5월부터 1986년 1월 사이 1위에 오른 영화를 검토하였다. 영화의 흥행수익을 결정했던 요인은 무엇이었을까? 검토결과 이들은 어떤 장르의 영화인지, 어떤 스타배우가 출연했는지, 제작비용이 얼마나 들었는지는 중요하지 않다는 결론에 이르렀다. 결정적인 요인은 지난주의 관객 수였다. 지난주에 입장한 관객이 많을수록 이번 주 관객이 많아졌던 것이다.

지금도 복잡계 경제학은 새로운 패러다임으로서 지식정보 산업이 낳은 복잡한 경제현상을 분석하기 위해 끊임없이 연구되고 있다.

삶도 복잡계일 수밖에 없다. 우리는 불완전한 존재이다. 세상은 끊임없이 움직이고 변하며 복잡하다. 여기서 어떻게 살아갈 것인가? 바로 혼돈 속에 뛰어들어 우선 자기조직화를 끊임없이 도모해야 한다. 자신을 혼돈의 가장자리 속에 집어넣어 요동치게 하고 뜨겁게 끓여야 한다.

바라만 보지 말고 뛰어들어라. 대상을 바라만 본다는 것은 관찰자와 관찰대상을 이원화시키고 분리시키는 뉴턴의 고전물리학일 뿐이다. 관찰자와 관찰대상이 하나가 되어 외부의 에너지와 물질과 정보를 받아들이고 스스로가 뜨거운 존재가 되어야 할 것이다.

김춘수 시인의 「꽃」은 이 대목에서 적절한 비유가 아닐까 싶다.

내가 그의 이름을 불러주기 전에는/그는 다만/하나의 몸짓에 지나지 않았다.

내가 그의 이름을 불러주었을 때/그는 나에게로 와서/꽃이 되었다.

내가 그의 이름을 불러준 것처럼/나의 이 빛깔과 향기에 알맞은/누가 나의 이름을 불러다오.

그에게로 가서 나도/그의 꽃이 되고 싶다.

너와 내가 하나가 되고 주체와 객체가 서로 이름을 불러줌으로써 꽃은 내가 되고 내가 그의 꽃이 되는 혼연일체의 삶이 바로 우리가 복잡한 세상을 살아나가는 길이 될 것이다. 이런 과정에서 나도 모르게 무릎을 치는 창발성(創發性)의 지혜(emergence knowing)가 샘물처럼 솟아오른다.

어떤 책에서 읽었는데, 영어공부 방법으로 교재를 보지 말고 그냥 매일 일정한 시간을 듣다가 일요일이면 푹 쉬라고 권유한다. 매일 교재도 없이 복잡하고도 알아들을 수도 없는 꼬부랑 영어를 듣는다는 것은 괴로운 일이지만, 이것은 이를테면 나의 귀와 뇌를 뜨겁게 달구는 과정이다.

일요일에는 내 귀와 머리가 휴식을 취한다. 스스로 복잡한 영어의 음운들이 자기네들끼리 알아 발효하고 숙성하면서 자기조직화의 길을 만드는 시간이기도 하다. 이런 과정을 수십 차례 반복하다 보면 저절로 몰랐던 단어가 들리면서 무릎을 치게 되고 점점 자신만의 독특한 공부방법, 그러니까 창발성의 지혜를 통해 자신만의 길이 생겨나게 된다는 것이다. 여기서 길은 바로 자신이 만든 자기조직화이며 고착화의 록인(lock-in)이다.

무엇이든 너와 내가 혼연일체가 되고, 주체와 객체 또는 관찰대상자와 관찰자가 혼돈되고 요동치는 가장자리에서 새로운 질서와 마이웨이가 창조되는 것이다. 무질서 속에서 질서가 창조되는 카오스모스(chaosmos)의 삶이다.

혼자서는 성공할 수 없다

점심시간이었다. 임산가공을 전공하는 M교수가 참숯의 효용과 한지의 재생에 대해서 열심히 설명을 한다. 나도 흥미 깊게 이야기를 들으며 맞장구를 쳤다.

M교수는 태생이 원래 부산이다. 그러다가 젊은 날을 방황으로 편력하던 어느 날, 무조건 떠나자고 아무 고속버스에나 몸을 실어 당도한 곳이 이곳 전주라고 한다. 그후 일본 유학시절의 기간을 빼놓고는 지금껏 이곳에 살게 된 사람이다.

문득 M교수가 이야기를 멈추고 나를 물끄러미 쳐다보며 말한다.

"우째, 전공도 다른 이야기를 그렇게 재미있게 듣습니까? 부럽기도 하고… 하여튼 열린 마음이야말로 디지털 세계의 최고 미덕이며 뇌를 좋게 하는 최선의 방법일 겁니다."

그 말을 듣고 나는 M교수가 대학원생들에게도 권했다는 책을 당장 구입해서 읽었다. 사람은 칭찬을 받으면 자신도 모르게 신바람이

나서 그 사람의 말을 따르는가 보다.

우리의 지(知)와 관련된 뇌세포는 무려 140억 개 정도나 된다. 뇌세포 사이에 세포들을 연결해 주는 그물망(네트워크)이 없으면 뇌는 정상적으로 작동하지 못한다. 어떤 것을 기억하거나 학습할 때는 뇌세포로부터 나무 모양의 가지가 뻗어나와 다른 세포와 연결된다. 뇌세포 하나와 연결되는 그물망이 많을수록 뇌는 많은 정보를 처리할 수 있다. 뇌세포의 그물망을 우리는 뉴런(neuron), 즉 가느다란 신경섬유망이라고 부른다. 뉴런을 그물망처럼 뻗어나가는 '생각의 끈'이라고 이름 붙여도 좋다.

어떤 것이 생각나지 않을 때 우리는 궁리를 하게 된다. 그러다가 갑자기 무릎을 탁 치면서 생각났다고 외쳤을 때, 뇌 속에서는 그동안에 떨어져 있던 뉴런이 그 순간에 이어져서 뇌세포끼리 연결되는 상황이 벌어지게 된다. 이렇게 뉴런이 맞붙어서 생기는 이음새가 시냅스(synapse, 결합부)이다. 이때 호르몬이 분비되어서 우리의 기분도 엄청 좋아진다. 생각의 결실은 기쁨이며 배우는 즐거움이다.

녹슬거나 끊어졌던 전깃줄이 제대로 이어져서 방안의 전구가 환하게 밝아지는 이치와 같다고나 할까. 하나의 뇌세포는 자극에 따라 1천 개부터 20만 개까지의 시냅스를 만들 수 있다고 한다.

언제나 젊은 뇌를 갖기 위해서는 뇌세포의 그물망(뉴론)이 많이 만들어지고 서로간에 연결되는 부위(시냅스)가 많아져야 할 것이다.

오오시마 가요시의 『뇌가 좋아지는 80가지 힌트』에 씌어져 있는 뇌를 젊게 만드는 방법을 요약하면 이렇다.

하루 가운데 어떤 즐거운 일을 하나라도 찾아낸다. 스트레스, 완전주의, 강박관념은 뇌에 가장 큰 적이 된다.

인생에서 성공이란, 기분 좋은 시간을 얼마나 많이 보낼 수 있는가에 있다. "해냈다!"는 순간에 뇌의 뚜껑이 열리고 "알았다!"는 쾌감의 순간을 얼마나 많이 소유할 수 있는가 하는 것이 곧 인생을 성공으로 이끄는 최선의 방법이라고 해도 과언이 아니다

인생에서 중요한 것은 자신에 대한 믿음이다. 항상 기분 좋은 인생을 살아야 한다. 갑자기 높은 장애물을 넘으려 하면 실패한다. 작은 것부터 실천해야 한다. 성취감은 소중하며 그것이 뇌를 기분 좋게 해준다

뇌는 태어날 때부터 수치감이 없다. 뇌는 항상 새로운 정보를 찾는다. 물어보는 것을 부끄럽게 생각하면 뇌는 빨리 늙는다.

호기심도 없고 다른 사람과 대화할 시간도 없는 사람의 뇌는 분명하게 둔화된다.

뇌세포로 이어지는 그물망의 세계는 결국 지금 우리가 인터넷이라고 부르는 세상과 똑같다. 원래 군사용으로 개발된 인터넷은 하나의 통신망이 끊어지면 다른 통신망과 접속하는 과정에서 기하급수적으로 네트워크가 확산된 것이다.

지금 세계는 수많은 컴퓨터 네트워크와 연결 그물망으로 이어져 있다. 이제 내가 쓰고 있는 컴퓨터에서 중요한 것은 하드용량이 아니다. 얼마나 많은 사람들과 그물망으로 연결되어 있는가에 따라 내 컴퓨터의 가치도 결정된다.

많으면 많을수록 가치가 하락한다는, 공업화와 물질 자본시대의

여기 냉장고, 자동차, 팩스, 조선백자, 골프채가 있다. 이 제품들 가운데 서로 공통점이 없는 재화는 어떤 것일까?

정답은 팩스다. 냉장고와 조선백자 등 팩스를 제외한 재화들은 나 혼자 가지고 있을 때 희소성의 가치를 가진다. 하지만 팩스는 자기 혼자 갖고 있어봐야 아무런 소용이 없다. 다른 사람도 많이 가지고 있어서 내 팩스와 그물망처럼 연결되어야 값어치가 높아진다. 팩스가 하나 더 늘 때마다 자신이 갖고 있는 팩스의 가치도 덩달아 상승한다. 이를 이른바 팩스효과라고 한다.

예전에는 혼자서만 갖고 있거나 독점하는 것에서 희소성의 가치가 나왔다. 그러나 디지털 세계에서는 많고 풍요로워야 가치가 높아지게 된다. 이것 역시 풍요의 법칙이다.

희소성 공리가 어느새 진부한 것이 되어버렸다. 지식창조의 뇌본(惱本) 시대와 네트워크 경제에서는 다름아니라 풍요에서 가치가 창출된다.

케빈 켈리는 『디지털 경제를 지배하는 10가지 법칙』에서 네트워크 시대에서 더불어 살아야 하는 삶의 성공을 강조한다.

당신은 가능한 많이 다른 네트워크와 접속하기를 원해야 한다. 왜냐하면 네트워크 경제에서 행동의 가치는 네트워크의 수에 따라 기하급수적으로 증가하기 때문이다.

사업의 측면에서든 사생활의 측면에서든 주위에 있는 다른 사람들과 함께 성공할 수 있도록 애써라!

만약 당신이 호텔을 운영한다면 항공사, 화물운송업자, 여행가이드 등
이 당신 네트워크의 한 부분이 될 수 있는 방법을 고민하라. 그들이 당신
의 성공에 의존하는 것을, 기생한다고 하거나 더 나쁘게는 당신의 이익을
갈취한다고 보아서는 안 된다.

똑똑한 두뇌를 가지고 혼자 잘났다고 자랑해서는 성공하지 못한
다. 뇌의 삶이 아니라 뉴런의 만남이다. 모든 사람을 합친 것보다 똑
똑한 것은 없다.

백화점 지하식당의 경제학

백화점이나 상가빌딩의 지하식당에 들어가면 스탠드바를 떠올리게
하는 좌석에 손님들이 빙 둘러 앉아서 식사를 맛있게 하고 있다. 천
장 아래는 만국기(萬國旗)를 매달아놓은 것처럼 각종 음식메뉴로 눈
이 어지럽다.

아무리 우동 빼는 사람이 짜장도 뺀다지만 어떻게 아줌마 혼자서
이 많은 음식을 다 할 수 있을까? 주방이라고 해봐야 커다란 냉장고
와 가스레인지가 전부다. 여기서는 김밥도 즉석에서 말아주고 샐러
리맨과 시장손님들의 별난 기호에 맞춰 온갖 음식을 다 만들어낸다.

아마 이곳도 경제학에서 말하는 범위(scope)의 경제를 잘 알려주
는 현장이지 않을까 싶다.

이제는 범위의 경제

예전의 대량생산 대량소비 시대에는 규모의 경제(economies of scale)가 대응하였다. 오늘날에는 생산방식이 다품종 소량생산 시대로 이행하면서 이에 걸맞게 범위의 경제(economies of scope)가 친숙하게 되었다.

우선 규모의 경제에서는 하나의 제품을 많이 생산하고 규모를 키울수록 생산비가 체감한다. 분업에 따른 전문화가 발생하여 비용을 절감하고 규모의 이득도 더욱 커진다. 아담 스미스(A. Smith)는『국부론』에서 핀(pin) 공장을 예로 들어 분업과 전문화(specialization)에 따라 규모경제의 이득이 발생하는 까닭을 제시한다.

노동자 한 사람이 핀 제조공정 전체를 담당할 때는 하루에 20개도 만들지 못한다. 그렇지만 핀 제조공정을 18개로 나누어, 첫째 사람은 철사를 잡아 늘이고 곧게 하는 일만 하고, 둘째 사람은 철사를 끊기만 하고, 또 셋째 사람은 끝을 뾰족하게 하며, 넷째 사람은 머리를 붙이기 위해서 끝을 문지르는 것만 할 경우에 10명이 분업하는 경우 하루에 4만 8천 개가 만들어진다.

생산규모가 커지면 노동자들은 특수 분야에만 전념하고 반복작업으로 숙련도를 높이게 되어, 자연히 작업의 효율성 또한 증대한다.

규모의 경제에서는 생산규모가 커지면 그만큼 생산요소를 대량으로 구입하고 제품을 한꺼번에 대량으로 팔 수 있어 대량구매에 따른

할인이득, 판매·운영비나 홍보비의 절약 등 여러 가지로 이득을 얻게 된다. 물론 규모의 경제도 지나치면 비효율성이 발생한다. 과도한 분업과 전문화에 의해 인간의 소외가 발생하고 사기가 저하된다. 어떤 공정의 기계가 고장이라도 나면 전체 라인이 스톱해야 하며, 과도하게 규모가 커지면 통제하기도 어렵거니와 관료주의의 폐단이 발생하는 단점이 있다. 이것을 규모의 비경제(diseconomy)라고 한다.

규모의 비경제는 놔두더라도 문제는 다른 곳에서 발생한다. 학생들한테도 강의시간에 이렇게 질문한다. 만약에 아침에 수업을 받으러 왔는데 나와 똑같은 티셔츠를 입은 학생이 옆자리에 앉아 있다면 기분이 좋겠는가? 나쁘겠는가?

조금 결벽증이 있는 학생이라면 1교시가 끝나자마자 집에 가서 다른 옷으로 바꿔 입고 올 것이다. 서로 같은 옷을 입었다는 유니폼의 동질감 시대는 이미 낡아버렸다. 지금은 너와 내가 서로 분명하게 다르다는 차이가 강조되고 있다.

▶▶ 규모의 경제에서 범위의 경제로

범위의 경제는 생산시설과 생산라인(공통의 생산요소)을 바꾸지 않고 여러 가지 다양한 제품을 가장 적은 비용으로 생산하도록 하는 것이다. 백화점 지하식당에서 가스레인지와 음식도구를 특별하게 바꾸지도 않으면서 수많은 고객들의 다양한 입맛과 메뉴를 소량으로 생산하고 공급해 주는 것이 범위의 경제이다. 선풍기와 냉장고와 에어컨을 세 기업이 따로 생산하는 것보다 한 기업이 같이 생산하는 것이 비용이 절감되는 것도 범위의 경제에 속한다.

현대인들이 바라고 원하는 욕구와 필요성, 즉 니즈(needs)는 다양해지고 있으며 제품생산 방식도 여기에 맞게 달라져야 한다. 다양한 제품을 소량으로 조금씩 생산하여 소비자의 다양한 욕구와 니즈에 부응하는 것이 필요하게 된 것이다.

원래 규모의 경제는 헨리 포드(Henry Ford)가 1908년에 자동차를 처음 생산하였던 것에서 출발한다.

포드가 자동차를 막 생산하던 시절에는 모델 T의 가격이 850달러였다. 포드는 생산공정의 분할과 전문화, 컨베이어 벨트, 부품의 표준화 방식 등으로 자동차를 대량으로 생산하게 되었다. 자동차 가격도 250달러까지 인하되어 서민들도 마이카를 꿈꿀 수 있었다.

포드는 다시 똑같은 일은 계속적으로 반복하는 것에 어려움을 겪는 종업원들을 달래기 위해 당시로서는 파격적인 일당 5달러와 넉넉한 보너스를 지급하였다. 이렇게 해서 소득이 높아진 공장종업원들도 자동차를 너도 나도 구매하게 되었고 바야흐로 자동차의 대량생산, 소비자의 대량소비 시대가 열리게 된 것이다.

그래서 규모의 경제는 포디즘(Fordism)을 나타내고, 범위의 경제 또한 포스트포디즘(Post Fordism)이라 부르게 되었다.

공존지수 NQ

지하상가 음식점에서 어떤 사람이 자기네가 도저히 만들 수 없는 음식을 주문했을 때는 어떻게 할 것인가? 아무리 많은 메뉴라도 한계가 있다. 그럴 경우에는 옆의 식당에 음식을 부탁해서 자기 손님에게 공급해 주거나, 조금 먼 거리에서 배달을 시켜올 수도 있다. 물론 이렇게 하기 위해서는 가까운 음식점을 중심으로 어디에 어떤 음식이 내 가게의 부족한 메뉴를 보완할 수 있는가에 대한 지식과 정보를 갖추고 있어야 한다. 서로간의 일정한 계약과 연결망에 대해서도 합의를 봐야 한다.

바로 여기에 중요한 점이 있다. 음식점끼리 서로 배타적이고 경쟁적인 독점의 욕심을 버리고 서로 윈-윈(win-win)할 수 있는 공유정신이 필요하다. 이렇게 서로 연결해서 손님들의 다양한 니즈를 만족시켜 주는 것을 연결(connection)의 경제라고 한다.

동네 비디오가게와 옆집의 통닭집이 손을 잡고 비디오와 치킨 반마리, 여기에다 슈퍼마켓의 맥주를 한 세트로 배달하면 고객만족은 물론 훌륭한 연결의 경제성이 돋보이게 된다. 당연히 정보화 시대에 서로 컴퓨터 네트워킹을 가동하여 고객의 다양한 주문을 통합하여 처리하면 좋을 것이다.

연결의 경제는 정보와 지식과 노하우를 중심으로 조직과 주체가 결합하여 시너지 효과를 창출하는 것이다. 이제 우리는 공업화 시대의 규모의 경제성에서, 정보화 시대의 다양화에 맞춘 범위의 경제로, 이에 덧붙여 정보 네트워크 시대에 걸맞은 연결의 경제성 시대를 추

> ▶▶ **구슬이 서 말이라도 꿰어야 보배**

비디오, 치킨, 맥주처럼 서로 동떨어진 상품이라 하더라도 지식과 정보로 연결해 주면 훌륭한 판매제품으로 다시 태어날 수 있다.

구해 가고 있다.

그런데 서로가 지식과 정보를 중심으로 연결되기 위해서는 중요한 전제조건이 있다. 다름아니라 열린 마음을 갖고 신뢰가 있어야 한다. 노벨 경제학상을 수상하기도 했던 애로(K. J. Arrow)가 말했던 것처럼 "돈 주고 어디서도 구할 수 없는 신뢰라는 가치"가 지식정보화의 네트워크와 연결의 경제에서 가장 중요한 자산이다.

이것이 어디 우리의 일상 사회생활과 별개일 수 있겠는가. 김무곤의 『NQ로 살아라』에서도 신선하게 제시되고 있다. 자신의 능력을 키워서 잘살기 위한 지능지수(IQ)라든지 감성과 창의력을 키우는 감성지수(EQ)도 전부 혼자만의 행위이다. 그런데 NQ(network quotient)는 함께 더불어 살 줄 아는 능력으로서의 공존지수이다.

자신의 머리, 지연과 학연 등의 연줄과 백으로 성공하는 시대는 지났다. 어디서든 스스로 노력해서 남과 함께 사는 방법을 배워야 한다는 것이다.

NQ는 새로운 네트워크 사회에서 우리 모두가 잘살기 위해 갖추어야 할 공존의 능력을 말한다. 그것은 더불어 살아갈 수 있는 자격을 알아보는 잣대이며 또 자신이 아닌 다른 사람들과의 소통을 위한 도구이기도 하다.

NQ의 또 다른 이름은 행복지수이다. 먼저 자기 것을 내어주고 나누고 베푸는 것이 성공모델이다. 이렇게 아무런 조건 없이 자신을 낮추고 남을 배려하면 모든 사람에게 존경받고 스스로의 가치도 올라가게 된다. 그리고 언젠가는 큰 힘이 되어 자신에게 돌아오게 되는 것이 바로 NQ의 힘이며 철학이다.

NQ는 개인 중심의 성공에 집착하기보다는 다른 사람을 도우면서 서로
의 성공을 도모하는 21세기의 새로운 행복론이다.

네트워크 시대에 신뢰라는 무형의 자산은 결국 서로 함께 살아가
는 공존지수에 다름 아니다. 신뢰는 타인과 더불어 살고 서로 연결하
면서 네트워크의 막강한 힘을 발휘하게 하는 최상의 자산이다.

07

돼지고기와 암소: 문화경제학

문화경제학 시간에 문화유물론주의(cultural materialism)에 관해 강의하면서 마빈 해리스(Marvin Harris)의 『음식문화 수수께끼』를 끌어들여 설명하였다.

문화유물론주의는 문화활동의 근저에는 필연적으로 경제와 물질적 토대가 작용한다고 보는 입장이다. 인간들이 먹고 살아가는 힘든 과정에서 주변 환경에 적응하느라 애쓰며 이런 가운데 문화도 나름대로의 특성을 지니게 된다는 것이다.

문화를 알아야 경제도 보인다

중동의 이슬람 국가에서는 왜 돼지고기를 먹지 않는가? 실제로 코란은 여느 고기에 대해서는 금기시하지 않으면서, 왜 유독 돼지고기만 알라의 승인을 받지 못했는가?

알라께서 너희에게 금하는 것은 이것뿐이다. 썩은 고기, 피 그리고 돼
지고기

돼지가 혐오스럽고 더러운 동물이라 터부시된 것은 아니었다. 돼
지보다는 소나 양, 염소를 키우는 것이 덥고 황량한 주변 환경에 훨
씬 적합하고 편익도 많았다. 돼지는 땀샘이 없는 동물이라 직사광선
을 오래 받으면 대부분 죽게 된다. 돼지를 사육하기 위해서는, 선선
한 나무그늘과 체온을 내려주고 목욕할 수 있는 진흙이 필요한데, 이
는 사막의 환경과 너무 동떨어진 환경이다.

게다가 먹을거리가 넉넉하지 못한 곳에서 식욕이 왕성한 돼지는
사람들이 먹는 음식과 경합관계에 있기 때문에 기피대상이 되었다.
돼지는 인간과 마찬가지로 잡식성이어서 곡물, 고구마, 콩, 나무열
매, 과일 등 안 먹는 것이 없다. 또 돼지는 지방질이 많아 쉽게 부패하
는 고기만 제공할 뿐이었다. 따라서 유목민에게 우유에다 단백질 고
기까지 공급하는 양과 염소에 비해서 돼지는 비경제적 동물이었다.

염소는 돼지와 달리 재빨리 나무에 올라가 나뭇잎과 가지를 먹어
치우곤 했다. 이슬람 사람들은 이런 염소를 방목시켜 숲을 먹어치우
게 하고 자신들에게 유리한 생활환경을 넓혀나갈 수 있었다. 이렇게
숲과 나무그늘이 사라지자 돼지는 더욱 사육하기 어려워졌고 점점
줄어들었다. 그런데 돼지고기가 귀해지자 희소한 만큼 먹고 싶은 유
혹도 커지게 되었다. 경제성이 낮은 돼지고기가 다시 늘어날 수 있었
으니 아예 금기조치가 필요하게 된 것이다.

어떤 것을 먹어서는 안 된다는 금기는 그것을 지키는 사람들에게

특별한 공동체의 일원이라는 동질성을 부여하게 된다. 금기를 지킨다는 것이 또한 하나의 종교적 대상으로 모아져서 오늘날에도 돼지고기를 먹지 않는다는 신념으로 자리잡은 것이다.

미국의 한 기업이 사우디아라비아에서 수행할 중요한 사업계획서를 작성했다. 상당 기간 동안 많은 노력과 비용을 들여 완성한 훌륭한 계획서였다. 그런데 중동 현지 당국에서는 그 제안서를 들춰보지도 않고 쓰레기통에 버렸다. 계획서를 보기 좋게 만든다고 표지를 돼지가죽으로 쌌기 때문이다. 아랍국가에서 술과 돼지고기가 금기라는 것은 알고 있었지만 돼지가죽으로 만든 제품도 금기라는 사항은 미처 몰랐던 것이다.

문화를 모르면 세계를 상대로 기업경영도 할 수 없다.

왜 인도에서는 암소를 그렇게 숭배하는가? 이 또한 암소가 종교적으로 선택받아서 그런 것은 아니었다.

인도처럼 저에너지 · 소규모 · 가축 위주의 농업시스템에서 암소는 농경에 필수적인 일종의 트랙터와 같았다. 인도의 암소는 매년 7억 톤의 분뇨를 배설하는데, 배설량의 절반 정도는 비료로 사용되고 나머지는 대부분 땔감으로 쓰인다.

인도의 특수한 조건은 우기(雨期)가 정기적으로 찾아오지 않는다는 점이다. 자연히 농민들은 시도 때도 없이 한발과 기아를 겪을 수밖에 없다.

인도의 농민들은 혹독한 가뭄이 들어 굶주리는 날이 많아지면 가축을 잡아먹거나 팔아넘기고 싶은 유혹을 강하게 느낄 것이다. 이런 유혹에 굴복하는 자는 가뭄에서 살아남더라도 결국은 자기 무덤을 스스로 파는 결과가 된다. 소를 없앤 후에는 설령 비가 온다 하더라도 그때는 이미 물이 찰찰 넘치는 토지를 경작할 트랙터가 사라져 버렸기 때문에 속수무책이다.

인도 농민들은 굶주리지 않기 위해서는 암소라도 잡아먹어야 할 처지였다. 그렇지만 소를 잡아먹으면 머지않아 다시 굶주려 죽는 결과를 자초할 따름이다. 이런 깊은 뜻을 모르는 서양인들이 곧 굶어죽어도 소를 잡아먹지 않는 인도를 '이해할 수 없는 동양정신' 운운한다거나 인도사람들은 종교 때문에 암소를 숭배하고 인간생명은 안중에도 두지 않는다고 비난하는데, 결코 안 될 일이다.

인도의 암소는 농민들이 굶주리지 않고 내일도 모레도 살아남을 수 있게 해주는 소중한 재산이기에 숭배의 대상이 되었을 것이다.

군살과 기업의 조직 슬랙

조직 슬랙(organizational slack)이란 말이 있다. 슬랙은 미국인들의 축 늘어진 뱃살을 생각하면 되니까, 기업조직 내에 쌓여 있는 군살 정도로 생각하면 된다. 조직 슬랙은 이를테면 기업에는 어느 정도 군살 혹은 조직의 잉여자원이 있어야 한다는 이론이다.

이것은 기업들이 경영혁신의 과정에서 군살을 빼거나 마른 헝겊 짜듯이 쥐어짜서 몸을 다이어트하여 생존한다는 슬림화 전략과는 정반대되는 개념이다.

조직 슬랙론은 기업의 군살이나 잉여자원을 다른 차원에서 접근한다. 급격한 환경변화에도 조직의 핵심 가치와 고유 기술을 지키고 생존확률을 높여서 지속적인 성장을 도모하는 유효 자원으로 보고 있는 것이다. 외부 경영환경에 강추위가 몰아치면 조직의 군살과 비계는 오히려 혹한기를 살아남게 해주고 기업의 생존을 도와주는 잉여자원으로서 완충재 역할을 한다.

기업이 조금 어렵다고 해서 가장 손쉬운 방법으로 조직을 감축하고 사람 자르는 것만을 능사로 삼아서는 안 된다. 그렇게 되면 정말 기업이 힘들고 생사위기에 놓일 때는 살아남을 방도가 없다. 이때 조직을 정리하고 몸집을 가볍게 해서 살아남아도 늦지 않다.

배고픈 인도의 농민들이 우기에 대비하여 암소를 잡아먹지 않듯이, 기업이 미리 조직을 지나치게 다이어트해 놓으면 경기가 좋아졌을 때 감당할 수 없다. 조직의 군살이나 잉여자원은 미래의 성장 트랙터이기도 하다.

IMF 시련기에 기업들은 우선 당장 하기 좋은 곶감 빼먹듯이 연구개발(R&D)비를 삭감하고 연구인원을 대폭 줄였다. 그 결과 오늘날 한국경제는 기술연구개발에 바탕을 둔 미래의 성장엔진을 찾지 못하고 두리번거리고 있다. 청년들도 장래가 불확실한 이공계를 기피하고 너나 할 것 없이 의·약학 분야나 공무원 같은 안정된 직장만 선호하는 기이한 풍토가 조성되었다.

이 퀴즈문제를 접하면 당연히 A기업이라고 답할 것이다. 그런데 그렇지 않다. 좀더 면밀히 들여다보면 정답은 B기업이라는 것을 알 수 있다.

A기업은 모두가 흑자상태이지만 미래가 확실하지 않다. B기업은 하나의 사업부문에 연구개발비를 투입하고 있어서 지금은 적자상태이지만, 미래의 새로운 경쟁에 대비할 수 있는 잠재력을 키워나가고 있는 것이다.

더욱이 A기업이 흑자경영 때문에 오히려 나태해져서 조직의 효율성마저 떨어지고 있다면 조직 슬랙은 과감히 정리해서 슬림화시켜야 할 것이다. 미래의 성장동력을 지니고 있는 B기업은 내부에 여유인력 등 조직 슬랙을 그대로 유지해야 하는 것은 물론이다.

스스로 성장의 모멘텀을 찾아 새로운 도전을 시도하는 기업에게 기업의 군살은 오히려 근육이 될 수 있지만, 성장의 동력을 상실한 기업에게는 근육도 군살이 될 수 있음이다.

우리도 인도의 암소를 한 마리씩은 갖고 있다. 미래를 위해 소중히 간수하고 키워야 할 꿈이며, 어떤 어려움이 있더라도 포기하거나 함부로 팔아치워서는 안 되는 나만의 신앙일 수 있다.

혹시 지금 우리는 당장 배고프다고 나 자신의 암소를 잡아먹고 있지는 않은가.

현재 내가 하고 있는 일이나 만나는 사람마다 흑자를 거두면 이것 또한 문제가 아니겠는가.

만나는 사람마다 내가 흑자를 거두면 그 사람은 나를 만나지 않을 것이다. 그 사람들은 항상 손해만 보기 때문이다.

오늘 비록 힘들더라도 나의 암소 한 마리를 소중히 키워서, 비가 철철 내리는 장마철에 시원하게 논을 가는 모습을 상상하면, 이 더운 여름도 시원할 것이다.

8

초코파이 경제학

강의실에 들어가 보니 교탁 위에 초코파이 두 개가 놓여 있었다. 나 먹으라고 갖다놓은 것이냐 물으니, 그렇다고 한다. 앞줄에 앉아 있는 여학생이 수줍게 웃는 모습도 눈에 들어왔다. 당연히 강의시간의 절반은 초코파이 경제학(?)에 할당되었다.

몇 년 전에 우리나라의 오리온 초코파이는 중국에서 부동의 1위 자리를 고수하면서 2억 1600만 개가 팔렸다. 중국사람 5명 가운데 1명꼴로 맛을 본 셈이다. 30년의 역사를 가진 초코파이는 국내에서도 친근한 브랜드와 함께 국민의 과자로 인정받고 있으며, 중국과 러시아 등의 개발도상국에서 호평을 얻고 있다.

만리장성을 넘은 설탕과 초콜릿과 빵의 결합

초코파이가 이렇게 중국에서 대환영을 받고 있는 이유는 무엇일까?

1996년 베이징의 텔레비전에서는 초코파이 열풍을 다큐멘터리로 방영한 적이 있다. 그들의 분석에 의하면 초코파이의 성공은 서양 초콜릿과 중국인이 좋아하는 빵이 결합되었기 때문이다.

주영하의 『중국, 중국인, 중국음식』에서 말하고 있듯이, 중국 북방인은 찐빵을 주식처럼 먹는다. 여기에다 서양의 영향을 받은 젊은이와 어린이들은 고체 초콜릿을 매우 좋아한다. 초코파이는 빵에다 초콜릿을 바른 것인데 가격도 비싸지 않다. 이러한 제품의 특성이 문화적으로 잘 적용되어 오늘날 중국대륙에서 초코파이 열풍이 일어나고 있는 것이다.

개발도상국의 단계에서는 사람들이 초코파이처럼 달콤한 초콜릿과 단맛에 길들여지기 시작한다. 개발연대가 시작되었던 1960년대의 우리나라에서도 설탕포대는 명절날 가장 환영받는 선물이었다. 몰래 다락에 기어 올라가서 손가락에 침 발라 설탕을 찍어먹던 경험은 바

> ### ▶▶ 문명의 역사를 바꾼 설탕
>
> 지금껏 지구상에서 단맛을 배척하거나 거부한 사회는 단 하나도 없었다. 그러나 그 배후에는 엄청난 과거가 있었다. 땅을 빼앗긴 신대륙의 사람들, 고향을 떠난 아프리카의 노예들… 영국인 노동자 한 사람이 최초로 뜨거운 차에 설탕을 타서 마셨던 것은 중대한 의미를 지니는 역사적 사건이었다. …설탕은 먹을거리가 부족했던 시절에 칼로리를 쉽게 공급받을 있는 마법의 하얀 가루였다. 설탕의 수요가 급증하면서 설탕무역은 국가의 부를 좌우했다. 유럽은 사탕수수가 자라는 중남미와 남아메리카를 식민지로 접수했고 설탕 플랜테이션에 아프리카의 흑인들을 잡아다 투입했다.
>
> —시드니 민츠, 『설탕과 권력』

로 새로운 세계와의 즐거운 만남이었다.

처음에 설탕은 소수 귀족들만의 독점물이었으나 점차 대중들에게 확산되어 새로운 문명을 안내해 주었다. 영국인들이 홍차에 타마시던 설탕은 다시 코카콜라와 비스킷에 녹아들어 후진국과 개발도상국으로 침투함으로써 미국을 친근한 이미지로 바꿔놓기까지 했다. 지름 7cm, 무게 30g의 한국 초코파이도 달콤한 초콜릿과 결합하여 중국과 러시아, 동유럽권 등지의 개발도상국으로 퍼져나가고 있다.

1등 제품 초코파이의 광고전략

미국에 아비스(Avis)라는 렌터카 회사가 있는데, 이 회사의 광고문구는 "아비스는 2등일 뿐입니다"이다. 처음에는 자기네 렌터카 대여서비스가 최고라는 광고를 냈으나 고객들은 곧바로 의심하기 시작했다. 렌터카 업체 중에서 1등도 하지 못하면서 어떻게 가장 훌륭한 서비스를 한다는 것인가? 그때부터 매출액은 곤두박질치기 시작했다.

급기야 광고전략을 바꾸었다. 우리가 2등인 것을 인정하고 더 열심히 해서 1등이 되려고 노력한다는 광고문구가 채택된 것이다.

"아비스는 렌터카 사업에서 2등입니다. 그런데 우리 회사를 이용할 이유는 우리가 1등이 되기 위해서 더 열심히 일하기 때문입니다."

이 광고가 나가자 매출액은 급신장하였다.

2등짜리 광고는 최선을 다하는 것이었다. 그러나 1등짜리 제품은 어떻게 광고할 것인가. 노골적으로 우리 상품이 최고라는 표현을 쓰지 않고 세련된 광고내용으로 구매충동을 간접적으로 부추긴다.

피로회복제 박카스 드링크와 초코파이처럼 부동의 1위를 고수하고 있는 제품은 소비자들에게 친근한 광고로 호평을 받고 있다.

초코파이는 정(情) 시리즈가 대표적이다. 집배원 아저씨, 여름 원두막, 선생님 생일축하 등 초코파이에는 우리의 따스한 정이 넘치고 있다. 원래 정(情) 시리즈는 실제 있었던 이야기로 출발하였다. 장난치던 아이들을 심하게 야단쳐 보낸 것이 마음에 걸린 선생님이 교실에 혼자 남아 있었다. 무심코 책상을 열어보니 "죄송해요 선생님!"으로 시작되는 반성의 편지와 함께 아이가 몰래 넣어두고 간 초코파이 한 개에 선생님은 눈물을 흘린다.

초코파이의 정(情) 시리즈는 중국 편으로도 제작되었다. 한 꼬마가 무서운 군인아저씨를 부러운 듯이 쳐다본다. 그러자 군인은 초코파이 한 개를 꼬마한테 주면서 살짝 웃는다. 무서운 사회주의(?)에도 흐르는 정을 소개했으니 중국당국도 초코파이 광고 덕분에 대외적으로 이미지를 높였을 것이다.

> ### ▶▶ 평범은 우리의 적
>
> 초코파이 정 시리즈를 만든 광고대행사인 신생 기업 리앤디디비는 이익 공유제도에 따라 직원들에게 엄청난 보너스를 주었다. 이 회사의 사무실에는 길이 1m가 넘는 전사용(戰士用) 칼이 '평범은 우리의 적'(enemy of ordinary)이라는 글귀와 함께 꽂혀 있다고 한다. 광고인에게는 자신이 만든 광고문구가 마음에 들지 않으면 칼로 자결할 정도의 열정이 필요하다는 것을 강조한 것이다. 경영이념도 특이한데 행복을 내세우고 있다. 종업원이 행복하면 덩달아 회사도 잘되기 때문이다.

그렇다고 해서 초코파이가 지금까지 승승장구했던 것은 아니다. 1984년에 초코파이의 월 매출액이 급락하였다. 동양제과는 초코파이의 안락사를 놓고 회의를 했다고 한다. 대세는 "한 아이템으로 10년 넘게 팔았으면 많이 팔았다. 10년 넘게 먹었던 소비자들도 질렸다"는 것으로 기울었다.

그러나 초코파이의 시대에 막을 내리자는 의견에 반론이 터져 나왔다. 코카콜라 마케팅 전략은 사람이 살기 위해서는 하루 1.9*l*의 물이 필요한데 코카콜라가 전세계에 공급하는 양은 1인당 60ml도 안 된다는 점에 핵심 컨셉을 두고 있다. 우리의 궁극적인 시장도 사람의 위(謂)다. 위장의 내용물 중에 초코파이가 차지하는 비율은 아직 턱도 없다는 것이었다.

이때부터 초코파이의 이미지 변신을 통한 대반격이 시작되었다고 한다. 아이들은 주로 먹기만 하지만 사다주는 것은 어머니라는 평범한 사실을 깨닫고 정(情) 시리즈가 출발했다.

초코파이 하나에는, 오래도록 국민들의 사랑을 받게 된 까닭과 만리장성을 넘어 행진을 계속하는 초콜릿의 달콤한 맛과 문화적 확산 그리고 이를 뒷받침해 준 1등으로서의 광고전략이 들어 있는 것이다.

9

한국과 일본의 가(家)와 기업경영

우리의 복날처럼 일본에서도 7월 7일을 우나기(鰻, 뱀장어) 먹는 날로 정해 놓고 있다. 그만큼 뱀장어는 일본인의 문화에서 중요한 위치를 차지하고 있다. 일본 영화 〈우나기〉도 그네들과 친근한 뱀장어를 매개로 해서 일본 특유의 문화적 구조를 보여주고 있다. 먼저 〈우나기〉의 수놈과 암놈이 짝을 짓는 모습을 그린 영화대사의 한 구절이다.

…(술을 마시며) 옛날에는 말이야, 다들 우나기〔뱀장어〕 수놈은 없다고 여겼지. 암놈만이라고 그런데, 뱀장어의 암놈은 말이야, 뱃속에 알을 품은 채 2천km나 남쪽으로 여행한 후에, 염분이 바뀌는 곳에서 일제히 알을 낳아.

2천km이면 적도 부근이라고.

따라온 수놈도 그곳에 정자를 뿌려.

암놈도 수놈도 거기서 꽤 많이 죽지. 새끼는 5mm 정도 되는데, 일본까지 반년이나 걸려서 다시 돌아오지, 몇만 마리의 희생을 치르고 말이야….

영화는 낚시를 즐기는 남편이 아내의 불륜장면을 목격하고 격분하여 부인을 끔찍하게 살해하는 데서 시작한다. 주인공 야마시타(한국의 안성기라 불리는 배우 야쿠쇼 코지)는 꼬박 8년을 감옥에서 보낸 뒤에 만복사 스님인 보호관찰사의 지도 아래 가출소한다. 가석방 기간 2년 동안 아무런 사건에 휘말리지 말라는 교도소 소장의 훈시를 듣고 출소하는데 교도관들은 그동안 주인공이 길렀던 우나기를 비닐봉지에 담아 건네준다.

야마시타는 만복사 근처에서 다 낡아 무너질 듯한 이발소를 수리하고 거기서 새로운 출발을 다짐한다. 어느 날 이발을 하다가 야마시타는 8년 전에 죽은 부인과 꼭 닮은 여인 게이코를 만나게 된다. 하지만 그는 아픈 과거 때문에 여인의 사랑에 냉담할 뿐이다.

자신의 마음을 닫고 우나기(뱀장어)하고만 대화를 나누는 주인공 남자는 모든 사람과 커뮤니케이션을 단절하고 일체 마음도 열지 않는다. 게이코는 유부남과 사귀다가 이용만 당해 임신 4개월째에 접어든 상황이었다. 아무튼 야마시타는 사건에 휘말리고 우여곡절 끝에 가출소가 취소되어 다시 감옥으로 돌아가는 신세가 된다. 그는 떠나면서 게이코라는 여자에게 이런 대사를 나눈다.

게이코: 기다려도 돼요? 돌아오실 때까지, 여기서.

＿＿＿미로와 곡선, 디지털과 문화 경제

야마시타: 건강한 아기를 낳아줘요.

게이코: 아이하고 같이 기다리고 있을게요.

영화 〈우나기〉는 암컷의 씨앗이라면 누구 것이든 상관없이 생명을 탄생시키고 키워야 한다는 것을 암시하고 있다. 우나기는 적도 바다까지 알을 낳으러 가고 그곳까지 좇아간 수컷들은 암컷이 낳은 알 위에 정자를 뿌옇게 내뿜어 수정을 한다. 이때 수컷은 암컷의 알이 누구의 씨앗인지 알지도 못한다. 수컷은 먼 항해에 대부분 죽거나 요행히도 살아남은 몇 마리는 새끼들과 다시 일본 강물로 돌아온다.

여기에는 누구의 아이가 되었든 (능력이 있으면) 내 핏줄로 삼는 일본식 가(家, 이에)의 관념이 암묵적으로 깔려 있다.

머릿속으로 상상해 보는 뱀장어의 세계는 장엄하다. 적도 부근까지 2천km를 헤엄쳐서 항해하는 동안 수많은 암수의 뱀장어들이 지쳐서 낙오될 것이다. 그래서 적도에 도달할 때까지 살아남은 암수는 정녕 강인한 어미와 애비이다. 적도에서 암수의 장어가 마침내 바다 위에 내뿜는 씨앗과 생명 틔움의 교배는 바로 힘세고 튼튼한 장어를 만드는 처절한 종족보존의 장면일 것이다.

일본의 이에[家]와 한국의 가(家)

일본 사회를 가장 잘 요약할 수 있는 것 중의 하나가 이에[家]의 관념이다. 가업을 잇든 가산(家産)을 관리하든 이에[家]를 잇는 후계자는 반드시 혈연이 아니어도 좋다.

일본의 이에는 호주(戶主) 또는 후계자가 제사를 물려받는 것보다는 하나의 경제적 조직체로서 대대로 존속하는 것을 강조한다. 따라서 이에의 경영을 책임지는 호주는 매우 중요한 지위이기 때문에, 부계 후손이 아닌 사위도 후계를 물려받으며 성(姓)이 다른 사람도 양자로 입적하여 대를 잇게 한다. 일본에서 이에 제도는 농업과 상공업 발전의 근간을 이루었다. 무능한 친자식보다 유능한 하인을 후계자로 지정하여 이에를 번창시켜 나갔던 것이다.

이에의 경제적 번창과 지속을 위해서는 누구의 자식이라도 상관없다. 우리처럼 누구의 후손이라는 문중의식은 발달하지 않았다. 장남이 아닌 능력 있는 젊은이는 많은 경우 무코요시(婿養子, 사위 양자)가 되어 처가의 후계자가 되곤 했다.

적도까지 갈 정도의 튼튼한 암컷과 수컷이 낳은 새끼장어, 다시 일본의 강으로 살아 돌아온 장어는 누구의 자손이든 공동체의 가족이 되어 또 하나의 이에를 번창시킨다.

2000년에 내셔널과 파나소닉으로 잘 알려진 일본의 마쓰시타 전기(松下電氣)는 창업자의 손자를 배제하고 전문 경영인을 최고경영자로 뽑아 100년 가까운 가문의 경영승계에 종지부를 찍었다. 물론 100년 동안 직계들만 경영자가 된 것은 아니었다. 창업자의 뒤를 이은 것은 양자이자 사위인 마쓰시타 마사하루(松下政治)였는데, 그는 23년 동안 회사를 경영하여 마쓰시타 가문의 가족기업체를 유지시켜 왔다.

우리에게도 가(家)의 개념이 있다. 한국의 가(家)는 경제적 조직체라기보다, 대를 이어 제사를 물려받고 가문을 영속시키는 것을 가장 중요하게 여긴다. 아들이 없는 경우에는 조카가 양자로 입적되어 제사를 지냈다. 이것이 기업문화로 발전할 경우에 기업 전체의 이익보다는 가문의 지속과 가족공동체를 앞세우게 된다.

다른 재벌그룹도 크게 다를 것 없지만, 한국경제를 주도하는 삼성그룹은 직계 장손에게 후계자 지위를 물려주고 있다. 삼성그룹의 예비 후계자는 인터넷사업을 하다가 실패하여 관련 계열사에 주식을 떠넘겨서 겨우 망하는 것을 모면하기도 했다. 물론 자식을 후계자로 만들기 위한 교묘한 상속도 지탄을 받아야 하지만 더 큰 문제는 따로 있다. 검증되지 않는 재벌 3세에게 국가의 앞날이 달려 있기 때문이다. 당시 영국의 『파이낸셜 타임스』는 "닷컴 기업주가 사업이 부진할 때 어떻게 해야 하는가?"라는 질문을 던지면서 "아버지 회사에 그 기업들을 팔아버리는 것"이라고 비아냥거렸다.

그런가 하면 한때 삼성그룹 회장의 '메기와 미꾸라지 이야기'는 신선한 충격이었다. 미꾸라지 양식장에 메기를 넣으면 미꾸라지는 생명의 위협 때문에 자극을 받아 열심히 먹고 움직여서 좋은 놈이 된다

아프리카에서 열대어를 싣고 오는데 죽는 놈이 많았다. 갑판 위에서 고민하던 선장은 적도 부근에 이르러 바닷가에서 이상한 광경을 보게 되었다. 수많은 열대어가 무리를 지어 도망가고 그 뒤를 장어떼가 쫓고 있었던 것이다. 선장은 장어를 잡아서 열대어 수조 통에 넣었다. 항구에 도착하였을 때, 장어에 먹힌 놈을 빼고는 예전보다 훨씬 많은 열대어가 생생하게 살아 있었다.

는 것이다. 사실 메기와 미꾸라지 이야기는 어느 원양어선 선장의 경험담에 근거한 것이다.

거대한 기업이나 조직체도 좇고 쫓기는 치열한 경쟁 속에서 전문 경영인으로서의 능력을 검증받아 후계자로 지명되어야 한다.

일본의 가업은 양조업, 미곡상, 해운업, 금융업 등의 상공업을 다양하게 번창시켰다. 우리나라는 사농공상의 차별과 이념적 유교덕행, 제사 모시기와 가문 잇기 그리고 단조로운 농업경작이 가(家)의 주된 내용이었다. 이것이 근·현대에 들어서도 한국의 기업문화에 반영되어 능력과는 무관하게 재벌의 장자상속이나 남계직속으로 재벌경영의 가족화가 이뤄지게 되었던 것이다.

문화의 프리즘으로 본 노동

2000년 밀레니엄을 맞아 프랑스에서는 문화란 무엇인가를 놓고 1년 내내 최고 전문가를 초빙해서 강연을 했는데 매번 인파로 넘쳐났다고 한다. 이를 책으로 펴낸 이브 미쇼 외 31인의 『문화란 무엇인가 2』(2003)에서는 정치, 경제, 과학, 예술의 영역을 총망라할 정도로 문화를 광범위한 의미에서 다루고 있다.

문화 상대주의와 경제학의 지식체계

이 책에서도 문화가 무엇인가는 꼭 집어 말하지 않는다. 다만 서문의 한 대목처럼 우리의 고유한 삶은 물적 측면의 테크놀로지와 문화적 심층구조 속에서 만들어지는 것만은 확실한 것 같다.

인성(人性), 신화, 문학, 종교, 예술, 무속, 오락, 윤리의식 등은 모두 넓은 의미에서 문화이다. 벌거벗은 원숭이인 우리는 결코 세계를 벌거벗은 모습으로 만나지 못한다. …우리는 테크놀로지인 기술과 소프트 테크놀로지인 문화가 뒤섞인 세계에서 만들어진다.

인간은 벌거벗은 모습으로 세계를 만나지 못한다. 어떤 형태로든 문화와 뒤섞인 의미망의 옷을 입고 나를 둘러싼 모든 것과 관계를 맺게 된다. 자연을 바라보고 세상사람과 대면하며, 세계를 알고(knowing) 지식을 획득하는 인식체계도 넓은 의미에서 문화이다. 서로 다른 상징체계와 행동패턴을 보이고 각기 다양한 삶의 방식을 영위하는 모든 것들도 문화의 범주를 벗어날 수는 없다.

우리는 맨눈으로 하늘의 무지개를 바라보지 못한다. 뉴턴이 신이 내려준 가장 아름다운 숫자 7에 따라 도레미파솔라시의 7음계, 스펙트럼에서 분광되어 나온 빨주노초파남보의 7가지 색을 통해서 무지개 색깔을 볼 뿐이다.

뉴턴이 자연에서 획득한 인식체계로 우리는 하늘의 무지개를 만난다. 멕시코 원주민에게서 무지개는 다섯 가지 색깔이며 아프리카에서는 2~3가지에 불과하다. 우리 한국인의 무지개는 7가지 색깔이다. 뉴턴의 언어로 사물을 인식하고 세상과 대면하기 때문이다. 지식이 만들어지는 것도 문화에 따라 다르다. 과학적 연구는 문화적 모체의 내부에서 진행된다는 지적 또한 지식의 문화적 상대주의를 강조하는 것이다.

경제학의 지식체계라고 어디 다를까. 우리가 근원적으로 맺을 수밖에 없는 자연과 인간, 인간과 인간의 관계를 어떻게 바라보느냐에 따라 지식 패러다임도 달라진다.

　주류 경제학에서 인간과 자연의 관계는 최소 비용을 들여 최대한도로 생산하는 기술적 차원(생산함수)이며, 인간과 인간은 합리적 경제인들이 시장을 통해 주고 받는 교환관계(소비효용 함수)로 환원된다. 여기서 인간은 호모 에코노미쿠스(경제인)이며 홀로의 이성만으로 합리적 의사결정을 하는 고립된 존재다.

　마르크스 경제학에서 인간과 자연의 관계는 생산력으로 표시된다. 생산력은 노동하는 인간(노동력)과 생산수단과 기술 등을 포함하는 물질적 차원이다. 생산관계는 생산력의 소유관계가 사회에 어떤 계급으로 표출되고 있는가를 나타낸다. 자본주의 사회에서 생산력을 소유한 사람(the haves)과 그렇지 않는 사람(the have-nots)의 관계는 자본가와 노동자의 생산관계로 나타난다는 것이다.

　이렇게 두 가지 경제학은 각각 소비교환과 생산의 중심점이 상이하다. 이 때문에 우리가 배우는 경제학 책은 항상 시장과 소비 효용을 먼저 다루고, 마르크스의 『자본론』은 생산에서부터 시작한다. 그러나 두 가지 모두 보편적 원리와 법칙만을 추구하기 때문에 문화적으로 고유한 물자공급과 구체적 삶의 방식은 외면한다.

　우리나라 사람에게 아름다운 단어 한 글자가 있다면 무엇일까라는 질문을 간혹 던진다. 아마도 '말'과 '밥'이 아닐까 한다.

　한국인의 농경문화에서 자연에 고된 땀을 뿌렸던 것은 쌀과 밥을 얻기 위한 것이었다. 거대한 논 면적은 담수능력을 갖고 있어서 홍수를 막아주고 벼의 푸른 잎은 생태계에 산소를 공급해 준다. 논농사를 짓기 위해 수많은 절기(節氣)와 두레 등의 공동체적 전통이 지켜지고 풍년을 기원하는 각종 민속이 농촌에 전승되어 내려온 것이다.

쌀은 문화이며 밥은 공동체다. 경작한다는 컬처(culture)는 글자 그대로 문화적이다.

자연과 인간의 관계를 통해, 공동체 집단의 욕구충족에 필요한 물자를 조달하는 방식은 사회문화적 맥락에서 이루어진다. 이것을 경제적(economical), 물질적(material) 또는 경험적인 것이라고 한다. 만족의 극대화를 위해 수단을 합리적으로 선택한다는 경제적(economic) 또는 경제화(economizing)와는 확연히 다르다. 이처럼 수단과 목적의 관계만을 놓고 따지는 것이 형식적(formal) 경제학이다. 반면에 사회가 물자를 조달하는 다양한 방식이나 경험적 내용을 깊숙이 들여다보는 지식체계가 실체적(substantive) 경제학이다.

최소 비용으로 무엇을 얼마만큼이나 최대한 생산할 것인가라는 보편적 효율성과 극대화 방식이 형식적 경제학이라면, 실체적 경제학은 필요한 것을 충족하고 경제생활을 영위하는 것, 먹고 사는 경험적

> #### ▶▶▶ 쌀 개방과 경제학
>
> 미국 캘리포니아의 쌀은 우리 것보다 값이 훨씬 저렴하다. 형식적 경제학의 측면에서 볼 때, 세계는 단일한 시장을 이루고 있고 우리는 비교우위 법칙에 따라 논농사를 다른 작목으로 대체하고 쌀은 수입하는 것이 나을 것이다. 하지만 실체적 경제학에서 쌀은 문화재(cultural goods)이며 비교역재이다. 쌀 생산의 포기는 바로 공동체적 전통과 민속문화의 원천이 사라지는 것이다.
>
> 쌀 개방문제에도 경제학의 상이한 지식 패러다임을 키워온 문화적 모체가 근본적으로 충돌하고 있음을 볼 수 있다.

문제, 신토불이(身土不二)와 같은 문화적 다양성을 포함한다.

인간은 경제적 동기에서만 노동하는 것은 아니다

밀레니엄 강연집 『문화란 무엇인가 2』는 "경제학의 축소주의"라는 강연으로 첫 장을 열고 있다. 경제학이 고립된 개인의 행위에 지나치게 초점을 맞추고 수학적 역학관계에만 치중한다고 일침을 가하면서, 경제학의 환원주의(reductionism)를 비판대상으로 올려놓고 있다(번역서에서는 reductionism을 축소주의라고 옮겼는데, 환원주의가 더 나을 듯싶다).

다양한 가치와 의미를 지닌 인간이라도 시장경제학에서는 기껏해야 임금을 대가로 노동을 공급하는 생산요소일 뿐이며, 서로 이익을 다투는 단순한 경제인으로 되돌려놓는 것이 경제학의 환원주의다. 지금껏 시장을 중시한 경제학은 세상만사를 시장 블랙홀의 일점(一點)으로 환원시켜 모든 것을 빨아들이고 다시 무한하게 경제영역을 확장시켜 갔던 것이다.

> ▶ **경제학이 나아갈 길**
>
> 경제학은 사회적 문제를 연구대상으로 삼으면서 그 해답을 찾기 위해 고심해야 할 것이다. …노동을 개성표현의 수단이자, 사회적 차원의 것으로 고려할 수 있는 방법은 무엇일까? …공동체와 개인이 살아가는 공간에서… 타인과의 관계를 이익추구의 대체물로서만 파악하지 않는 방법은 무엇일까?
>
> ―『문화란 무엇인가 2』

앞으로 경제학은 전체 영역에서 군림하는 시장경제학을 축소시키고 사회적 현실과 보다 긴밀한 통로를 유지해야 할 것이다. 그런데 "경제학의 축소주의"의 강연내용은 『문화란 무엇인가 2』의 취지에 그다지 적합하지 않다는 느낌을 준다.

세상만사를 상품화하여 시장에 집어넣는 환원주의가 경제학에서 거부되어야 한다는 지적은 옳다. 하지만 여기에다 이런 내용 정도는 추가해야 '문화란 무엇인가?'라는 주제에 보다 적합한 것이 되지 않았을까 싶다.

인간을 단순한 생산요소가 아니라 따뜻한 사랑과 우주를 가슴에 안고 사는 인간 그대로 파악하는 전체주의(wholism), 인간다움(humanity)을 우위에 두고 시장을 축소하려는 비시장경제의 공동체적 노력이 경주되어야 한다는 점이 들어갔어야 했다. 그리고 칼 폴라니의 지적대로 비대해진 시장경제를 사회·문화적 공동체 속에 도로 되묻고(re-embedded) 인간의 삶을 우위에 놓아야 한다는 내용이 강조되었으면 더욱 좋았을 것이다.

"공동체와 개인의 관계에서 노동을 개성표현의 수단이자 사회적 차원의 것으로 고려할 수 있는 방법"은 문화를 떼어놓고서 다른 방도를 논의하기는 어렵기 때문이다.

인간은 굶주림과 이익이라는 경제적 동기에서만 노동하지 않는다. 총체적 존재로서의 인간은 노동을 통해 자신의 다양한 가치를 성취하고 사회적 인정도 얻고 싶어한다. 홍기빈은 「칼 폴라니의 시장자본주의 비판」에서 이렇게 말한다.

칼 폴라니의 눈으로 볼 때 인간은 경제적 이익추구라는 하나의 본질로 환원될 수 있는 존재가 아니다. 의미와 결단으로 삶다운 삶을 꾸려가는 것이 인간과 인생의 본질이며… 개인의 경제적 손익계산을 인간활동의 동기로 삼는 것은 근대 시장자본주의 사회에서 나타는 독특한 일일 뿐이다. …인간의 활동이 삶을 충만하게 채우려는 영혼의 욕구에서 비롯된 것이라면, 사회적 동물인 인간은 사회를 구성하여 자신이 속한 사회의 집단적 문화와 가치체계를 통해서 그러한 의의를 찾을 수 있을 것이다.

각 사회의 문화와 가치체계가 다른 만큼 갖가지 노동의 동기가 존재한다. 칼 폴라니는 『거대한 변환』에서 인류학자 마거릿 미드(Margaret Mead)의 보고서를 인용하여 노동의 동기 또한 문화적이라고 밝히고 있다.

개인들이 노동하는 목적은 문화적으로 결정된다. 단순히 식량이 모자라고 먹고 살기 위한 필요욕구를 충족시키는 문화의 외적 상황에 규정되는 것은 아니다. 어떤 미개인 부족을 금광의 광부 또는 선박 선원으로 바꾸는 과정에서 그들이 열심히 노동할 동기를 빼앗겼기 때문에 물고기가 우글대는 시냇가 옆에서 편하게 죽음을 맞이하는 일은 이상해 보일지 모르지만 너무나 흔하게 발견되는 사례이다.

공동체 부족사회에서는 전체가 궁핍상태에 빠지지 않는 한 결코 굶주림이란 없었다. 외부 침략자에 의해 공동체가 파괴될 경우에만 기아로 죽는 현상이 나타났다.

문화에 따라 노동활동의 동기와 삶의 의미도 달라진다. 아프리카의 마다가스카르에 살고 있는 메디나족은 7년에 한번씩 죽은 자의 귀향이란 뜻을 가진 파마디하나(Famadihana) 축제를 성대하게 벌인다.

엊그제 TV를 통해서 보았으니, 먼 옛날 미개부족의 이야기만은 아니다. 파마디하나는 가매장했던 조상을 자동차로 먼 거리를 달려 가족묘에 옮기고 오래된 시신의 수의도 다시 새 것으로 갈아입히는 축제다. 전국에서 모인 친척들도 한데 어우러져 밴드까지 불러 흥겹게 놀고 푸짐하게 차린 음식도 나눠 먹는다.

메디나족의 살림살이는 옹색하다. 그러나 단 한번의 축제를 위해 6년 동안 소와 돼지를 키우고 땀을 흘리며 쌀농사를 짓고 재물을 모은다. 메디나족의 삶에서 조상영혼을 지키는 일은 매우 중요하기 때문에, 이것을 떠나서는 노동과 생산의 의미도 존재하지 않는다.

메디나족의 축제는 축적된 잉여물을 공적인 의례행사와 통과의례, 소비적 잔치에 탕진하는 포틀래치(potlatch)와 같다. 이 포틀래치를 미래에 대비해서 저축도 하지 않고 쓸데없이 낭비만 한다고 비난하는 것은 자민족 중심주의에 기초한 문화적 오만일 따름이다.

모든 사람이 무조건 생산하고 잉여를 만들어 쌓아놓거나 축적하지 않는다. 아낌없이 선물로 주고 베풀고 소비한다. 자본주의에서 생산은 이윤획득을 목적으로 하지만, 미개경제는 명예(honor)를 얻기 위한 것이다. 다른 부족사람들을 잔치에 초대하여 생산한 물자를 몽땅 나눠주고 자신의 창고가 텅 비게 되지만, 포틀래치는 대신에 부족의 대인(大人, big man)에게 커다란 명예를 안겨준다. 그래서 살린스

(M. Sahlins)는 『석기시대 경제학』(*Stone Age Economics*, 1974)에서 "재물을 모으는 목적은 종종 재물을 포기하는 데 있다"는 역설을 주장하였다.

평생 열심히 돈을 모은 사람이 말년에 자식들에게 유산을 물려주기보다는 사회에 장학금으로 기부하는 것도 재물을 포기함으로써 명예를 얻는 포틀래치가 아닐까.

인간은 한 다발의 장미꽃 숫자만큼이나 한 묶음의 본능다발(a bundle of instincts)을 유전으로 지니고 있다. 본능에는 사랑, 이기심, 헌신, 욕구, 죽음, 일, 명예 등 수없이 많은 것이 있다. 이 가운데 자신의 이득을 위해 행동하는 본성이 비로소 정당화된 사회가 바로 자본주의이다. 그전까지만 해도 개인의 이득행위는 공동체 사회에서 금지되거나 공동체로부터의 추방(죽음)으로 귀결되었다.

어떤 사회, 어느 곳에서 무엇이 가치 있고 인정받으며 보람찬 행동인가는 제각각 다르다. 여기서 문화는 공유된 의미이며, 인간행동을 안내하는 제도원리 또는 상징(심벌)을 의미할 것이다.

자신의 손익계산에 따라 자본을 축적하고 이윤확장 운동에 자신의 영혼을 쏟아넣을 것인가, 아니면 조상영혼을 지키는 전통과 관습에 따라 땀 흘려 생산한 재물을 아낌없이 낭비잔치에 쓸 것인가, 이중에서 무엇이 의미 있는 삶인가 하는 것은 한 사회의 집단적 문화와 가치체계에 따라 달라질 따름이다.

좋은 대학을 나와야 권력과 명예와 화폐를 배분받을 수 있는 학력사회에서 사람들은 오로지 서열의 치열한 경쟁에서 살아남기 위해서 수단과 목적만을 따지는 이기적 경제인으로밖에 행동할 수 없다. 경제적 동기에 매몰된(submerged) 사회·문화의 가치체계에서 인간은 총체적 존재로서의 다양한 의미를 상실하고 개인적 이득을 위해 노력할 뿐이다.

노동이 자신의 개성 표현이자 또 사회적으로 맥락을 가지기 위해서는, 우선 경제적 동기에만 치중하는 단일한 가치에서 탈피하여 자아를 실현해 나가는 삶의 존재양식에 의미를 부여할 수 있어야 한다.

과학연구와 지식이 문화적 모체에 따라 다양하듯이, 총체적 존재로서의 인간행동에 의미를 부여하는 것도 집단문화의 다양한 가치체계에 달려 있음을 뜻하는 것이다.

II

문화와 권력

일본 전국시대를 마감시켰던 오다 노부나가(織田信長)는 독단적이고 잔인한 성정을 지녔으면서도 부드럽고 개방적인 리더십을 겸비한 인물로 평가되고 있다.

1568년 무렵인가, 오래도록 이어졌던 처참한 전란이 끝나고 평화의 시대로 접어들었다. 전쟁이 아닌 평온한 삶에서는 사람들이 살아가는 목적 역시 달라야 했을 것이다.

희소성은 문화적으로 창출되는 것

과연 어디서 삶의 보람을 찾았을까. 노부나가는 문화생활에서 삶의 보람을 발견해야 한다고 생각하고 다도(茶道)를 장려하기 시작했다. 다도에는 절차와 예의가 요구되고 다기(茶器)가 필요하다. 차는 마시는 것만으로 끝나지 않고 여러 종류의 먹을거리도 함께 곁들여져야 하니 음식에 관한 지식과 문화 또한 창조된다. 다실을 우아하게 장식하기 위해서는 그림이나 글을 걸어놓게 되니 예술이 발전하고 정원을 꾸밀 돌이나 나무 등도 연구하게 된다.

이제 무사들은 다도를 어느 정도 알고 있는가에 따라 그 인격이 결정되었다. 특히 다이묘(大名, 일본 막부시대에 영지를 소유한 영주)들은 전쟁의 승패에서 벗어나 다도에 신경 쓰게 되면서 야만성도 순치되었다. 노부나가는 입으로만 다도를 권장하지 않았다. 공로가 있는 다이묘를 표창할 때 다기를 선물하고 수시로 다도모임을 갖기도 했다. 난폭하기 그지없는 다이묘도 다도에 필요한 명기(名器)를 수집하였고 모든 무장(武將)들도 다도에 빠지고 유명한 다기를 수집하느라 광분하였다. 무장들은 적의 성을 함락하면 가장 먼저 좋은 다기부터 찾아내어 노부나가에게 선물하였다.

사실 일본 국내에서는 다이묘에게 나눠줄 영토가 점차 줄어들고 있었다. 전국시대의 다이묘들은 오직 토지에만 매달렸다. 노부나가는 토지를 대신할 그 무언가가 필요했고, 토지에 집착했던 중세의 가치관을 교묘하게 문화로 전환시켰던 것이다. 다도를 권장함으로써 새로운 가치체계를 탄생시켰고, 이것은 전국시대 다이묘들의 단순한 사고방식에 깊숙이 침투하였다.

어쨌든 노부나가가 다도를 장려한 뒤부터 관련예술이 급속히 발전한 것은 사실이었다. 전국시대에서 평화의 시대로 전환한 배경에는 다도가 가장 큰 구실을 했다고 일컬어질 정도이다.

다도의 문화적 가치체계는 토지를 최고로 삼는 재화의 서열순서를 바꿔놓은 것이나 마찬가지였다. 토지의 실물가치는 문화적 상징가치에 밀려났으며 무장들이 전쟁 때 뽐내던 명검도 문화적 품격을 상징하는 명품다기에 그 자리를 내주곤 하였다.

모든 것을 문화로 환원시키는 문화결정주의라는 비판이 있을망정, 문화가 바로 효용을 만든다고 말해도 좋다. 문화가 효용을 만들면 재화의 선호도와 배열체계도 바뀐다.

원래 다기 자체에는 희소성이 없었다. 노부나가가 다도에 문화적 의미를 부여하게 되자 마침내 효용과 희소성을 얻게 된 것이다. 그렇다면 재화 자체에서는 희소성이 발생하지 않는다고 볼 수 있다. 어떤 것을 희소한 것으로 만들 것인가는 바로 집단적 문화체계와 사회의 결정에 따르게 되는 것이다.

경제학에서는 모든 자원은 희소하고 인간의 욕망은 무한하기 때문에(희소성의 원칙) 우리는 최소 비용으로 최대 만족을 얻기 위해 합리적 결정을 해야 한다고 말한다.

하지만 모든 자원이 결코 희소하고 유한하지는 않다. 특정의 재화에 사회적 욕망이 닿으면 효용과 희소성이 발생하는 것이다. 욕망의 물꼬가 어디로 갈 것인가 하는 것은 문화적 흐름에 달려 있다. 욕망은 문화적 진화의 산물이다. 그래서 경제학의 보편적인 희소성 공리는 어디까지나 추상적 허구에 가깝다고 말하는 것이다.

문화자본과 권력

다도에서 느긋하게 삶의 즐거움을 발견할 수 있는 것은 어디까지나 권력자 또는 상류계층에 속하는 사람들뿐이다. 영지(領地)에서 땀 흘리며 갖은 고생을 다하는 백성들은 문화생활과 거리가 멀었다. 한가하게 다도를 즐기며 차 마실 여유도 없었거니와 다기가 무엇인지도 몰랐다.

다도문화는 특권 귀족층의 전유물이 되었으며 여유, 예의, 매너, 다기, 정원, 그림 등의 상징가치는 일반백성들과의 신분계층을 뚜렷이 구별시켜 주는 문화적 생활양식이 되었다.

프랑스 사회학자 브르디외(Pierre Bourdieu)는 경제자본, 사회자본과 더불어 특히 일본 지배계층의 다도와 같은 문화자본에 주목하였다.

경제자본(economic capital)은 토지와 같은 실물자본과 금전적 자

> ▶▶▶ **문화자본(cultural capital)**
>
> 문화와 지식 시장에서 전문가들이 보유하고 있는 권력수단으로서, 계급간의 불평등한 관계를 만들어내고 이것을 지속적으로 유지시켜 주는 자본형태를 일컫는다.

본을 의미하며, 사회자본(social capital)은 한 개인이 사회적 관계망
(혈연, 학연, 지연 등)이나 고급사교 클럽 등의 집단에 소속됨으로써
얻게 되는 실제적 또는 잠재적 자원 전체를 의미한다. 이것은, 비록
명칭은 똑같지만 믿음 · 신뢰 · 봉사 등 사회의 공동이익에 꼭 필요한
사회적 자본(social capital)과는 완전히 다른 개념이다.

브르디외는 자본형태 중에서 문화자본에 관심을 집중한다. 사회가
상하계층의 위계적 질서로 유지되고 지배와 피지배 계급의 권력관계
를 지속적으로 재생산하는 과정에서, 문화자본은 경제자본만큼이나
중요한 역할을 하기 때문이다. 문화자본은 문화적 성향과 태도를 차
별화하고 문화적 대상을 이용하는 능력을 강조한다는 점에서, 사회
적 지위를 재생산할 수 있는 우수한 메커니즘이다.

노부나가는 일본 최초로 문화자본을 만들어내 전환시대에 권력관
계를 문화적으로 재생산하고 사회질서를 안정화시켰으니 그들로서는
지금도 존경하는 영웅이 아닐 수 없을 것이다.

석기시대의 경제학

몇 년 전에 영국 케임브리지 대학에서 민속음악을 전공하는 이안 크로스 박사가 새로운 가설을 내놓았다. 석기시대의 부싯돌이나 무기라고 전시되어 있는 상당수 유물이 사실은 악기일 가능성이 높다는 것이다. 원시인들도 현대의 록그룹처럼 화살 줄을 퉁기면서 소리를 연주하고 돌로 만든 드럼을 치거나 돌 피아노를 두드리며 음악을 즐겼을 것이라는 주장이다.

인류의 조상은 처음에 소리의 높낮이 등 음악적 방법으로 서로 감정을 교환했으며 이로부터 언어가 진화하였다고 한다. 이안 크로스의 해석은 석기시대의 부싯돌이나 화살촉에 대한 우리의 관념을 일단 뒤엎는다고 할 수 있다.

"원하지 않으면 부족하지 않다"

먹을 것도 부족하여 서로 싸우거나 자연에 대한 공포로 언제나 전전 긍긍했을 거라 생각한 석기시대의 사람들이 오히려 활과 돌도끼를 가지고 음악을 즐기고 흥겹게 놀거나 여유를 누렸다는 접근은 뜻밖이다. 사실 석기시대 사람들이 가난하고 비참했다는 통념을 뒤엎은 사람은 이안 크로스만이 아니다.

살린스는 『석기시대 경제학』에서, 지금까지의 상식을 깨고 석기시대 사람들은 그 먼 옛날 시원(始原)의 풍요를 누렸다는 이야기로 첫 장을 열고 있다. 살린스에 따르면, 미개인들이 기술적으로 무능력하기 때문에 오로지 살아남기 위해서 일을 해야 했으며 여가도 잉여도 없었기에 문화를 건설할 여유조차 없었다는 편견은 잘못된 것이었다.

석기인은 하루에 3~4시간만 움직이고 나머지 시간은 굼뜨게 행동하거나 희희낙락거리며 생활하였다고 살린스는 말한다. 그렇지만 현대인은 온갖 효율적인 문명의 이기를 만들어놓고도 하루에 8시간 이상을 일해야만 한다. 이 시대의 문명인들은 자기가 파놓은 함정, 즉 밑 빠진 독에 물을 붓듯이 끝없는 욕망을 채우기 위해 고된 노동을 할 수밖에 없는 운명적 존재일 뿐이다. 현대인은 무한한 욕망을 충족시키기 위해 끝없이 생산하고 노동해야 하는 감옥으로부터 도저히 탈출할 수 없는 수인(囚人)과도 같다는 것이다.

과연 석기인은 어떻게 행복을 누렸을까? 무한한 욕망을 멈추고 '적게 욕구하는 것'으로 풍요로운 생활을 찾았다.

행복과 풍요는 무엇인가? 풍요로 가는 길에는 두 가지가 있다. 원하는 대로 '많이 생산하든가' 아니면 '적게 욕구하는가'에 따라 우리들의 욕망은 쉽사리 만족될 것이다(easily satisfied).

인간의 욕망은 크거나 무한하고 수단이 한정되어 있는 상황에서, 많이 생산한다는 것(producing much)에는 (한정된) 수단과 (무한한 욕망충족이라는) 목적 간의 갭을 좁히기 위한 산업생산성과 기술개발이 반드시 필요하다. 재화는 인간의 욕망을 충족시켜 주기 위해 끊임없이 생산되어야 하는 것이다.

적게 욕구하는 것(desiring little)은 인간의 물질적 욕망은 한정되어 있거나 사소하여 기술적 수단이 변화하지 않더라도 전체적인 욕구 충족에는 적합하다.　　　　　　　　　　　　　　　　－살린스, 『석기시대 경제학』

살린스가 말하고 있듯이, 행복과 풍요는 적게 욕구하는 선(禪)의 길(a Zen road)에서 찾을 수 있다. 그렇기 때문에 미개경제는 낮은 생활수준에서도 유례없는 물질적 윤택을 누릴 수 있었다. 이런 시각에서 살린스는 유럽의 문명은 풍요롭고 미개사회는 비참하다는 서구 문명사회의 편견에 과감히 도전했던 것이다.

석기시대에 미개인들은 많이 가진 것(having much)이 아니라 거의 가지지 않고 욕망도 거의 없었던 것(wanting little)에서 풍요를 얻었다. 욕망과 자연환경 사이에는 최대 만족의 극대화가 아니라 적정성(moderation)이 제도화되어 있었으며 1인당 습관적인 소비량과 소비자의 숫자도 규제되었다.

미개인은 유한한 욕구의 경로에서 풍요로움을 만났다. 현대인은 풍요와 행복을 무한한 욕구의 항구적 확대재생산의 경로 속으로 날려보낼 뿐이다.

살린스가 현대사회에 보내는 메시지는 바로 "원하지 않으면 부족하지 않다"(Want not, lack not!)였다.

탈소비 방식에 깃들인 삶의 의미

인간은 언제나 오늘의 입장에서 과거를 바라본다. 오늘은 어제보다 나으며 내일은 오늘보다 좋을 것이라는 진보사관의 입장에서 보면 과거는 항상 비참하다.

현대인의 끝없는 욕망체계로 석기시대 사람들을 바라보면 그들의 낮은 생활수준은 항상 힘들고 괴로웠을 거라는 편견이 생긴다. 석기인은 먼 과거에 존재했다는 이유만으로 현재의 우리보다 훨씬 불행했다고 간주되는 것이다.

살린스는 다시 비판한다. 현대의 경제학 교과서는 "사냥감에 살금살금 다가서는 석기인의 머리 위에는 항상 기아의 망령이 따라다닌다"고 묘사하듯이 수렵채취경제 시대를 줄곧 음울하게 표현하고 있다는 것이다.

하지만 풍요로운 석기인의 수렵행위는 게임일 수 있다. 새를 사냥해도 공동체의 생계에 필요한 것만을 잡고 나머지는 자연의 품으로 되돌려주는 행위는 자연의 숲과 인간이 의사소통하는 과정이다. the game이 사냥감이라는 뜻도 갖고 있듯이, 어쩌면 석기인들에게 수렵하는 일은 일종의 게임이요 놀이가 아니었을까.

호이징가(Johan Huizinga)는『호모 루덴스』(*Homo Ludens*)에서 우리가 어두운 시대로 여겼던 중세시대를 즐거움으로 음미하고 있다. 호모 루덴스는 '놀이하는 인간'(Man the Player) 또는 유희(遊戲)하는 인간을 일컫는다. 호이징가에게 놀이는 그 자체로서 기쁨이요 문화이며, 그 속에서 사람들의 인생과 세계관이 표현된다.

오늘날 사람은 생각하는 인간(Homo Sapience), 열심히 작업하는 인간(Homo Faber, Man the Maker) 또는 합리적인 인간유형에서, 뭔가 비합리적이면서 감성적이고 즐거움을 가지고 놀이하는 인간으로 변모하고 있다. 인간 자체가 변화하는 것이 아니다. 우리의 삶과 본성에서 놀이하는 인간의 요소가 부각되고 있을 뿐이다.

디지털 시대의 컴퓨터 게임도 영화와 비디오에 이어서 사람들의 놀이본능을 부추기고 거대한 산업 트렌드로 자리하고 있다. 게임을 한번도 안 해본 사람이 어디 있을 것이며, 심지어는 게이머(the gamer)라는 새로운 종족의 탄생이 예고되고 있다. 그들에게 현실세계는 게임비용을 벌기 위해 머리를 내미는 공간 그 이상의 것도 아니다. 합리적이고 이성을 가진 눈(호모 사피엔스)으로 게이머를 바라보면, 한낱 게으르고 굼뜬 사회의 낙오자(호모 루덴스)에 지나지 않는다.

석기인들이 풍요를 누릴 수 있었던 까닭은 자기가 필요한 것 이외의 잉여는 가지지 않았기 때문이다. 이동하는 데 방해가 되기 때문에 필요한 물건은 하나 이상 만들지 않았다. 있는 것은 일단 먹어치우고 내일을 걱정하지 않았다.

현대 시장경제의 눈으로 보면 석기인은 낭비벽이 심하고 저축도 모르는 사람이다. 이렇게 보면 현대의 게이머들도 점점 행복한 석기인을 닮아가는 새로운 종족임이 분명한 것 같다. 이제 석기시대의 화살촉은 음악도구로, 기아의 망령이 따라다니는 사냥은 게임으로, 석기시대의 굼뜨고 게으른 사람은 컴퓨터 게임의 게이머 종족으로 바꿔서 해석해 봄직도 하다.

어제가 오늘보다 나으며 내일은 오늘보다 못할 수 있다는, 이른바 거꾸로 된 역사의 순환론으로 보면 지나온 과거는 때로 우리에게 풍요로움으로 다가온다. 오늘도 내일도 헤어날 수 없을 것 같은 죄수의 딜레마(무한한 욕망과 유한한 수단 간의 영원한 갈등)와 같은 힘든 노동도 한번쯤은 뒤돌아보고 반성하게 되리라.

우리는 너무나 열심히 일해 왔다. 그것만이 내일의 행복을 담보한다고 믿어 마지않았다. 하지만 이제는 역설적으로 여유 있게 조금 놀기도 해야 한다.

흔히들 여유 있게 생활하고 논다고 말하면 카드를 사용하거나 저축한 돈을 찾아 쓰는 것으로만 받아들인다. 또 그래야 직성이 풀리는 것도 현대인의 속성이며 자본주의가 코드화해 놓은 소비양식이다. 주 5일제 근무도 유휴자본에 새로운 활로를 만들어주는 현대 자본주의 축적방식과 새로운 소비방식에서 크게 벗어날 수 없다. "열심히 일한 당신, 떠나라!"는 광고카피가 있는데, 이를 뒤집어보면 결국은 "열심히 논 당신, 더 일해라!"라는 것이다.

현대 소비자본주의는 열심히 일하고 돈을 벌어서 열심히 돈을 쓰고 레저·관광·문화 산업에 매몰되는 소비형 인간을 요구한다. 이름을 호모 라스베이거스라고 붙이면 어떨까.

탈소비 방식 속에서 삶의 참된 의미를 찾아야 한다. 호모 루덴스의 진정한 놀이 속에서 진정한 기쁨과 나만의 문화를 창출하고 자신의 인생과 세계관을 표현하는 것이 필요하다.

놀이도 우리들의 삶의 양식이다. 우리들의 행복과 풍요는 석기인으로 되돌아가는 역사의 순환에서 나올 수도 있다. 그렇다고 멀리 있는 석기인만 바라볼 일은 아니다.

헬레나 노르베리–호지(Helena Norberg-Hodge)의 『오래된 미래』(*Ancient Futures*, 1992)는 티베트 지방의 라다크 사람들에게서 삶의 기쁨과 공동체의 아름다움을 배우고 있다. 행복과 풍요로운 선(禪)의 삶은 지금도 지구상 어딘가에서 이루어지고 있다.

놀랍게도 라다크 사람들이 실제로 일을 하는 것은 일년에 4개월뿐이다. 8개월간의 겨울 동안에는 요리를 하고 짐승들을 먹이고 물을 긷고 해야 되지만 일은 아주 적다. 겨울 대부분은 잔치와 파티로 보낸다. 여름 동안에도 거의 매주 이런저런 중요한 잔치나 축하행사가 있지만 겨울 동안에는 거의 연속되어 있다.

아주 오래된 과거의 석기시대가 아니라 오래 전부터 지속되어 온 우리의 미래가 거기 있음이다.

13

증여와 하우(hau)의 영혼

국물 맛이 깊은 값싼 국수집 한 군데가 있다. 나는 그곳에서 아는 사람들을 자주 만나는데, 웬만하면 먼저 나가는 사람이 지인들의 국숫값을 대신 계산해 주곤 한다. 나도 많이 계산해 주고 많이 얻어먹었다.

이렇게 주고받는 것을 아래와 같이 화살표로 표시해 볼 수 있다.

A → B → C → D → …A or E

A는 B에게 주고, 그것을 받은 B는 C에게 되돌려주고, C는 D에게 증여를 하고, 그것을 받은 D는 A 또는 다른 사람 E에게 반례를 하는 것이다.

언젠가 이런 일이 있었다. 병석에 누워 있던 한 부인이 익명의 독지가로부터 신장을 기증받게 되었다. 그러자 그 남편 되는 사람도 자신의 신장을 다른 사람에게 기증하였고 또 그 사람 친척은 자신의 장기를 또 다른 사람에게 기증하는 릴레이가 계속되었다.

국숫값을 주고받는 간단한 것이나, 소중한 신체장기를 증여하고 반례하는 릴레이를 '호혜성의 회로'라고 부를 수 있다.

지렁이가 땅속에 길을 뚫음으로써 질식된 토양에 산소를 공급해 주듯이, 시장교환이 지배적인 사회에도 호혜성의 회로를 만들어서 따뜻한 휴머니즘을 불어넣어줘야 한다. 그래야 건강한 자본주의 사회를 만들어갈 수 있다.

시장교환의 원리가 화폐에 있듯이, 증여와 반제의 호혜성 회로에도 뭔가 이것을 움직이게 하는 영(靈)적인 것 또는 심층구조가 있을 것이다.

증여와 반례를 이어주는 하우(hau)의 영혼

원시사회에서는 모든 사물마다 영혼이 존재했다. 하우(hau)라고 하는 신비스럽고도 두려운 영혼이 존재하여 사물도 인격화된다는 정령론(animism)이다.

우리 조상도 물활론(物活論)적인 애니미즘으로 무생물에도 신이 내재해 있다고 믿었다. 오래도록 사람들의 손때가 묻은 붓, 빗자루 등은 나중에 반드시 태워 없앴다. 잘못하면 정령이 발동하여 빗자루 귀신이 되어 움직인다고 생각했기 때문이다.

하우〔靈〕는 항상 머무는 근원이 있으며 사물에 내재되어 있다. 하우는 사물과 함께 이동하더라도 원래 있던 자리로 되돌아가고 싶어 한다.

내가 타인에게 선물하는 행위도 하우의 관념체계 속에 놓여 있다. 나 자신의 영적 일부가 선물 속에 담겨 이동하는 것이다. 뭔가를 반례한다는 것은 상대방의 정신적인 본질, 즉 영혼의 일부를 되돌려줘야 한다는 것을 의미한다. 물건을 혼자서만 간직하고 있다는 것은 매우 위험스러운 일이며 때로 죽음마저 초래하게 된다. A에서 B라는 사람에게 건너갔던 영혼의 하우가 다시 A에게 되돌아가지 못하면 하우는 B에게 주술적이고 종교적인 영향력을 미치기 때문이다.

근원의 고향에 돌아가지 못한 하우는 재앙을 내리는 신비스럽고도 위험한 정령(精靈)으로 변하게 된다. 오스트레일리아 마오리(Maori) 부족의 수렵인들은 자신들에게 사냥감을 제공하는 숲에도 하우가 있다고 믿는다. 그래서 새를 사냥하면 처음에는 그것을 모두 토웅가(Tohunga, 사제 司祭)에게 제공한다. 토웅가는 의식(儀式)을 통해 새 몇 마리를 숲속으로 되돌려 보낸다. 그러면 번식력과 풍요의 영혼인 하우도 새와 함께 원래의 자기 자리인 숲으로 되돌아가게 된다는 것이다.

사냥한 새 몇 마리를 숲으로 되돌려 보내지 않으면 어떻게 될까. 하우의 영적인 활동은 마오리 부족의 수렵인들에게 위험한 영향을 미치게 된다. 게다가 하우는 증식시키는 힘이 있기 때문에 숲에 사는 생물의 번식력에도 나쁜 영향을 끼치게 된다.

하우가 근원의 자리로 돌아감으로써 숲은 초자연적 힘인 생명력(하우)을 활성화시키고 마오리 부족에게 풍요로운 자연의 혜택을 계속해서 증여하게 해주는 것이다.

혹시라도 내가 받은 선물에 채무의식을 느끼고 이것을 갚지 않으면 마음이 편치 않고 왠지 부담스러운 것도 하우(hau)라는 영혼이 우리 주변을 감싸고 있기 때문은 아닐까.

마오리 부족에게는 하우가 있어서 숲의 자연과 인간이 영적으로 서로 교통하고 있다. 그렇담, 현대인에게서 아름다운 호혜성의 회로는 무엇으로 작동되어야 할까.

그것은 초월적 존재에 대한 믿음, 자연에 대한 감사, 전통의 상부상조 정신, 빚지고 살아간다는 채무의식, 예의와 체면, 신뢰 등 하우(hau)와 같은 영적인 힘의 유동이지 않을까 싶다.

모스(Marcel Mauss)는 『증여론』에서 선물이라는 교환체계가 사회생활의 중요한 기초를 이루고 인간관계의 모든 부분에도 관여하면서 사회구조를 작동시켰다는 것은 오래된 과거이지만 우리의 미래에도 언제든지 유효해야 한다는 메시지를 던지고 있다. 아주 오래된 과거가 아니라 다시 우리 앞에서 되새김질되어야 하는 '오래된 미래'이다.

물건 속에 영혼을 섞고 영혼 속에 물건을 섞으며 생명과 생명을 섞는다. …섞인 인격과 물건은 각각 자신의 영역을 떠나서 서로 혼합된다. 이것이 바로 계약과 교환이다. …공공연하게 주는 즐거움, 후하고 풍류가 있는 지출의 즐거움, 환대와 사적·공적 축제의 즐거움을 다시 발견해야 한다.

증여와 반례는 물건 속에 영혼을 섞고 사람의 인격적 순환관계를 매개해 준다. 주고받고 되돌려주어야 할 의무와 책무감은 호혜성의 원리를 활성화시키고 마오리 부족의 숲처럼 사회를 풍요롭게 만든다.

따지고 보면 시장교환도 증여 속에서 태어난 것을

교환과 증여는 서로 대립되는 것이 아니다. 시장교환도 결국 선물을 주고받는 증여 내부에서부터 시작되었다. 현대사회에서 지배적인 교환행위는 화폐를 매개로 이루어진다. 증여의 호혜성에서 하우와 인격적 관계가 거세되면서, 화폐의 물적인 교환원리가 생겨난 것일 뿐이다.

증여에서 선물은 단순한 물건이 아니다. '물'(物)을 매개로 사람과 사람 사이의 인격적인 뭔가가 이동하게 된다. '물'을 매개로 해서 불확정한 가치가 움직인다. 여기서 '물'과 계산이 정확히 일치하고 등가되는 교환가치는 철저히 배제된다.

우리 주변을 둘러봐도 선물 증여행위는 끊임없이 이루어지고 있다. 백화점에서 구입한 초콜릿은 점원과 나와의 물(상품)과 물(화폐)

> **▶▶ 증여와 교환의 원리**
>
> 친한 친구에게 정성이 담긴 선물을 주는 경우를 생각해 봅시다. 백화점 같은 곳에서 산 상품을 선물하는 경우라도, 우리는 주의 깊게 가격표를 뗀 다음에 다시 예쁘게 포장해서 상품으로서의 흔적을 가능한 한 제거하려고 합니다. 이것은 교환원리의 지배를 받는 것이 아니라는 신호를 보내는 셈이지요. 게다가 선물의 가치는 불확정한 상태로 놔둘 필요가 있습니다. … 선물에는 반드시 답례가 따르게 마련인데, 이 경우에도 교환의 경우와도 전혀 다른 원리가 작용합니다. 선물을 받고 바로 그 자리에서 답례를 하는 것은 실례입니다.
>
> —나카자와 신이치(中澤申一), 『사랑과 경제의 로고스』(2003)

의 가치교환이지만 가격표를 떼는 순간에 물(物)은 인격으로 체화되어 '물의 인격화' 또는 물과 인격이 결합되는 제3의 '중간적 대상'이 된다.

어찌 보면 추석이나 설 같은 명절, 어버이날, 어린이날, 발렌타인 데이와 화이트 데이, 크리스마스, 개인들의 수많은 생일들은 선물이라는 증여의 원리가 작동하는 날이다. 이런 날은 굳이 상업적 마케팅을 거론치 않더라도 상품사회가 단연 활기를 띠게 된다. 1년 365일 수많은 교환가치의 상품들은 가격표가 떼어지는 순간부터 불확정한 가치를 띠면서 물적 인격체로 전환하여 선물과 증여의 호혜적 회로망으로 흘러가게 된다.

시장교환의 배후 속에는 여전히 증여와 반례의 연쇄고리가 작동한다. 교환과 증여는 시장경제와 비시장경제의 대립이 아니라 심층구조에서 서로 연결고리를 맺고 있는 것이다.

사람과 사람이 교통하고 물(物)에 인격성을 부여하는 증여의 순환회로가 고갈될 때, 자본주의 상품시장은 물론 사회의 건강성도 위기에 빠질 수 있음이다. 하우는 아직도 풍요의 자원, 인간과 인간의 영적 흐름, '물'의 인격화의 배후에 존재하는 힘이랄 수 있다. 나카자와 신이치의 표현대로 사랑과 경제, 돈과 사랑, 교환과 증여는 전체로서 함께 묶이어 움직여야 하는 로고스(logos)이다.

그렇다고 선물증여와 상호성이 언제나 사회를 행복으로 이끌지는 않는다. 선물이 선물이라는 최소한의 형식을 벗어난 순간에 우리는 비극으로 빠져든다.

선물이 순환과 쌍방향성을 상실하면 하우는 증여의 덫을 만든다.

호혜적 증여에서 답례를 하지 못할 경우에 평등·우애·연대의 관계
는 깨진다. 반례의 의무가 해소될 때까지 증여는 부채이며 개인들간
의 관계는 불균형상태에 빠진다.

강자가 약자에게 보내는 증여는 일방적 채무관계를 발생시켜 인격
적으로 예속되고 채무노예로까지 진전된다. 니체의 표현대로 증여의
일격이며 상대방에게 부채를 주고 부채를 짊어지게 하는 메커니즘이
다. 또한 현대사회에서 거꾸로 약자가 강자에게 일방적으로 증여하
는 선물은 뇌물과 부패를 낳는다.

선물은 사랑을 싣고 그 누군가에게 되돌려줘야 하는 순환성을 가
져야 한다.

이 세상에 공짜는 없다.

14

얍 섬의 돌 화폐

남태평양의 외진 필리핀군도와 그리 멀지 않은 미크로네시아연방공화국에는 4개의 도서지역으로 구성된 얍(Yap) 섬이 있다. 지금이야 달러가 통용되지만, 흔히 얍 섬은 돌로 된 화폐로 널리 알려져 있다.

이 섬에서는 금속이 생산되지 않는다. 그러다 보니 돌을 다듬고 가공하여 만든 물건이 훌륭한 가치를 지니게 되었다. 교환수단으로서 화폐 역시 석회석 돌을 정성스럽게 가공한 것이다.

> **▶▶ 얍 섬의 돌 화폐**
>
> 페이(Fei)라고 불리는 얍 섬의 돌 화폐(石貨, stone money)는 가운데 구멍이 뚫린 둥근 모양의 도넛이나 맷돌 형태로 되어 있다. 작은 것은 지름 20cm에서 큰 것은 4m에 이르기까지 크기가 다양하며 현재 1만 2천 개 정도가 있다.

하지만 얍 섬의 돌 화폐는 워낙 무거워 갖고 다니거나 운반할 수도 없어서 길가나 어느 집 마당에 그대로 놓여 있다. 어떤 사람이 배 한 척을 사고 나서는 "이제 저기 있는 돌은 당신 것입니다"라고 말하면 그것으로 거래는 끝이다. 돌 화폐는 이동하거나 움직이지 않는다. 새 주인은 돌 화폐의 위치가 어디에 있든 그 돌이 자기 것이라고 인정만 받으면 될 뿐이다.

한 번은 이런 일도 있었다. 인근 마을에 대대로 큰 재산을 가진 부자가 살고 있었다. 이들 재산은 바닷속에 가라앉아서 어느 누구도 보거나 만져보지 못한 페이로 되어 있다.

먼 할아버지의 조상이 옛날에 거대한 페이를 운반하다가 폭풍우를 만나서 할 수 없이 돌 화폐를 바닷속에 빠뜨려야 했다. 배에 함께 탔던 사람들은 마을로 돌아와서, 정성들여 쪼아 만든 돌 화폐를 바다에 빠뜨렸다는 것을 증언하였다. 마을사람들 역시 바닷속에 가라앉은 돌의 시장가치를 인정해 주었다. 이렇게 해서 바닷속에 가라앉은 페이는 길거리에 있는 페이와 똑같은 구매력을 갖게 되었던 것이다.

만약에 큰 부자가 커다란 집을 구입한 뒤에 "바닷속에 있는 페이가 당신 것이오" 하고 말하면 거래는 그것으로 성사된다.

도대체 어떻게 맷돌 모양의 돌이 화폐로서 기능을 할까? 우리의 상식으로는 의문을 갖지 않을 수 없다.

1930년대에 미국은 대공황으로 달러가치가 추락하고 있었다. 프랑스는 자국이 보유한 달러자산도 가치가 하락할 것을 염려하여 미연방은행에 모두 금으로 바꿔줄 것을 요구하였다. 당시 금본위제도에서 달러는 금과 서로 교환이 가능한 태환지폐였기 때문에 가능했다. 프랑스는 달러로 태환한 금괴를 마땅히 자국으로 옮겨야 했지만 그것은 거추장스럽고 위험한 일이었다. 프랑스 정부는 금을 미연방은행의 지하금고에 보관하되 계정을 달리하고 프랑스 자산이라고 표시만 해달라고 부탁했다.

얍 섬의 돌 화폐처럼 프랑스 금괴도 다른 곳으로 운반되지 않았다. 미연방은행의 금고에 그대로 있되 프랑스 것이라고 인정만 받으면 그것으로 끝난 것이다.

돌 화폐가 바다에 누워 있든 길거리에 서 있든, 금괴가 지하금고에서 움직이지 않고 누구 것인가를 인정만 하면 되듯이, 화폐는 결국 사회적 약속에 지나지 않는다. 더구나 현대화폐는 금과도 태환할 수 없고 예전의 금화처럼 그 자체로서 소재의 유용성도 가지지 못한다. 오로지 화폐로 쓰자고 하는 약속, 믿음, 신뢰에 그것을 보증하는 국가적 권위가 부여될 뿐이다.

국가보증과 약속이 깨진 화폐는 길거리에 버려진 담배꽁초만도 못하다. 제2차 세계대전에서 패전한 독일의 화폐가 그랬다. 패망한 나라의 화폐는 권위와 신뢰를 상실했고 시장이 통제된 물자 배급제도에서 마르크화로 구입할 수 있는 물자는 아무것도 없었다. 실제로 독일에서는 휴지로도 쓸 수 없는 지폐와는 달리, 보유가치가 있던 담배가 교환 매개체로 많이 사용되었다. 담배꽁초는 회수되어 소중히 간직되었다.

그러나 이때 베를린에 주둔했던 미군들은 독일인과 입장이 전혀 달랐다. 미군사령부 근처 골목에 있는 남자화장실의 벽 안쪽에 인쇄물 하나가 붙어 있었다.

"담배꽁초를 변기에 넣지 마시오!"

그 밑에다 어떤 생각 깊은 미군병사가 이렇게 써놓았다.

"물에 젖어서 피우기가 힘들어집니다."

어쨌든 화폐는 사회적 약속과 믿음이자 힘과 권위의 상징이다.

얍 섬에서 거래는 화폐의 이동이나 모양과 상관없이 약속에 대한 신뢰가 절대적이다. 얍 섬의 주민들은 돌 화폐를 통해 서로의 재화를 주고받고 거미줄의 망처럼 신뢰와 믿음을 나눠 갖게 된다. 얍 섬의 내부에서 돌 화폐는 강력한 공동체의 상징이기도 한 것이다.

시장교환의 바깥에서 작동하는 지역화폐

돌 화폐는 달러와 교환되지도 않으며 오로지 얍 섬의 내부에서만 통용된다. 이것을 거꾸로 말하면 달러가 내부로 들어와서 얍 섬의 상가와 건물을 살 수 없다는 이야기다. 돌 화폐가 외부 화폐의 내부 침투를 막아낸다는 것을 의미한다.

이런 돌 화폐를 지역화폐(local currency)라고도 부른다. 지역화폐는 누구든지 생산이 가능하고 화폐를 발행할 수 있다. 이런 지역화폐가 레츠(LETS, Local Exchange and Trading System)의 기본 구상으로 발전하여 전세계에 확산되고 있다.

레츠는 시장거래에 수반되는 화폐가 필요하지 않다. 지역주민들이 회원으로 가입만 하면 누구나 자신이 제공할 수 있는 서비스나 물품에 관한 목록을 받게 되고 각자의 계좌현황을 정기적으로 통보받게 된다.

나는 취미로 목각인형을 깎고 있으나 시장에서 돈 받고 판매할 정도의 프로는 아니다. 그런데 이런 서투른 조각의 목각인형이 누군가에게 필요할 수 있다. 레츠 시스템에서는 목각인형을 구입한 회원의 경우 자기 계정에서 일정 단위만큼의 지역화폐를 지출하면 된다.

내가 제공할 수 있는 재화와 서비스, 예를 들어 어린이 봐주기, 어학교습, 텃밭 가꿔주기, 피아노교습 등의 서비스를 일정한 센터에 제공하면 거기에 등록되고 내 계정에 화폐(명칭을 붙이는 것에 따라 그린 달러, 타임 아워, 품앗이 등)의 단위 액수가 올라간다. 내가 다른 사람의 서비스와 재화를 구입하고 싶다면 내 계정에 있는 화폐를 제공하면 된다. 반드시 모든 재화와 서비스가 시장에서만 교환되지는 않는 것이다.

레츠에서 돈은 실제로 사용되지 않고 다만 물품이나 서비스를 주고받는 내역에 따라 계좌에 마이너스와 플러스가 기록되지만 이와 상관없이 거래를 계속할 수 있다.

계좌가 마이너스로 된 사람의 경우, 노동시장에서는 화폐로는 교환될 수 없는 일, 예를 들어 노인에게 책을 읽어주거나 텃밭 일을 돕는 매우 간단한 일도 목록에 올려 원하는 사람에게 제공할 수 있다.

레츠 운동에서는 누구에게나 잠재된 기술과 일, 서비스 등이 시장교환의 바깥에서 거래될 수 있다.

시장사회의 원리란 이윤동기와 화폐획득의 과정 속에서 재화와 서비스가 거래되는 시스템이다. 실업자들 역시 이러한 시장시스템의 경쟁에서 탈락한 사람들이다. 실업자는 더 이상 시장에서 화폐와 교환되는 거래과정에 참여할 수가 없다. 그것은 실업자들에게 (중앙)화폐가 부족하기 때문이다. 이런 시장사회와 달리, 레츠는 상품교환

▶▶ 누구나 지역화폐를 발행할 수 있다

언젠가 나는 일본의 학회에서 지역화폐의 예로 다음과 같은 이야기를 들려주었다.

IMF사태로 인해 아버지가 실직을 하고 분식집을 하면서 힘들게 살아가고 있는 어느 가정의 일이다. 그 집에 딸이 있었는데 아버지의 생일선물을 사야 했지만 돈이 없었다. 지난해까지만 해도 용돈도 넉넉하여 백화점에서 아버지의 생일선물을 살 수 있었지만, 이제는 그럴 형편이 못 되었다.

생일날 아침에 딸은 아버지에게 봉투 하나를 선물하였다. 그것을 꺼내본 아버지의 눈가에는 이슬이 맺혔다. 봉투 안의 작은 쪽지에는 이렇게 씌어 있었다.

아침에 구두 닦아드리기(2회)

라면 끓여드리기(5회)

아빠 안마해드리기(10회)

딸은 자신이 할 수 있는 일을 가지고 아버지에게 화폐를 발행한 것이나 다름없다. 바로 이런 것이 아파트단지 전체로 확산되어 통용될 수도 있다.

이 아니라 지역공동체의 호혜성을 기반으로 해서 움직인다.

지역화폐는 특성상 가까운 지역과 공동체 커뮤니티의 영역에서만 통용된다. 이런 화폐는 얍 섬의 돌 화폐처럼 마을과 지역의 공동체 정신을 통합시켜 주는 중요한 구심점이 될 수 있다.

모든 것이 반드시 시장을 통해서 국가가 발행한 화폐만으로 교환되지 않는다. 사람들의 호혜성과 공동체 정신만 있다면, 시장 밖에서 우리가 할 수 있는 일만 가지고도 우리는 서로를 도울 수 있다.

15

시장골목의 미학

오랫동안 알고 지내던 선배가 남문시장 현대옥에서 처음 콩나물국밥을 먹고 와서는 참 맛있더라고 자랑을 한다. 가끔씩 통음을 하는 사이인지라 그 맛이 어떠했을지 가히 짐작이 가는 일이었다.

"저는 거기 다닌 지 좀 되었는데요!"

"아, 그러면 나한테 진작 알려주지 왜 그랬어?"

객지에서 온 손님 아니고서야, 이른 아침에 누가 되었든 무작정 해장하자고 전화할 수도 없는 일이다. 게다가 또 그럴 만한 이유도 있었다.

"선배님은 지저분한 것 싫어하지 않습니까?"

"무슨 소리, 맛만 있던데!"

그후 한동안 그 선배는 일요일 아침이면 가족들과 함께 콩나물국밥을 먹고 남문시장에서 채소며 약초 등 시장을 봐오기도 하였다.

재래시장이란 것이 원래 깔끔한 것과는 거리가 멀다. 사람들의 왕래가 잦고 통로에 내놓은 물건 때문에 걷기도 쉽지 않다. 축축한 생선가게를 지나서, 다듬다가 내어버린 푸성귀까지 밟고 지나가노라면 지저분한 느낌마저 올라온다. 내가 항상 다니는 국밥집 통로는 몸을 반절쯤 비켜야 들어갈 수 있다. 거기에는 젓갈 냄새가 배어 있고 바닥에는 골판지가 깔려 있으며 돼지머리 누르는 기계가 삐죽이 길 옆으로 나와 있다.

현대옥도 오래된 시장의 모습을 벗어나지 못한다. 찌그러진 솥에다 밥은 소쿠리에 수북이 쌓여 있고 바닥은 김을 먹느라 벗겨낸 비닐 조각으로 푹신하다. 그런데 시장골목을 처음 가는 사람은 어떨지 몰라도 매번 가는 사람은 외려 정겹다.

시장은 조금 지저분해야 편하다. 거기에 살아가는 정겨움이 있고 옛날 우리 어머니의 손맛이 담겨 있다. 시장에 와서 깨끗함을 원하는 사람이 오히려 이상하다. 깨끗한 것을 찾다가 막상 소중한 것을 놓칠 수가 있다.

지저분함 속에 감춰진 따스함

일단 지저분하거나 더럽다는 표현은 문화적 차이에서 오는 것 같다. 프랑스의 길거리에는 꽁초가 널려 있는데 그것을 지저분하다고 하지 않는다. 담배꽁초는 밤새 국가가 치워준다. 국민이 기꺼이 피다 버린 즐거움의 잔해를 국가는 치워줄 의무가 있기 때문이다. 그래서인지 프랑스의 레스토랑에서도 담배 피우는 사람은 가장 전망이 좋은 창가로 안내해 준다.

어떤 사람은 동남아시아의 몇 개 국가를 돌아보고 와서는 더럽다고 고개를 절레절레 내흔든다. 수세식 화장실만 사용해 본 어린이가 시골 외갓집의 측간이 더럽다고 할 때는 철이 없어서 그런가 보다 하지만 어른이라면 문제가 달라진다. 거기에는 문화적 오만과 편견이 개입되어 있기 때문이다.

나와 다르다고 해서 더러울 수는 없다. 서로간의 차이를 인정하고 상호간에 이해하려는 노력이 있어야 한다. 공자 말씀으로는 화이부동(和而不同)이다.

얼굴 하얀 백인은 자기와 다른 색깔의 유색인종을 더러운 것으로 간주하고 우월감을 가진다. 얼굴색깔이 짙을수록 그에 대한 백인들의 수탈은 더했을 것이다. 거꾸로 백인들의 깨끗한 피부(?)에서 탐욕이 발견되는데 이것이 오히려 더러움(?)일 수 있다.

더럽다고 하는 것은 문화적 오만이며 자민족 중심주의의 편견이다. 아프리카를 아프리카라 부르지 않고 또 아시아를, 아메리카 인디언을 더러운 미개종족으로 불렀을 때 수탈의 역사는 시작되었던 것이다.

1960년대에 베트남전쟁이 시작되었다. 미국병사들은 베트남에 와서 질겁하였다. 메콩강 주변의 사람들이 그냥 강 주변에다 똥(이 단어는 糞, 떵 dung, 큰 것 등이라고 표현할 정도로 더러운 것이 아니다)을 싸고 있었던 것이다. 미군병사들은 급한 대로 화장실을 만들어서 똥을 쌌다. 그런데 오히려 더 심각한 문제가 발생했다. 화장실 내부는 응달진데다 덥고 습기도 많아서 온갖 지저분한 것이 더 생겼던 것이다.

메콩강 주변 사람들이 강가에 싼 똥은 어떻게 되었을까. 그 똥은 뜨거운 태양 아래서 단단하게 굳는다. 그러다 오후 2~3시에 쏟아지는 스콜과 함께 쓸려나가 강물에 풀어졌다가 다시 인근의 논밭으로 넘쳐흘러 훌륭한 거름이 되었다. 자연의 순리에 따라 모든 것이 정화되고 다시 인간에게 생명력으로 되돌아온 것이다.

미군병사들이 보았던 더러움은 바로 자연과 사람이 함께 일궈온 베트남의 문화였다. 청년들에게는 선진국에 가서 배우는 것도 중요하지만 이왕이면 고생스럽더라도 세계의 오지를 배낭여행하라고 권유한다. 내가 과연 오지에서 무엇을 개척하고 무슨 일을 할 수 있을 것인가도 연구해야 한다. 진짜로 세계는 넓고 할 일은 많다.

> ### ▶▶ 불결함 속에 감춰진 따스함
>
> …처음에 나는 독일의 열차 시스템에 경탄을 금치 못했다. 모든 게 편의와 안락을 위해 잘 설계되어 있었다. 시간표는 또렷하게 인쇄되어 역마다 곳곳에 게시되어 있고… 나는 누군가에게, 다른 여행자든 역무원이든, 그들에게 뭘 물어볼 필요를 느낀 기억이 없다. …그러다가 인도에 있는 동안 나는 여러 차례 기차여행을 해야 했다. 몇몇 신호와 안내표지들이 있었지만, 그것들은 드물기도 하지만 눈에 잘 뜨이지도 않았다. …그러나 내가 도움을 필요로 할 때마다 나타나서 나를 보살펴주는 친절한 사람이 반드시 있었다. 어떤 사람은 심지어 가지고 있던 자기의 소박한 아침식사까지 내게 나누어주었다. …도시의 외곽마다 불결한 임시변통의 거처를 마련해 놓고 떼를 지어 사는 사람들의 모습이었다. …그 따뜻한 친절과 열린 태도, 우의(友誼), 아름다움은 대부분 독일에서는 볼 수 없는 것이었다….
> —리 호나이키, 「'아니오'의 아름다움」(『녹색평론』 2001)

우리에게 배어 있는 문화적 우월감을 버리고 그들을 이해하고 배우려는 눈도 필요하다. 그렇지 않으면 그들이 좋아하는 음식의 향(香)도 혐오스럽고 만사가 더러워 보일 수밖에 없다.

가령 사회가 완벽한 제도를 갖출수록 그만큼 아름다움은 소멸되고, 그만큼 사회는 괴물스러운 것이 되며, 그만큼 덕행은 찾아볼 수 없는 것이 될 수도 있는 것이다.

"저는 시장의 하루를 사랑합니다."

콩나물국밥을 찾아 남문시장을 헤매던 나이기에 베트남에 가서도 시장골목을 들어가지 않을 수 없었다. 땀은 주룩주룩 흐르고 허름한 식탁 위에는 국수 한 그릇이 놓여 있었다. 쌀국수와 함께 무슨 기름으로 튀겼는지는 모르나 통닭 반 마리가 그 속에 담겨 있었다.

통닭은 너무 타서 거무튀튀하였다. 탄 음식을 먹으면 암에 걸린다고 하는데 차라리 모르는 것이 약이었다. 검고 주름진 얼굴을 환하게 드러내는 주인과 마주치고서는 그제야 국수 한 그릇과 통닭을 깨끗이 먹어치웠다.

세계 어디를 가든 번화가보다는 우선 시장골목을 가볼 일이다. 우리의 여행은 정겨운 남문시장이나 국밥집이나, 사람 사는 끈적함에서 출발해야 한다.

어느 날 난 아내와 함께 타이베이의 시장골목에 앉아 있었다. 마침 인터넷 사이트에서 반짝세일 하는 싸구려 티켓이 있어 훌쩍 떠나왔다. 시장골목을 요리저리 빠져나가는 뿌연 오토바이 매연을 손으로 사래질 쳤다.

삐거덕거리는 나무좌판에는 대만 사람들이 즐겨 먹는 우육면(牛肉麵)이 김을 모락모락 풍기고 있었다. 쇠뼈를 우린 말간 장국에 칼국수 사이로 쇠고기가 듬성듬성 얹혀 있고 알싸한 마늘소스에서는 이국적인 맛이 풍겨났다.

야자수 모양의 종려나무 그늘 아래서 주인부부는 정담을 나누고 있었다. 하루 일과를 마치고 땀을 훔치는 그들의 모습이 석양빛에 실려 더욱 아름다워 보였다.

어디선가 시튼(E. T. Seton)이 이렇게 말해 주고 있었다.

멕시코시티의 큰 시장 한 그늘진 구석에 포타—라모라는 나이든 인디언이 있었다. 그는 그 앞에 20줄의 양파를 매달아놓고 있었다.

시카고에서 온 어떤 미국 사람이 다가와서 물었다.

"양파 한 줄에 얼마요?"

"10센트입니다."

"2줄은 얼마요?"

"20센트입니다."

"세 줄은 얼마요?"

"30센트."

"그래도 깎아주지 않는군요." 그 미국인이 말했다. "25센트에 주실래요?"

"아뇨."

"20줄 전부는 얼마에 파시겠습니까?"

"나는 당신에게 20줄 전부를 팔지 않을 것입니다."

"안 판다고요? 당신은 여기에 양파를 팔기 위해 있는 것이 아닙니까?"

"아닙니다."

"나는 내 삶을 살려고 여기에 있습니다. 나는 이 시장을 사랑합니다. 나는 수많은 사람들과 붉은 서라피(멕시코나 중남미에서 어깨걸이나 무릎덮개 등에 쓰는 색깔이 화려한 모포)를 좋아합니다. 나는 햇빛과 바람에 흔들리는 종려나무를 사랑합니다. 나는 페드로와 루이스가 와서 '부에노스디아스!'라고 인사하고 담배를 태우며 아이들과 곡물에 관해 얘기하기를 좋아합니다. 나는 친구를 만나는 것을 좋아합니다. 이런 것들이 내 삶입니다. 그러나 내가 내 모든 양파를 한 손님에게 다 팔아버린다면, 내 하루는 끝이 납니다. 그럼 나는 내가 사랑하는 것들을 다 잃게 되지요. 그러니 그런 일은 안 할 것입니다."

−E. T. 시튼 편찬, 「인디언의 복음: 그들의 삶과 철학」

3

존 재 와 삶 , 인 간 의 경 제

二十

맹모삼천지교

중국에 가서 춘추전국시대 제나라의 수도였던 산동성 임치(臨淄)를 비롯하여 공자·맹자·손자의 생가를 돌아보고 제남(齊南)에서 "태산이 높다 하되 하늘 아래 뫼이로다"의 태산도 올라가기로 되어 있다.

여행자료도 수집할 겸 인터넷에서 공맹사상을 뒤적이고 있는데 유난히도 우리의 교육열을 반영이라도 하듯 맹모삼천지교(孟母三遷之敎)에 관한 글들이 많이 올라 있다.

어떻게든 학군이 좋은 서울 강남의 부자동네로 이사를 하는 것이나, 자식들 교육시킨다고 미국으로 이민 가서 온갖 고생을 다하는 것도 모두가 맹모삼천지교를 실천하기 위한 몸부림 아니겠는가.

어떤 사람은 맹모는 세 번이나 이사했는데 나는 자식을 위해 한번이라도 집을 옮겨야 겨우 체면이 서지 않겠냐고 한탄하는 글을 올리기도 했다. 아예 맹자의 어머니를 비난하는 사람도 있다. 처음부터 서당 옆으로 이사할 것이지 뭐 하러 공동묘지와 시장을 전전했냐며

따끔하게 맹모를 혼낸다. 물론 그렇겠지만 당시 맹모의 어려운 경제
사정을 조금은 감안해야 되지 않을까 싶다.

공동묘지의 체험은 존재에 대한 물음

아마 맹모는 처음에 집값이 매우 저렴했을 공동묘지 옆에 집을 얻었
다가 조금 돈을 모아서 시장 옆으로 이사했을 것이다. 아무래도 시장
과 가까우니 맹자 어머니도 돈을 벌기가 훨씬 수월했으리라. 그러고
나서 어느 정도 형편이 핀 뒤에는 서당과 가까워서 집값도 만만치 않
을 동네로 이사할 수 있었을 것이다.

　그럼 돈만 있으면 바로 서당 옆이나 학군이 좋은 강남으로 곧바로
이사해도 된다는 얘기냐 하면 결코 그렇지는 않다. 우선 맹모삼천지
교에 관한 대목을 정리해 보면 이렇다.

(1) 맹자가 어머니와 처음 살았던 곳은 공동묘지 근처였다. 놀 만
　한 벗이 없던 맹자는 늘 보던 것을 따라 곡(哭)을 하는 등 장사
　지내는 놀이를 하며 놀았다.

(2) 이 광경을 목격한 맹자의 어머니는 안 되겠다 싶어서 이사를
　했는데 하필 시장 근처였다. 그랬더니 이번에는 맹자가 시장에
　서 물건을 사고파는 장사꾼들의 흉내를 내면서 노는 것이었다.

(3) 맹자의 어머니는 이곳도 아이와 함께 살 곳이 아니구나 하여
　이번에는 글방 근처로 이사를 하였다. 그랬더니 맹자가 제사
　때 쓰는 기구를 늘어놓고 절하는 법이며 나아가고 물러나는 법

등 예법에 관한 놀이를 하는 것이었다. 맹자 어머니는 이곳이야말로 아들과 함께 살 만한 곳이구나 하고 마침내 그곳에 머물러 살았다고 한다.

처음부터 맹모가 의도한 것은 아니었을망정 공동묘지 근처에서 어린 맹자는 많은 것을 느꼈을 것이다. 바로 삶과 죽음의 문제이다.

당시는 혼란스러운 춘추전국시대였다. 들에는 굶어죽은 시체가 그득하고 살아 있는 백성도 굶주린 기색이 역력하였다고 적혀 있다. 매일처럼 공동묘지에는 장례행렬이 이어지고 살아남은 자들의 곡성이 구슬펐다. 곡소리를 흉내 내고 장사지내는 놀이를 하던 맹자는 비록 철이 없었다 하더라도 삶과 죽음의 문제에 생각이 미치게 되었을 것이며 그것은 무의식으로 침잠되어 훗날 자신의 사상에 중대한 영향을 끼쳤으리라.

죽음을 생각하는 사람은 언제나 착하다는 것처럼, 맹자의 성선설(性善說)도 여기서 나오지 않았을까도 생각해 본다.

메멘토 모리!(Memento Mori), 죽음을 기억하라!는 구절처럼 삶이 진정한 의미를 갖기 위해서는 죽음과 벗해야 한다. 삶은 죽음 때문에 의미를 갖는다. 죽음을 잊으면 삶마저 잊혀진다. 죽음과 삶은 하나다. 죽음을 기억하라는 메멘토 모리는 다름 아닌 삶을 기억하라는 것이다.

맹자의 삶도 어릴 적부터 곡소리를 흉내 내며 가상의 죽음을 체득하는 놀이과정에서 더욱 많은 의미를 얻었을 것이다. 맹자는 공동묘지에서 죽음을 자신과 아무런 상관이 없는, 자신의 밖에다 놓지 않고 자기 안에 두었다. 다시 맹자는 시장 옆으로 이사를 간다. 맹자의 관심도 자연스레 죽고 사는 문제에서 먹고 사는 문제로 옮아가게 된다.

시장은 물건을 사고팔고 흥정하느라 시끄럽고 별 볼일 없는 사람도 하릴없이 빈둥대며 요행수라도 있을까 두리번거리는 저잣거리이다. 이웃동네의 소식도 전해지고 각설이 타령을 구경하느라 사람들이 왁자지껄 붐비는 시장은 일종의 스트레스를 푸는 공간이다. 때로는 적당히 사기도 치고 서로 손해 보지 않으려 말다툼하고 삿대질을 해대는 등 인간의 적나라한 모습들이 그대로 드러나는 곳이 바로 시장터다.

맹자는 이곳에서 사람들이 서로 부대끼며 살아가는 모습을 보고 생존이란 문제에 대해서도 생각했을 것이다. 때로는 장사꾼 흉내를 내면서 홀어머니가 힘들게 꾸리는 가계를 도울 궁리도 도모하였으리라.

삶의 의미는 경제의 생존방식을 결정해 준다

맹자는 시장을 누비는 저잣거리의 사람들을 사랑했다. 때로 물건을 속여 파는 장사꾼의 악한 모습이라도 그것은 인간의 본성이 아니라고 보았다. 그렇게 사람들과 접하면서 백성이 가장 귀하며 국가의 근본이라는 것을 느꼈을 터이다. 맹자는 양혜왕에게 백성의 마음을 잃으면 천하를 잃는 것과 같다고 충고하였다.

맹자는 다른 사상가보다 유독 경제에 관심이 많았다. 일반 백성들은 생활의 근거를 갖고 있어야 마음이 변치 않고 선한 길을 계속 갈 수 있다고 하였다.

안정된 생업[恒産]이 없으면서도 안정된 마음[恒心]을 품는 것은 오직 선비에게만 가능한 일이고, 백성으로 말하면 안정된 생업이 없으면 안정된 마음도 없는 법입니다. 그런데 안정된 마음이 없으면 방탕하고[放] 편벽되고[辟] 사악하고[邪] 사치한[侈] 짓을 하지 않을 수 없습니다. 그리하여 이들이 마침내 죄를 저지르게 한 다음 좇아서 처벌한다면 이것은 백성을 그물로 옭아서 투옥시키는 짓입니다. ─「맹자」 양혜왕 상편

바로 항심(恒心)은 항산(恒産)에서 나오는 것이니 백성들에게 일자리를 많이 만들어서 그들이 생활을 지속할 수 있도록 해주는 것이 임금의 최고 도리라고 보았다. 시장 근처에서 맹자는 그렇게 생각을 키워나갔다.

마침내 맹자는 서당 옆으로 세번째 이사를 하게 된다. 맹자가 서당에서 배워 흉내 냈던 놀이는 조상들에게 절하거나 나아가고 물러가는 등 격식을 갖추는 예법이었다. 예법의 터득은 어느 사회든 상류사

맹자는 공동묘지에서 사느냐 죽느냐(To be or not to be) 하는 삶과 죽음의 존재문제를 깊이 가슴에 넣었다. 배곯고 병들어 이승을 떠나는 죽음은 어린 가슴에 슬프고 깊이 각인되었을 것이다. 시장에서 치열하게 먹고 사는 생존의 문제를 거쳐 마침내 맹자는 서당으로 들어갔다. 아마도 거기에서 '의미 있게 사느냐 죽느냐'(To live or not to be) 하는 삶의 진정한 의미를 놓고 고민하였을 것이다.

회로 진입하기 위한 매너훈련이다. 이런 훈련 정도는 해야 전국시대의 제후를 만날 수가 있다. 하지만 보다 중요한 것은 맹자가 공동묘지와 시장을 거치지 않았다면 단순히 과거공부만 하였을 것이고 오늘날 유가(儒家)를 대표하는 사상가가 되지는 못했을 거라는 점이다.

삶과 죽음의 노정에서 단지 존재하는 것만으로 우리는 산다고 말할 수 없다. 무엇을 위해 살 것이며 존재의미가 무엇인가를 깨닫는 삶이어야 한다.

삶의 의미는 내가 무엇 때문에 먹고 살아야 하는가라는 경제의 생존방식을 결정해 준다. 다시 말해 먹고 사는 물질적 욕구의 충족방식은 인간의 존재의미에 따라 규정되어야 한다는 것이다. 삶의 의미는 죽음에 대한 우주관, 물질적 생존방식과 전체적으로 연결되어 우리의 총체적인 존재양식을 규정한다.

지금은 거꾸로 되었다. 공부하고 배우는 모든 일이 물질적 충족과 치열한 경쟁에 예속되고 있으매, 맹자도 다시 한탄할 일이다. 맹모의 삼천지교는 우리에게 진정으로 의미 있는 교육이 무엇인가를 알려주는 것이다.

어디 세 번씩 이사하는 교육과정뿐이랴. 여기에는 오늘날 가장 각광받는 교육방법도 녹아들어 있다. 바로 놀이와 게임을 통해 서로 역할을 달리하는 역할놀이(role play)이다.

맹자는 장의사 놀이를 하고 망자를 떠나보내는 애절한 상부(喪夫)의 역할도 하였다. 물건을 팔고 가격을 흥정하는 장사꾼 놀이도 하면서 실물경제를 익히고 사람들의 심리도 읽었다. 서당 옆에서 제사지내는 놀이도 하고 사람 만나는 예법 연습도 하였다. 공부와 놀이가

서로 결합되면서 책으로 얻을 수 없는 경험적 지식을 몸에 익혔던 것
이다.

오늘날 일과 놀이가 결합되고 공부와 놀이가 호환되는 교육이 필
요하다고들 한다. 우리가 창의적인 인간을 양성하고자 한다면 학습
과 여가, 놀이를 구별하는 의식과 태도부터 바꾸어야 한다는 지적은
새삼스러운 것이 아니다.

학생들이 어릴 적부터 귀 따갑게 듣는 것은 "공부 않고 노느냐!"는
말이다. 덕분에 논다고 하는 행위는 매우 나쁜 것이 되었다. 놀이하
는 인간의 호모 루덴스를 굳이 거론하지 않더라도, 놀면서 공부하는
것이야말로 디지털 사회를 주도하고 문화를 창조하는 인간유형의 모
델이다. 맹자는 그렇게 교육을 받았다. 그리고 나는 그러한 가설을
확인하러 제(齊)나라로 떠난다.

02

유목민, 그 매혹적인 이름

경제학은 우리를 행복하게 만드는가? 좀처럼 대답하기 어려운 질문이다. 데이비드 스미스(David Smith)의 『공짜 점심: 점심시간에 읽는 경제학』에서도 딱히 결론을 내리지 못하고 돈으로 만들어진 행복은 오래 가지 못한다는 당위성만 내놓고 있다. 이 책은 사회·경제 현상을 다양하게 접근하기 위해 여러 조사자료를 제시하고 있다.

스미스의 조사에 따르면, 영국에서 가장 행복한 근로자는 교육수준이 높지 않고 일에 대한 기대가 낮은 사람들이었다. 가장 만족하지 못하는 사람들은 대학을 나온 고학력자였다. 학력 콤플렉스가 만연한 우리와는 사정이 사뭇 다르겠지만 비영리단체에서 일하는 사람들이 자신의 일에 가장 크게 만족한다는 대목은 어느 정도 공감이 간다. 아마 이들은 무언가 보람 있는 일을 한다고 느끼기 때문일 것이다.

일본에서 불편한 노인을 보살피는 사회복지단체 소속의 청년들은 참으로 행복을 느낀다고 말한다. 월급은 비록 적더라도 매일같이 감사하고 고맙다는 노인들의 인사를 그곳말고 어디서 받을 수 있을 것인가. 만약 회사에 다니고 있었더라면 상사한테 꾸중 듣고 짜증만 나는 인생이었을 것이라며 일본 청년은 행복한 웃음을 짓는다.

디지털로 세상은 넓어지되 미래사회는 점점 불확실해지는 시대에, 청년들의 삶의 양식에도 미세하나마 새로운 바람이 불고 있는 것 같다.

때마침 내가 관여하는 스터디 그룹에서 현대철학과 욕망이론을 공부하고 있었다. '공상가가 직업이 되는 세상'이라는 칼럼의 내용이 주제와 연결되는 것 같아서 발표시간에 나눠주었다.

엉뚱할지 모르겠으나 내가 하고 싶었던 이야기 주제는 '아버지와 아들'이었다. 그렇담 여기서는 당연히 프로이트와 더불어 현대철학에서 들뢰즈(G. Deleuze)와 가타리(F. Guattari)를 짚고 가지 않을

…21세기의 대표적인 문화적 코드로 떠오른 것이 신유목민 세대이다. 이들은 유목민처럼 정규직을 거부하고 주거도 직업도 일정하지 않게 떠돈다. 가족도 때에 따라 변한다. 동성이건 이성이건 나이 차가 있건 없건 뜻이 맞는 친구 등과 함께, 혹은 혼자 떠돌며 가변적인 삶을 산다. 직업이란 단순히 생계를 유지하기 위한 수단만은 아니었다. 그것을 통해 사회적 관계를 갖고 소속감을 느끼며 안정감을 갖는 수단이기도 했다. 그러나 인터넷의 발달로 노트북 하나만 있으면 세계 어느 나라에서도 소통이 가능하며 각종 커뮤니티를 통해 소속감을 느낄 수 있게 되었다. 출세니 성공이니 가족적 부담이니 하는 단어들이 존재하지 않는 해방구에서 자유롭고 창조적으로 사는 군상들이 세계적으로 늘고 있는 것이다….   -『한겨레』

수 없다.

아버지의 법과 자본주의의 금기

석기시대는 성의 욕망이 자유로운(?) 혼돈의 난혼시대였다. 누가 그 아버지의 아들인지도 몰랐다. 어린이도 때로 귀찮은 존재였다.

떠돌아다니는 수렵인에게 골치 아픈 것 중의 하나가 이동하는 데 거치적거리는 장애물이었다. 그래서 필요 이상의 것은 만들지도 않았으며 갖고 다니기에 무거운 것은 버렸다. 지금처럼 축적하거나 소유하는 것은 불가능하였다. 혼자서 몰래 감추거나 쌓아놓는 것은 공동체에서의 추방을 의미했다. 너무 어려서 걷지 못하는 아이들도 때로 식량을 축내고 거추장스러운 것이었기에 영아살해로 이어지기도 했다.

아빠, 엄마, 아들, 딸이라는 호칭이나 언어(시니피앙 signifiant, 기호표현 記標)도 없었다. 시니피앙이란 무엇인가.

언어 기호(sign)는 단독으로 의미를 갖지 못한다. 언어는 차이의 체계이기 때문에, 체계 내의 다른 기호와의 대립관계(차이)에 따라 기호의미, 즉 시니피에(signifié, 기호의미 記意)를 내포하게 되는 것이다.

빨간 신호등(시니피앙)은 단독으로 의미를 갖지 못한다. 다른 파란 또는 노란 신호등과 함께 교차로에 세워짐으로써 비로소 '멈춤'이라는 의미(시니피에)를 내포하게 된다.

언어는 사물을 따라다니는 단순한 이름이나 기호표시가 아니다.

언어가 있음으로 해서 사물이 존재하는 것이다. 언어가 없으면 존재 또한 없다. 아버지라는 언어가 없으면 아버지가 존재하지 않는 것도 매한가지다.

언어 또는 시니피앙은 존재를 부여하고 그것이 내포하는 의미와 상징(시니피에)들은 구조화된 어떤 질서와 그 나름대로의 세계를 이루고 있다.

이모, 엄마, 고모의 호칭으로 불리는 언어체계의 차이를 통해 '나'는 기호들의 체계로 표현되는 관계 속으로 들어가게 된다. '이모'라는 호칭 하나로 나와 이모의 관계, 나를 둘러싼 주변 친족관계의 질서가 어떤지 바로 드러나게 된다.

난혼시대의 근친상간은 나와 이모가 아내의 관계도 될 수 있음이며, 언어호칭의 혼돈은 하나의 질서화된 친족관계 또는 사회적 질서가 와해된다는 것을 뜻한다.

어떤 계기를 통해 카오스(chaos)는 코스모스(cosmos, 질서)로 옮아가게 된다. '하지 마라!'고 하는 근친상간의 금기(incest taboo)는 혼돈스러운 성의 욕망 코드에 질서를 부여하였다. 씨족은 점차 분화되고 대가족으로 갈라졌다.

마침내 아버지, 어머니, 아들이 구분되면서 일부일처제의 가족단위로 진입하게 되었다. 자유스럽고 무질서한 성적 욕망과 충동도 가정이라는 상자 속에 가둬지게 된 것이다.

원초적 충동은 가정의 틀 속에 가두어져 버리고 아버지 · 어머니 · 자식이라는 삼각형의 욕망으로 묶이었다. 자본주의는 홈 스위트 홈!을 외쳐 불렀으며 가정의 울타리를 넘어서는 성의 욕망은 금기시되었다.

어머니라고 하는 우주의 품안에서 떨어져 나온 아들은 여전히 어머니와 합일하기를 원한다. 그렇지만 이것을 방해하는 사람으로서 아버지가 등장하게 된다. 처음에 아들은 아버지에게 적대감을 가졌으나 곧 이어 가책을 느끼게 되는 오이디푸스 콤플렉스를 겪는다. 라캉(Jacques Lacan)의 설명대로 아버지와 아들이라는 호칭의 언어체계에서 차이와 질서를 발견하여 마침내 아버지의 권위에 복종하게 된다.

여기서 아버지라는 시니피앙의 기표(記標) 체계는 사회적 질서와 법률 등의 외부적인 것과 연결되어 있다. 아버지는 곧 사회질서와 윤리도덕이었다. 아버지를 뛰어넘는다는 것은 여전히 금기사항이며 그것을 어긴다는 것은 가정과 사회에서 매장되거나 죽음을 의미하게 되었다. 그래서 아버지에 의한 욕망의 억압과 금기는 문명화된 인간질서의 출발점이 되는 것이다.

금기를 깨고 현재의 세계질서를 뛰어넘는 자유는 곧 죽음이었다. 자신의 아버지를 죽이고 근친상간을 피하지 못했던 오이디푸스 대왕이 자신의 두 눈을 찌르고 황량한 모래사막을 방황하는 거나 마찬가지였다.

수많은 아들들은 아버지들의 삶을 묵묵히 이어가고 있다. 자본주의가 경계선을 그어놓은 어느 한곳에 정주하여 가정이라는 영토(territory)를 만들어가고 있다. 아내를 성적으로 독점하고 재산을 모으며 아들딸을 키워낸다. 때로 어디론가 훌쩍 도망가거나 직장을 때려치우고 싶지만 내가 쌓아놓은 가정의 영토를 탈출할 수가 없다.

아버지의 법과 질서로 상징되어 내면화된 '나'는 어른이 되어 한 가정을 이끄는 노동자가 되어도 자본주의 빗장을 부숴버린다는 것은 여전히 금기에 속한다. 아버지의 법과 자본주의의 금기는 뛰어넘을 수 없는 내 욕망의 숙명이다.

숙명을 탈주하는 오늘의 유목민들

자본주의는 가정(아내의 성적 독점과 자식들)을 지키기 위한 아버지들(노동력과 사회적 질서, 욕망의 일탈과 금기탈출 등을 밖에서 언제나 감시하는 커다란 타자)의 눈물어린 욕망억압과 노동력 위에서 지탱되어 왔다.

그런데 어느 날 느닷없이 잘 나가던 젊은이가 모든 것을 때려치우고, 주방에서 마늘 까는 것에 행복을 느끼고 돈만 조금 생기면 훌쩍 배낭여행을 떠나버리는 수렵채취의 유목민으로 등장하게 되면, 자본주의는 곤란한 문제에 부딪힌다. 결혼을 하더라도 늦게 하고 아이 낳는 것도 세상을 떠도는 데 거추장스럽다고 느끼고 가정과 영토를 벗어나서 탈코드와 탈영토화하는 것은 자본주의의 빗장을 부수는 일과 같다.

자본주의에서는 욕망이 가정의 울타리 속으로 억압되어야 하며 그 대신 자식을 낳고 돈 버는 쪽으로 분출되어야 코드가 맞는다.

"출세니 성공이니 가족적 부담이니 하는 단어들이 존재하지 않는 해방구에서 자유롭고 창조적으로 사는 군상들이 세계적으로 늘고 있는 것이다…."

이제 탈주하는 자본주의 문명이다. 우리들의 아버지는 과거의 모든 것을 짊어지고 한 푼이라도 쌓아놓으려 하는 적분형 인간으로서 일종의 파라노이아(paranoia, 편집증형)였다. 이제 그것을 벗어던지고자 하는 신유목민들은 스키조프레니아(schizophrenia, 분열증형)로서 자기가 서 있는 시점을 항상 제로로 만드는 미분형이다.

들뢰즈와 가타리는 『천 개의 고원』에서 유목론과 함께 미분형적 인간에 주목한다. 그것은 도망치는 사상이다. 정주(定住)적인 발상을 넘어서 항상 새로운 대지를 찾아 경계 쪽으로 움직인다. 이제 우리는 여기서 수많은 인간의 삶의 방식이 있으며 그것을 순간순간 파악해 나가는 다양한 개체화가 있다는 것을 보게 된다.

"유목주의는 새로운 삶을 탐사하는 사유의 여행이다. 그러나 그것은 불모가 된 땅을 버리고 떠나는 이주가 아니라 거기에 달라붙어 새로운 생성의 지대로 만들려는 실험이다."

이렇게 노마디즘(nomadism)을 설명하는 이진경은, 들뢰즈와 가타리의 유쾌한 철학적 유목을 해박하게 풀어내는 『노마디즘 2』에서 정착민과 유목민의 삶을 이야기한다.

정착민은 자신이 살던 곳이 황폐해지면, 그래서 더 이상 이용하기 힘들게 되면 그곳을 버리고 떠납니다. 이주와 이동. 그러나 유목민은 자신이 살던 땅이 황폐해진다고 해서 버리고 떠나지 않습니다. 거꾸로 거기에 달라붙어 거기서 사는 법을 찾아냅니다. 사막이나 초원처럼 황폐해진 땅에서 살아가는 방법을 찾아내는 것이고, 그게 바로 유목이라는 겁니다. 필요한 것을 찾아 이동하면서, 그 사이에 다시 황폐한 곳에서 다른 삶의 조건이 생성될 여유를 주는 것이 유목의 이유겠지요.

나는 아버지의 영토를 물려받는 삶이었지만 내 아들로 다시 이어지는 삶일 수 없다. 영토를 벗어나지 못하는 적분형 인간으로서의 아버지와 아들이 아니다.

아들이라는 존재는 오늘날 현재 서 있는 개체로서 세상 모든 것과 마주하고 대하며 항상 제로의 시점에서 어디든 훌쩍 떠나는 그런 유목민일 뿐이다. 그렇지만 그런 아들을 바라보는 부모들의 심정을 헤아리기는 어렵지 않다. 유학을 보냈더니 요리를 배우고 와서는 하루 종일 파만 썰어도 행복한 딸을 보는 부모의 마음은 비통할 뿐이다.

이제 부모들도 그런 욕망을 버려야 된다. 버리지 않을 수 없다. 젊은 날의 꿈도 아스라해지는 사오정(40~50대)의 나이에 그냥 적분형처럼 살다가 해고당해서 삶의 미아가 되느니, 일찍부터 틈새를 찾아서 즐겁고 행복한 일을 하도록 버려두어도 좋다.

우리는 아버지와 아버지의 삶을 따르기 위해서 영어와 컴퓨터, 고시 공부에 매달리고 있다. 그렇지만 오늘 수렵채취인과 신유목민에게서 우리의 또 다른 삶이 진행되고 있다.

　　문득 아들이 여름 한 달 동안 중국의 오지인 신장 위구르 지역에서 배낭여행하며 보낸 이메일이 떠오른다. 그곳 위구르 지역은 사막이나 스텝(steppe)의 유목민 땅이었다. 중국 PC방의 컴퓨터에 한글자판이 없어 영어자판에 그대로 입력해 보낸 것이었다.

dkQk wlrmadms zktmdp dlTsms rpdlaqkddp dhkdlTtmqslek
아빠 지금은 카스에 있는 게임방에 와 있습니다.
sjan dhfostlrks qjtmfmf xktj rmfjswl cpfurdl aksl Ejdjwls smRladlqslek…
니무 오랜 시간 버스를 타서 그런지 체력이 많이 떨어진 느낌입니다.…
하지만 젊고 건강하기에…
어제는 중국인 친구와 함께 실제로 위구르인들이 사는 집들과 아파트를 찾아가 같이 이야기하고 같이 밥 먹었습니다. 관광지가 아닌 실제 그들이 사는 모습을 카메라에 담고 같이 이야기하고 그것이 진짜 여행이 아닐까여.
dlsldptj znccu sjadjrksms rldms sjanskeh dkfmaekdnjTtmqslek
tptkddp dlfjsrhteh dlTrnsk gksms todrkrdldjTwlddjTlwdu
이닝에서 쿠차로 넘어가는 길은 너무나도 아름다웠습니다. 세상에 이런 곳도 있구나 하는 생각이 들었습니다.
durldptj djswp djelfh rkfwlsms ghkrtlfgl wjdgkwl ahygioYTymqslek
여기에서 언제 어디로 갈지는 확실히 정하지 못했습니다.
dnfmanclfh qkfhrkfwl dksla bhxksdp emffutj xkzmvvkakzks
tkakrdmf rkfhwlffj dnfmanclfh rkfwl ahfmrpTtmqslek…
우르무치로 바로 갈지 아니면 유탄에 들러서 타클라마칸 사막을 가로질러 우르무치로 갈지 모르겠습니다. …같은 방에 있는 한국 사람들과 중국인 친구는 오늘 우르무치로 떠났고 저 혼자 남았습니다.
벌써 여행한 지 20일째가 되 가고 있군여.

이런 아들에게 나는 오늘같이 불안하고 어려운 시절에 평생 유목민은 아니더라도 여기를 탈주해서 떠났다 오라고 말하고 싶다.

어떤 학생이 연구실을 찾아왔다. 지금도 시민단체에서 아르바이트를 하고 있지만 앞으로 사회사업을 하고 싶단다. 그래서 무작정 캐나다로 떠나 난민캠프에 찾아가서 자원봉사를 신청했다가 3년 만에 귀국한 사람의 애기를 들려줬다. 그 친구는 어머니의 병간호 때문에 귀국했지만 다시 떠날 준비를 하고 있다. 대체 장가는 언제 가려는지 걱정스럽지만, 오늘날 우리를 둘러싼 모든 것들이 불확실하나 그럼에도 무수하고 다양한 삶들이 '천 개의 고원'처럼 우리를 기다리고 있다는 것 또한 확실하다.

03

아직도 여자라 부르십니까?

오늘 아침 음식물쓰레기를 버리고 출근하면서 문득 우리에게 교양 필독서 『철학이야기』로 잘 알려져 있는 윌 듀런트(Will Durant)의 『역사 속의 영웅들』의 첫 대목이 생각나서 나도 모르게 피식 웃었다.

인간의 역사는 남자들의 기록이라고들 생각한다. 남자는 대단히 빛나는 존재일지 몰라도 근본적으로 따지면, 자궁이며 인간종족의 주류인 여자에게 공물을 바치는 존재다. 수많은 세월이 흐르는 동안 그는 집과 정착생활에 적응하였다. 여자들은 먼저 양, 개, 나귀, 돼지 들을 길들여 가축으로 만들었다. 그러고 나서 남자를 길들였다. 남자는 천천히 여자에게서 사회적 특질을 배워 익혔다. 가족에 대한 사랑, 친절, 절제, 협동, 공동체 활동 등이다. 이제 공동체의 생존을 위해 만들어진 자질이 미덕이 되었다. 남자들에게서 욕심 부리거나 싸움을 좋아하는 기질 그리고 아무 때라도 짝짓기 할 수 있는 사냥꾼 시절의 기질은 더 이상의 미덕이 아니었다.

야만에서 문명으로의 전환은 이렇게 시작되었다. 이날 아침에도 나는 집 안의 음식물쓰레기를 얌전히 가져다가 아파트 입구에 버리고 비닐봉투는 따로 벗겨서 분리함에다 넣었다.

어제 오랜만에 과음으로 보냈던 광기와 야만의 시간도 이제는 스러졌다. 아침 음식물쓰레기를 들고 나오는 과정(결코 누가 시킨 것은 아니다)은 어제 저녁 늦게 귀가해 와이프에게 훈육을 받고 가정화, 아니 가축화되어 얌전하고 다소곳한 남자로 되돌아가는 통과의 례였다.

여성의 가정화, 남자들의 사회적 덫

그런데 윌 듀란트의, 여자에 의해 남자가 길들여져서 문명화 과정이 이뤄졌다는 설명은 어딘가 허전한 구석이 있다. 역시 노버트 엘리아스(Norbert Elias)의 『매너의 역사: 문명화 과정』이 조금은 정교하다.

우리보다 훨씬 야만적이고 무식했던 중세의 유럽인들이 어쩌다 이렇게 세련된 모습으로 변했을까. 잔인하고 난폭한 봉건 영주와 가신들은 언제부턴가 도시 궁정사회에 편입하여 국왕의 가신이 되면서 흉측한 칼과 창을 내려놓고 섬세하고 세련된 궁정인으로 길들여졌다.

남자들은 칼과 창으로 싸움질을 하는 대신에 궁정의 커튼 뒤에서 온갖 음모와 계략으로 상대방을 제압하거나 권력의 다른 힘을 이용해 죽이기도 하였다. 세련된 합리적 문명인은 더 이상 칼과 창을 휘두르고 직접 싸우지 않게 되었다. 그냥 점잖은 체하면서 밀실과 식탁에서 온갖 계략을 꾸몄다. 다혈질의 기사들이 휘둘렀던 야만스러운 칼과 창도 식탁의 나이프와 포크로 변하였다.

여자들도 문명화 과정에서 식탁의 범위를 크게 벗어나지 못하게 되었다. 가정과 식탁 밖으로 벗어나지 못하도록 남자들이 어느새 사회적 그물망을 쳐놓았기 때문이다. 남자들은 여자들도 나이프와 포크처럼 가정의 식탁에서 조용히 제자리를 지키길 원할 따름이었다.

농경시대에 여자와 남자(거친 사냥꾼에서 얌전히 농사꾼으로 문명화된 종족)는 씨를 뿌리고 거두면서 공동체의 구성원으로 함께 도우며 살았다. 아담과 이브의 시절처럼 여자들이 남자와 함께 논밭에서 일할 때는 그가 무엇을 하는지 항상 알 수 있었다. 그러나 이제 여자들은 남자들이 밖에서 무엇을 하는지 모른다. 산업화 과정에서 남자들은 여자만 울타리에 가둔 채 사회 밖으로 진출하였기 때문이다.

가축화된 남자는 여자들의 손을 떠나 다시 사회 밖의 치열한 경쟁에 견디면서 문명화된 야만인이 되어갔다. 사회는 여자들이 모르는 오랜 세월 동안 그녀들이 가정의 울타리 밖으로 나올 수 없도록 그(his)만의 그물이 쳐지게 되었던 것이다.

어쨌든 우리에게 가정의 식탁은 언제나 즐겁다. 포크와 나이프 대신 젓가락과 수저가 딸각거리는 아침이다. 대학교에 다니는 딸아이가 말한다.

"요즘 실험실의 일이 재미있고, 교수님이 원서를 주면서 이론을 먼저 공부해야 그 실험이 옳은가, 그른가를 알 수 있다고 해서 공부하고 있는데, 재미있어요!"

여성이라 부르면 생각도 달라진다

나는 딸이 자기 일을 열심히 하면서 결혼 후에도 당당하게 사는 그런 전문인이 되길 바랄 뿐이다. 여학생들한테도 이렇게 얘기한다.

너희들 엄마가 너희들한테 꼭 한탄스럽게 한마디 하는 소리가 있는데 그게 무엇일까? 여학생들이 머뭇거리면 대뜸 이렇게 말한다. 내가 대신 대답해 주는 것이다.

"너희들은 제발 엄마처럼 살지 마라!"

대체로 그렇다고 여학생들은 고개를 끄덕인다.

어머니로서의 가정주부들도 어느 정도 나이가 들고 인생을 뒤돌아보면 허무한 생각이 들게 마련이다. 설거지에 빨래에 손에 물이 마를 날이 없고 그런 세월이 흐르다 보면 문득 인생의 의미가 무엇인지,

나라는 존재가 뭔지에 대해 회의가 들 것이다. 때로 경제권이 없기에 무의식적으로 남편의 눈치를 보기도 한다.

남자들은 어떤 형태로든 자기가 하고 싶은 일이나 일에 대한 성취를 통해서 보람을 얻거나 자아를 조금은 실현한다지만 여자는 그렇지 않다. 그래서 여학생들한테 남자들보다 몇 배 공부하고 노력하라고 격려한다.

여성이 당당한 커리어우먼으로 살기 위해서는 우리네 남성들의 편견부터 없애야 한다. 그런 까닭에 나는 일상 대화에서도 절대 여자라는 말을 쓰지 않는다. 대신에 여성이란 단어를 사용한다.

언어의 담론체계라는 것은 묘하다. 텔레비전의 토론 때도 보면, 노동자라는 단어가 나오면 그것은 민노총에서 나온 사람이 한 말이다. 기업을 대표하는 사람은 당연히 근로자라는 단어를 쓴다.

주어로서의 노동자는 자본가, 계급, 모순, 임단협(임금단체협상) 등과 같은 단어가 이어져야 언어체계의 의미가 성립한다. 근로자는 사용자, 노사화합, 협력, 안정 등의 의미망과 연결된다. 서로 문법체계가 다르다.

여성이라는 단어를 썼을 때도 마찬가지다. 여성이란 단어에는 사회적 능력과 계발, 성취 등의 문장구조가 이어진다. 여자라는 단어에는 생물학적 차원에서 뭔가 비뚤어진 우리들의 의식구조가 반영된다.

우리들에게는 "그러니까! 여자이지!"라는 문장이 참으로 익숙하다.

그러나 "그러니까! 여성이지!"라는 말은 뭔가 내 안에 들어오기 거북살스러운 문장구조이다. 그래서 여성이라는 단어를 쓰다 보니까 여자로 꾸며지는 언어체계, 즉 "여자가 그래서는 안 돼!"라는 문장은 수용되지 않게 되었다.

언어의 용법을 바꾸면 생각도 바뀐다. '여자'라는 말을 쓰지 않으니 몇 가지 인습적인 문장도 내 안에서 사라지고 있다.

"여자가 어찌 그러고 다니냐!"

"어쩐지, 여자가 밤늦게 싸돌아다니더니…."

밤늦은 시간에 여성이 치한에게 봉변당할 뻔한 일은 치안부재와 사회적 잘못이지 밤늦게 귀가하는 여자 탓은 아닌 것이다. 그러다 보니 '여자'로서 인고의 세월을 살아야 된다는 사고체계는 '여성'으로서 당당히 살아야 한다는 것으로 자연스럽게 바뀌게 되었다. 지금도 여성이란 단어를 쓰기 위해 연습중이다.

언어는 생각을 담는 그릇이며 우리들의 사고와 의식을 바꾼다.

가정에 아내와 딸이 있는 우리들은 그들의 자아와 미래를 통해서, 문명화되어 더욱 정교해진 야만의 사회를 바라봐야 한다. 가정에서는 여자에 대한 편견이 전혀 없는 사람들도 밖으로 나오면 다시 기존 사회의 담론과 편견을 중세의 갑옷처럼 뒤집어쓰기 시작한다.

우리의 여학생이나 딸들이 자신의 역량을 극대화시켜서 당당하게 살아갈 수 있는 길은 우선 그녀(her)들에게 드리워진 그(his)들의 야만적 그물과 정교한 덫을 치우는 문명화여야 한다. 그때 비로소 그녀들 역시 때로는 여자라는 이름으로 자신을 가두었던 보호막을 거두고 내적 식민지에서 탈출하여 당당한 전문 커리어우먼으로 나아갈 수 있을 것이다.

04

세계사를 바꾼 영리한 세균

중국에서 날아온 황사로 하늘이 뿌옇게 뒤덮였다. 옛날 시골길을 달리던 버스 뒤에서 자욱한 먼지를 뒤집어쓰며 냄새 맡던 기억이 아스라했다. 누런 황하 먼지가 천지를 어둡고 누렇게 만들었던 천지현황의 혼돈처럼 마음도 정돈되지 않고 어수선했다.

중국에서 발병된 사스(SARS)도 사람들을 불안에 떨게 하였다. 감염이 의심되는 닭과 오리 등의 조류와 가축들이 땅속에 묻히고 마을 입구마다 방역 검문소가 설치되고 하얀 석회 같은 것이 희부옇게 널려 있었다. 때마침 방송에서는 중국 사스가 황사 바람을 타고 넘어왔을 것이라는 추측도 무성하였다.

프로테스탄트 자본주의와 인간 불안

그날 수업을 마치는데 학생 한 명이 따라왔다. 요즘 베버(Max

Weber)의 『프로테스탄티즘의 윤리와 자본주의 정신』을 읽고 있는데 의문점이 많다고 하였다.

"자본주의는 인간의 불안과 함께 시작되었다. 유럽 자본주의는 프로테스탄티즘(청교도)과 결합했다고 보는 베버는, 하늘에 무서운 하나님이 계시는데 그분은 우리가 태어나기 이전부터 구원받을 사람을 예정해 놓았다는 캘빈의 이중예정설(二重豫定說)을 가지고 그 시대의 종교적 불안을 설명하고 있다.

과연 자신이 구원을 받았는지, 아니면 죄의 나락으로 떨어지도록 하나님이 일찌감치 예정해 놓았는지를 알 수가 없었다. 그것을 알려고 노력하거나 구원해 달라고 기도한다는 것 자체가 신의 권위에 도전하는 것이었다. 인간은 자신의 구원에 대한 불안과 의혹, 온갖 잡념을 떨치기 위해서라도 열심히 일했다. 금욕적으로 생활하고 현세의 직업에 충실한 것이 신의 영광을 더하고 자신들의 소명(召命, calling)이자 천직이라 생각하게 되었다. 그런 가운데 자신이 구원받았음을 주관적으로 확신하게 되었던 것이다.

무한정한 이득 본능은 종교적 이념과 결합되어 유럽 자본주의로 일정한 방향을 잡게 되었다는 것이 베버의 결론이다. 쉽게 말해 인간이 이윤을 얻고자 하는 본능은 기관차를 달리게 하는 추진력에 비유할 수 있다. 오늘도 우리가 돈을 벌기 위해 앞으로 열심히 달리는 것과 같다. 그런데 기관차에 일정한 철도 레일이 없으면 그것이 어디로 달려갈지 위험하기 짝이 없는 일이다. 바로 청교도 정신은 이윤을 얻기 위해 달리는 인간 본능에 이념의 궤도를 깔아주었다는 것을 베버는 강조하고 있다.

우리는 이러한 베버의 이론이 절대적이라고 생각하진 않는다. 다만 하나의 내용을 인과관계로 설명하고 있을 뿐이다. 그런데 확실한 것은 자본주의는 그것이 천박하지 않으려면 궤도를 일탈하지 않도록 일정한 이념과 결합해야 한다는 사실이다."

당시는 신과 인간의 사이에 거대한 심연(深淵)이 가로놓여 있어서 도대체 하나님의 생각이 뭔지 짐작할 수도 없고 자신이 구원을 받고 있는지 어쩐지 알 수도 없는 불안과 허무주의에 빠져 있었다. 결국 베버의 입장에서 보면 종교적 불안은 현세적 금욕과 직업에의 충실로 연결되어 유럽 자본주의를 특징짓는 에토스가 되었을 것이라는 내용의 얘기를 그 여학생과 주고받았다.

이제 사정은 완전히 달라졌다. 오늘 우리들은 언제 닥칠지 모르는 불안에 시달리고 있으며 삶의 뿌리마저 흔들리고 있다.

나 자신의 존재는 신성한 노동을 행하는 인격체가 아니라 시장에서 쓰임새가 없으면 폐기처분되는 상품이 되어버렸다. 내가 종사하고 있는 직업도 더 이상 하늘이 내려준 천직이나 업(業)도 아니며, 잠깐 머물다 가는 밥벌이 장소 혹은 불안한 미래를 준비하느라 '윗사람 눈치 보는 자리'가 되었다.

베버의 가치판단 자유, 괴테의 방황과 노력

다시 오후수업을 시작하는데 낯익은 학생이 질문을 하였다. 아직도 바깥은 황사의 뿌연 먼지로 흐릿한 날씨였다.

"가족관계를 호혜구조라고 하셨는데 혹시 거기에 권력관계가 있
는 것도 아닐까요?"

사회의 통합원리로 볼 때 원시사회에서 가족의 친족관계는 호혜구
조가 대부분이고, 고대사회에서는 왕에게 모든 권력과 물자가 집중
되고 다시 재분배되며, 오늘날 자본주의에서는 시장교환이 지배적이
라는 것을 설명하고 있었다. 그래서 한국의 중세사회에서도 시장교
환보다는 호혜구조(공동체, 품앗이, 두레, 향약, 조공무역 등)가 물
자의 통합원리를 이루었다는 것을 말하는 중이었다.

뜻밖의 질문에 전공과 상관이 없는 프로이트의 억압 또는 오이디
푸스 콤플렉스(아버지와 아들의 경합)를 가지고 가족의 욕망관계를
간단히 설명하고 거기에서 권력관계가 나올 수도 있을 것이라고 덧
붙였다.

아버지와 아들이라는 호칭관계와 언어배열이 권력(무형의 힘)의
배치일 수 있다. 아버지에 의한 1차적 욕망의 억압은 최초로 아버지
의 법과 사회적 권위를 받아들인 것과 마찬가지이다. 들뢰즈와 가타
리가 『앙티 오이디푸스』에서 말하는 것처럼, 가족적 재생산(결혼, 자
녀의 탄생)과 사회적 재생산(노동력의 분배)은 서로 성격을 달리하
지 않기 때문이다.

그 학생은 수업이 끝나고 나서 다시 연구실을 따라 들어왔다. 자신
의 질문은 그것이 아니고 "교수님이 번역한 책을 지금 읽고 있는데
반드시 칼 폴라니의 이론에 의해서만 설명될 수 있는 것은 아니지 않
습니까?" 하고 반문하였다.

결국 질문의 핵심은 지식은 절대적이지 않으며 가변적이고 상대적

인데 요즘은 너무나 혼란스럽다는 것이었다. 그리고 자신은 요새 많은 책들을 읽고 있는데 뭔가 답답하고 허무하며 학문이 과연 필요한가에 대해서도 의문이 든다고 하였다.

"그럴 것이다. 우리는 여러 가지 것을 가지고 세상을 해석할 뿐이다. 어떤 안경으로 세상을 파악하느냐 하는 것은 각자의 입장에 달려 있다. 주로 우리는 외국에서 만들어진 모델과 이론으로 세상을 해석하고 처방을 내리곤 하는데 그에 대한 반성도 점차 높아지고 있다.

포스트모더니즘이 서울 압구정동의 소비행태를 설명할 수 있지만 달동네에는 아직도 마르크스 이론이 유효할 수도 있다는 이야기다. 너와 니가 강의실에 같이 있는데, 그것을 사제지간으로 해석하면 공동의 선(common good)을 실현하기 위한 노력이다. 마르크스 이론으로 보면 자본주의가 원하는 인물과 노동력을 키우기 위해 교수는 국가적 이데올로기를 주입하는 권력관계로도 볼 수 있을 것이다.

그런데 요즘은 새로운 권력이 대학을 강요하고 있다. 기업들이 원하는 인재를 키워달라는 주문이다. 그렇게 보면 대학은 본원적 가치보다는 새로운 시장권력에 복종하여 학생들을 기업의 상품생산에 적합한 인적 생산요소로 양성해야 하는 것이 된다."

그러면서 이야기는 한때 독일의 청년들이 혼란을 겪었던 가치관의 문제로 나아갔다.

"제1차 세계대전이 끝난 직후 독일에는 좌우의 사상이 휩쓸고 있었다. 하나는 마르크스주의였고 하나는 니체의 허무주의였다. 청년들은 자기를 뒷받침해 줄 정신적 지주를 구하기 위해 두 진영에 가담하였다. 어찌 보면 마르크스는 수학의 공식처럼 봉건제에서 자본주의 그리고 사회주의와 공산주의로 진행하는 역사적 발전단계론을 뚜 렷이 가지고 있었다. 방황하는 사람들에게 마르크스주의는 명료하였 으며 신념을 바칠 만한 것이었다.

당시 학생들은 교수들의 입에서 무엇을 해야 할 것인가라는 말이 나오기를 고대하였다. 그런데 막스 베버는 이것을 반대하였다. 가치 란 결코 하나가 아니라 무수하며, 어떤 가치기준에 서야 하는가는 학 생 자신의 자유로운 판단에 맡겨야 한다는 것이었다."

나도 수시로 가치관의 혼돈과 허무를 많이 겪고 있다. 잠수부가 허 무의 바닷속에 빠져 들었다가 다시 나오고 다시 빠져 드는 것은 아닐 까 생각한다. 갑자기 그 학생이 눈을 반짝이면서 그렇다면 교수님이 허무에서 빠져 나왔던 노하우를 알려 달라고 채근하지 않는가.

"아니, 나는 지금도 이것이다! 하고 생각하는 순간에 다시 뭔가 모 를 늪 속에 빠져 들고 있으며 항상 헤매고 있다. 내가 그럴 때마다 되 새기는 말이 있는데 뭔지 알겠냐?"

괴테의 말인데 위안삼아 내가 즐겨하는 구절이다.

"인간은 노력하는 한 언제나 헤매게 마련이다."

학생을 보내고 나서 잠시 앉아 있었다. 아직도 황사는 습관적으로 열어놓은 연구실의 창틈으로 몰려 들어오는 것 같다. 그 뭔가의 먼지 냄새가 연구실을 메우고 있었다. 저녁 7시에 외부 특강이 있어서 저 녁을 먹긴 해야겠는데 짜장면 배달도 오늘은 쉽지 않으리란 생각이 들었다. 설사 음식이 있더라도 먼지 가득한 방에서 음식을 먹기도 애매하였다. 오늘은 하루 종일 끼니부터 헤매는 날인가 보다.

황사가 있는 날만이 아니다. 황사가 없어 유리알처럼 투명하게 세상만물이 보이는 날이라도 우리들 인간은 언제나 헤매게 마련이다. 그렇더라도 헤매는 것은 우리가 최선을 다해 노력한다는 증거이기에 그것으로 지그마한 위안을 삼을 뿐이다.

나그네처럼 헤매고 방황하다 그늘 밑에서 잠깐의 휴식과 안정을 취하고 또다시 길을 떠날 뿐이다.

세균을 앞세운 자본주의 약탈

다음날부터 황사는 사라졌으나 중국의 사스가 아직도 기승을 부리고 있었다. 다시 예전에 봤던 책을 들쳐보았다.

재레드 다이아몬드(Jared Diamond)의 『총, 균, 쇠』(*Guns, Germs and Steel* 1979)에는 "1526년경부터… 천연두, 홍역, 인플루엔자, 발진티푸스, 선(腺)페스트(흑사병)를 비롯한 유럽 고유의 전염병들은 다른 대륙의 많은 민족들을 몰살시킴으로써 유럽인들의 정복에 결정적인 역할을 담당하였다"고 씌어 있다.

유럽이 아메리카의 원주민들을 몰살하고 찬란한 잉카와 아스텍 문명을 정복할 수 있었던 것도 순전히 세균의 힘이었다. 물론 간악한 속임수로 순진한 왕과 백성들을 죽음에 빠뜨리기도 했지만 침략자들에게 묻어온 세균들이 면역성 없는 원주민의 태반을 죽게 만들었다. 어찌 보면 인류역사는 세균과의 끊임없는 싸움이었으며 때로 그것은 세계사의 장면을 바꾸었다.

인간이 떠돌이 수렵생활을 하였던 때는 세균과 별로 인연이 없었다. 한곳에 머무는 정주생활을 하고부터 소·돼지·말·오리·닭·양 들과 친하게 되면서 동물 바이러스가 인간에게 침투하기 시작하였다.

소와 말은 논밭을 일구는 동력원이었으며 똥은 생산을 위한 거름이었다. 돼지·오리·닭 역시 단백질의 중요한 공급원이었다. 가축은 사람에게 매우 유용한 존재였지만 서로가 가까워진 덕에 동물의 세균은 인간과 떼려야 뗄 수 없는 관계가 되었다.

세균은 적당한 때가 되면 발병하여 사람을 죽게도 만들었다. 그 과정에서 어떤 사람은 몸속에 항체가 생겨 살아남았다. 이에 뒤질세라 세균은 다시 변종이 되어서 인간의 면역체계에 교묘히 침투하곤 하였다. 서로가 변종침투와 면역강화로 엎치락뒤치락하면서 오늘에까지 진화하고 있는 것이다.

그런데 왜 세균이나 바이러스는 자기가 살고 있는 인간이나 숙주(宿主)를 죽게 만드는 것일까. 숙주가 죽으면 자기도 죽을 운명인데도 말이다.

세균에 감염되면 사람은 고열이 나고 기침과 설사를 하게 된다. 그런 질병의 증상을 통해 병원균은 끊임없이 자신을 밖으로 퍼뜨린다.

사스도 기침이나 재채기를 하면 시속 160km의 속도로 침방울과 함께 밖으로 분출된다고 한다. 광견병에 걸린 개가 혼자서 조용히 죽지 못하고 이 사람 저 사람을 물어뜯고 다니는 것도 결국은 자기증식을 위한 세균의 영리한 전략이다. 세균의 입장에서 볼 때, 사람이 죽는 경우는 병원균을 효과적으로 퍼뜨리는 과정에서 나타난 부작용일 뿐이라고 한다.

유럽 봉건제를 무너뜨린 페스트

1347년 유럽 인구의 30~40%에 해당하는 2500여만 명을 죽음에 이르게 했던 페스트(흑사병)는 세계사를 뒤집어놓았다. 그 많던 중세 유럽의 농민들은 페스트를 피해 다른 곳으로 도망갔다. 농민들이 대대로 살던 농촌공동체를 버리고 떠난다는 것은 또 다른 죽음을 의미하였다. 그렇지만 사람들은 어쨌든 죽음을 피해 떠나야 했다. 유럽의 장원제가 황폐해지고 농경지를 경작할 사람도 부족하게 되었다. 귀한 노동력을 대접하느라 임금은 올라갔고 노는 땅이 많아지자 지대는 거꾸로 낮아졌다. 이때부터 유럽의 봉건제도는 위기를 맞게 되었다.

1894년 페스트는 지금의 사스가 출현한 중국의 광동(廣東) 그리고 홍콩에서 다시 발생하여 수년간 전세계로 확산되기도 하였다. 지금 페스트는 치료법이 발견되어 거의 사라졌으나 다시 20세기 초부터 다른 바이러스가 나타났으니 그것이 콜레라와 장티푸스였다.

세균은 다른 형태와 변종으로 끊임없이 도전하고 있다. 이에 질세라 사람들도 백신을 만들어 병원균을 퇴치하고 다시 세균은 인간의 면역체계를 교란하는 새로운 변종으로 태어나 시대를 번갈아 출현하고 있다. 도전과 응전 속에서 서로 진화하고 있는 것이다.

지금 우리가 살고 있는 시대에 출현한 사스는 무엇일까. 역시 인간과 세균의 상호진화라는 측면에서 이것 또한 세계사의 한 장면이다.

세균과 바이러스는 때로 신의 재앙으로 해석되기도 한다. 인간의 윤리를 질타한 에이즈가 그러했고 소의 부산물을 다시 사료로 쓰는 과정에서 발생했다는 광우병이 그랬다.

카뮈의 『페스트』에도 인간유형으로서 페스트를 신의 징벌로 알고 체념하는 사람, 도피하는 비겁한 인간, 이것을 극복하고 적극적으로 싸우자는 캐릭터가 나오지만 어쨌거나 세균과 바이러스의 창궐은 다시금 우리를 반성하게 한다.

빠른 속도로 진행되는 세계화는 세균이 가장 좋아하는 환경이다. 중국의 환자 한 명이 그날 저녁에 캐나다로 세균을 옮길 수 있을 정도로 속도는 빨라졌다. 신자유주의 물결 속에서 세계는 하나의 단일 시장으로 되어가고 있다. 세계무역을 촉진하는 도하개발아젠다도 그것을 위한 협상창구이다. 세계화라는 이름 아래서 단일 민족국가의 지역성 또한 매몰되고 있는 것이 오늘의 현실이다.

사스의 출현으로 세계화를 주도하는 빠른 속도에 제동이 걸리고 있다. 국가마다 설치된 검역소는 사람들이 세계적으로 이동하는 것을 막고 있다. 사스 바이러스가 무국경(borderless) 시대를 주춤거리게 하고 국가의 경계선을 다시 드러내게 하고 있는 것이다.

속도가 빨라지면, 더 이상 속도는 무의미하다. 빨리 도착하면 더 이상 갈 곳이 없기 때문이다. 사스는 세계화의 속도에 한계가 있음을 일찌감치 보여주는 장면이라 하겠다.

　오랜 자본주의 역사에서 보듯이, 앞으로도 세균과 바이러스는 주기적으로 나타나 세계사의 한 장면을 바꿔놓을지 모른다. 인간과 세균은 끊임없이 서로가 면역과 변종으로 진화해 나갈 것이다. 이 때문에 세계사의 굴곡도 만만치 않으리란 생각이다.

　황사와 세균, 바이러스가 뒤섞인 어제와 오늘의 짧은 시간에도 자본주의는 또 다른 불안을 잉태하며 인간 삶의 조건을 위협하고 있음을 보았다.

05

자본주의의 주인공, 로빈슨 크루소

요즘 미국에서는 숫자, 공식, 그래프로 가득 찬 전통적인 경제학 교과서를 대신하여 새로운 강의기법이 유행이다. 학생들에게 과중한 독서부담을 덜어주고 갑갑한 이론에 흥미를 갖도록 경제학 소설을 교재로 채택한다는 것이다.

자기 입장에서 씌어진 미국의 경제학 소설

미국이나 다른 나라 할 것 없이 오늘날 감성적 디지털 세대는 이성적이고 어렵고 딱딱한 것은 하나같이 싫어하는 모양이다. 소설 텍스트는 경제학을 기피하고 도망가는 학생들을 잡기 위한 고육지책일 것이다.

미국에서 채택되고 있는 경제학 소설책 가운데 하나는 19세기 경제학자 리카도(David Ricardo)가 천사로 출현하여 보호주의자인 기업인에게 자유무역이 사라진 뒤에 발생하는 끔찍한 모습을 가상의 세계로 보여준다고 한다. 글쎄, 자유무역이 사라지면 미국을 비롯한 선진국들은 어쩔지 모르겠으나 가난한 나라들은 꼭 그렇지도 않을 것이니 경제이론이란 것도 결국은 자기중심적일 뿐이다.

자유무역이 상호이득을 가져다주기도 했지만, 1999년 미국 시애틀에서 열린 세계무역기구(WTO)의 각료회담에 치열하게 저항했던 세계화의 반대시위는 무엇을 뜻하겠는가. 수많은 사람들이 오히려 더 가난해지고 일자리를 잃었으며 자국이 통제할 수 없는 외부 힘 때문에 무기력함을 느끼고 고유한 문화가치마저도 침식당하고 있다.

미국 경제학 소설의 원조는 뭐니뭐니 해도 국내에서도 번역된 제번스(M. Jevonce)의 『수요공급 살인사건』(*Murder at the Margin* 2001)이다. 살인범을 잡아내는 경제학자 헨리 스피어맨 교수는 인간의 모든 의사결정은 자신도 미처 의식하지 못하는 사이에 합리적인 경제학의 법칙에 따라 이루어진다고 믿고 있다. 그에 따라 범인은 당연히 합리적이고 일반적인 경제법칙에 어긋나는 행동을 하는 사람이라고 추리해 낸다. 이 책은 이윤 극대화, 한계효용 법칙 등 경제이론을 추리소설 속에서 쉽게 풀이하지만 과유불급(過猶不及)이라, 도가 지나치면 폐가 되듯이 가끔은 엉뚱한 데서 일을 벌이고 있다.

이를테면 춤을 싫어하는 부인이 남편과 기꺼이 춤추는 현상도 경제학적으로 설명해 놓는다. 인간의 원초적인 사랑까지도 무의식중에 내가 얻을 효용과 잃을 효용을 비교해서 의사결정을 하는 것이 과연 합리적일까. 경제학의 법칙이 사랑, 결혼을 뛰어넘어 어디까지 관철되어야 속이 시원할 것인가.

교과서 안에서는 로빈슨 크루소가, 밖에서는 콜럼버스가

수많은 경제학 소설책 중에서도 단연코 으뜸 원조는 역시 1719년에 다니엘 디포가 쓴 『로빈슨 크루소』가 아닐 수 없다.

로빈슨 크루소는 영국의 합리적 중산층을 대변하는 인물모델이다. 아버지가 그렇게 떠나지 말라고 신신당부하였지만 모험과 투기로 한 몫을 잡기 위해 항해를 감행한다. 당시 노예매매는 가장 큰 이익을 남길 수 있는 장사였다.

항해중에 배는 풍랑을 만나 부숴지고 주인공은 어느 무인도에 불시착하게 된다.

먼저 로빈슨 크루소는 난파된 배에서 성경과 라이플(총)을 꺼낸다. 화약을 건져서 한꺼번에 폭발할 것을 우려하여 여러 곳에 나누어 저장해 둔다. 이것을 위험 또는 리스크를 분산하는 것이라 하여 '보험의 시작'이라고 말하는 사람도 있다.

주인공은 성경에 의지하고 밤마다 하늘의 별을 보며 반성한다. 농사를 짓고 복식 회계장부도 쓰게 된다. 또한 아버지 말씀을 듣지 않고 떼돈을 벌기 위해 출항했던 자신에게 신이 징벌을 내렸다고 생각한다. 다시는 투기와 모험을 꿈꾸지 않고 합리적으로 살 것을 다짐한다. 청교도의 종교적 이념과 자본주의 정신이 밀접하게 내적 연관을 갖는 순간이다.

라이플은 하나의 영토를 점령하는 데 필수적인 무력수단이었다. 어느 날 로빈슨 크루소는 흑인이며 식인종인 프라이데이를 만나게 된다. 성경과 총으로 프라이데이를 개종시키고 로빈슨 크루소는 섬을 자기 왕국으로 만들게 된다. 제3세계를 종교와 무력으로 식민지화하는 과정과 비슷하다. 로빈슨 크루소는 기독교의 우월성을 의심치 않았으며 프라이데이의 자연친화적인 토속신앙을 그들 종교지도자가 만든 속임수라고 단언한다. 프라이데이를 개종시키는 일에 긍지를 느끼며 그의 영혼을 구원해 주는 수혜자로 자처한다.

로빈슨 크루소의 캐릭터는 전형적인 앵글로색슨을 대표한다. 로빈슨이 섬을 탈출하는 과정은 인간관계를 절대적 지배와 복종의 관계로 만들어가는 데 효과적인 모든 전략을 담고 있다. 때에 따라서 충직한 하인도 팔아넘기는 무자비성, 담대함, 치밀한 관찰력과 계산성, 기독교적 우월성, 고독을 견디는 놀라운 인내력, 남성적 독립심 등이

▶▶ 경제학의 주인공

이론적으로 딱딱한 경제학은 하나의 방대한 이론체계라지만 거기에도 주인공이 없을 수 없다. 경제학에서는 소비자가 되었든 생산자가 되었든 어떤 상황에서도 일관되게 의사결정을 하는 개인주의가 전제되어 있다. 경제학 속에서 추상화된 인물모델은 설령 절친한 친구의 과일가게라 할지라도 다른 곳보다 1원이라도 비싸면 그곳에서 결코 사지 않아야 하는 일관성을 지니고 있다.

바로 최소 비용으로 최대의 효용(만족)을 얻도록 행동하는 사람을 경제학의 주인공으로 내세우고 있는 것이다. 이러한 인물유형은 경제학의 방법론을 위해 설정하였다고 해서 '방법론적 개인주의'(methodological individualism)라고 한다.

지금도 경제학의 주인공은 로빈슨 크루소를 가장 닮았을지도 모른다. 시대가 흐르고 상황이 변하지만 로빈슨 크루소는 아직도 경제학 교과서 안에서, 콜럼버스는 경제학 책 밖에서 세계를 주름잡고 있다.

복합되어 있다.

『로빈슨 크루소』는 루소가 『에밀』에서도 부르주아 개인주의의 대서사시이며 반드시 한번 읽어볼 것을 권하는 책이다. 여기에다 인디언의 금을 얻기 위해 무자비하게 살육을 자행했던 콜럼버스를 합치면 대략적으로 식민지 제국주의적인 인물유형이 떠오를 것이다.

유럽 자본주의를 탄생시켰던 서구의 철저한 합리적 개인주의가 아무리 추상적 개념이라 해도 결국은 로빈슨 크루소와 콜럼버스의 앵글로색슨 자본주의에서 나타나는 인물유형을 바탕으로 하고 있을 것이다.

달러와 힘은 여전히 세계를 하나의 영토로 지배하고 있다. 이것에 어긋나는 사람이나 국가는 악의 축일 뿐이며 프라이데이처럼 영혼의 구제를 받아야 할 타자에 속할 뿐이다. 어쨌거나 로빈슨 크루소는 28년 동안의 무인도 생활을 청산하고 마침내 섬을 탈출하게 된다. 이후에 그는 자기 나라도 아닌 브라질에서 거대한 노예농장주로 성공하여 마침내 부르주아의 대서사시를 화려하게 장식하게 된다.

작은 것이 아름답다

선사(禪師)의 법어처럼 제목만으로도 뭉클한 책이 있다. 슈마허(E. F. Schumacher)의 『작은 것이 아름답다』(*Small is Beautiful*)이다.

『작은 것이 아름답다』에서 슈마허는 우리 시대에 만연한 거대주의(giantism)의 숭배에 경종을 울리고 있다. 매머드하고 커다란 것은 거대한 괴물처럼 인간의 마음과 생태계를 파괴하고 엄청난 에너지를 소모한다.

슈마허는 거대한 물질문명과 팽창주의를 깨뜨리고 자본주의에 대한 성찰로서 소규모 경제, 불교경제학, 지역공동체, 토착의 중간 기술 등 작은 것을 지향하는 인간 중심의 경제를 화두로 제시하고 있다.

> 혹시 Beautiful에서 t자를 뺀 Beauiful이 무슨 뜻인지 아는가?
> 정답은 '티(t) 없이 아름다운'이란 뜻이다.

막스 베버가 청교도(protestantism) 정신이 서구 자본주의를 발전시켰다고 말한 것처럼, 슈마허는 현대 자본주의의 새로운 탈출구를 불교경제의 이념에서 찾고 있다.

슈마허의 핵심 키워드, '작은 것'

다른 사회과학도 그렇겠지만 경제학은 보편타당한 객관성과 엄밀한 논리성을 강조한다. 누가 봐도 타당한 객관성은 인간의 의지와는 상관없이 물리학에서 일어나는 물질의 운동법칙에서나 가능한 일이다. 객관성에는 인간의 감정이나 주관적 가치관이 끼여들 여지가 없게 된다.

과연 인간의 가치관이나 윤리관을 배제하고서 물질의 객관적 운동법칙이나 규명하는 경제학이 오늘날 인간의 삶과 직결되는 경제문제를 올바로 해결할 수 있을까.

소주 한 병을 즐겁게 마신다고 하자. 경제활동의 최종 목표는 소주라는 재화를 수요하고 욕구가 충족되는 소비행위로 완결된다. 소주 한 병에서 발생하는 수요와 공급의 법칙이 완료된 이상 경제학은 더 이상 관여할 필요가 없다. 소주를 소비하고 난 뒤는 전혀 고려하지 않는다.

그렇지만 정작 소주는 인간생활에 작은 기쁨일 수 있으나, 또 한편으로 개인의 건강을 파괴하고 가정해체와 사회적 혼란을 부채질하고 소주 한 잔이 원래 상태의 물로 복원되기까지 오랜 생태계의 시간을 기다려야 한다. 소비자 개인, 사회와 자연환경, 생태계 전체에 끼치는 영향까지 생각해야 할 일이다.

이 세상 모든 존재가 결코 독립적이지 않다. 과거, 현재, 미래와 연결되고 수많은 인과관계의 그물망 속에 놓여 있을 뿐이다. 슈마허는 말한다.

시장은 단지 사회의 표면을 반영할 뿐이며, 거기서 그때 일순간의 상황에서만 존재 의미를 갖는다. 사물들(things)의 저변에 있는 자연이나 사회적 사실에는 전혀 관심이 없다. 어떤 의미에서 시장이란 것은 개인주의와 무책임이 제도화된 것이다.

일을 즐거움으로 알고 노동에서 행복을 찾을 수는 없을까. 슈마허는 근대 경제학이 노동을 필요악이라는 정도로만 인식했다고 비판한다. 자본가는 노동을 비용으로 간주하고 자동화 설비로 노동 코스트를 완전히 없애진 못하더라도 최소한 줄이고 싶어한다. 노동자 입장에서도 노동은 비효용(disutility)이며 고통으로 되어 있다. 일한다는 것은 여가와 즐거움을 희생시키는 것이며 이에 대한 보상이 임금인 셈이다.

불교적 관점에서 볼 때, 일(work)에는 세 가지 역할이 있다. 인간에게 고유한 능력을 향상시키고 발휘하는 기회이며, 다른 사람과 함께 일함으로써 자기중심적인 태도를 버리게 한다. 마지막으로, 존재를 적합하게 유지(a becoming existence)하는 데 필요한 재화와 서비스를 만들어낸다.

노동자에게 무의미하고 권태롭고 바보처럼 우롱하거나 신경 괴롭

히는 일을 시키는 것은 범죄행위나 다름없다. 그것은 인간보다 물질에 주의를 돌리고 자비심이 결여된 것이며, 인간생활에서 가장 열등한 것에 집착하게 하는 영혼 파괴적 행위이다. 마찬가지로 일 대신에 여가만 선호하는 행위는 인생의 기본적 진리를 올바로 이해하지 못하는 것이다.

진리는 다른 데 있지 않다. 일과 여가는 서로 보완하면서 삶이라는 하나의 과정을 만들고 있는 것이다. 두 가지를 분리시켜 버리면 일의 기쁨이나 여가의 즐거움을 잃어버리게 된다.

현대 자본주의는 노동과 여가 또는 놀이가 완전히 분리되어 있다. 낮시간의 노동강도가 세어지는 만큼 밤의 유흥문화가 깊어지고 주말에는 번지점프 같은 고강도의 레저가 유행하는 것과 같다.

슈마허 불교경제의 핵심은 소박함(simplicity)과 비폭력에 있다. 적정 규모의 소비는 비교적 낮은 소비량으로 높은 만족감을 부여하며 사람들도 압박감이나 긴장감 없이 지낼 수 있다. 자신이 필요한 것을 약간의 자원으로 충족시키는 사람들은 서로 떼지어 다투는 일이 적을 수밖에 없다.

불교경제학에서는 지역의 필요에 따라 지역에서 채취할 수 있는 자원을 사용하여 생산하는 것이 가장 합리적인 경제생활이다. 가장 비경제적 행태는 먼 나라에서 물건을 수입하고, 자국에서는 사용하지도 않고 먼 나라에서 결과가 어떻게 나올지도 모르는 재화를 만들어서 수출하는 것이다. 이런 수출입 형태의 경제성장 방식을 위해 많은 나라가 인간과 자연환경을 여기에 투입한다.

인간과 자연환경을 파괴한 대가로 물질적 풍요를 제공받을 수는 있을지언정 진정한 행복은 얻지 못한다. 인간을 위한 성장이 아니라 물질을 위한 성장의 경제구조를 타파하기 위해서 슈마허가 핵심 키워드로 내놓는 것이 바로 '작은 것'이다. 중간 기술(intermediate technology), 지역 노동과 자원을 이용한 소규모 경제가 슈마허가 제시하는 경제방식이다.

간디가 말한 것처럼 세계의 가난한 사람들을 구제할 수 있는 것은 대량생산이 아니라 대중에 의한 생산이다. 대량생산 체제에 입각한 기술은 매우 자본집약적이고 대량의 에너지를 소모한다. …대량생산의 기술은 본질적으로 폭력적이어서 생태계를 파괴하고 재생할 수 없는 자원을 낭비하며 인간성을 침식한다. 대중에 의한 생산기술은 현대의 최고 지식이나 경험을 활용하고, 분산화를 유도하며, 생태계의 법칙에 어긋나지 않고, 희소한 자원을 낭비하지 않으며, 인간을 기계의 하인으로 만드는 대신에 인간에 봉사하도록 한다.

제2차 세계대전 후에 선진 공업국에서 개발된 기술이 개발도상국에 도입되었으나 바람직한 성과보다는 오히려 많은 모순을 낳았다. 자본집약적인 기술이 성급하게 도입되면서 재래의 노동집약적 전통기술과 공동체의 기반이 파괴되었던 것이다.

중간 기술은 생존수단을 갑작스레 박탈당하여 빈곤에 허덕이는 사람들을 생산과정에 복귀시켜 구제하는 방법으로서, 대량생산 대신 대중에 의한 생산(production by the masses)을 대안으로 채택하고 있다.

첨단기술에 못 미치는 것을 중급(middle) 기술이라고 한다면, 중간 기술은 선진 공업국의 대규모 자본집약적인 기술과 개발도상국의 토착기술 중간에 위치하는 범위에 속한다. 재생 불가능한 자원을 최소한으로 사용하고, 환경에 대한 간섭도 최소한으로 하고, 지역 내에서 자급자족하며, 개인의 소외와 착취를 해소하는 것이 중간 기술의 공통된 특징이다.

거대한 물질 자본주의와 성장생산 방식이 초래하는 자원낭비, 에너지 소비, 인간소외 등을 극복하고 새로운 자본주의의 물꼬를 불교와 전통적 동양사상에서 구하고자 한 것도 결국은 '자본은 인간에 봉사해야 한다'는 생각이 근원에 깔려 있다고 하겠다.

거대주의에 대한 저항은 아주 오래된 동양의 전통사상에서도 구할 수 있다. 춘추전국 시대에 노자는 여러 나라가 땅과 인구를 늘려 강대국이 되고자 서로 경쟁하는 시대상황 속에서 "나라를 작게 하고 백성의 숫자를 줄이라"는 소국과민(小國寡民)을 주장한다. 노자는 태고의 소박한 생활을 영위하는 소규모의 농촌공동체를 이상적인 인간 공동체로 보았던 것이다.

오늘날 국가영토를 줄이고 국민의 숫자를 줄인다는 것은 불가능하

> ▶▶ **정명(正命)**

불교의 8가지 바른길[八正道]에서 제시하는 정명(正命)은, 올바른 생활은 적게 욕구하고 꼭 필요한 것만 자원을 들여 생산하는 소규모 경제이며, 그때 비로소 서로 욕심 때문에 다투지 않게 되어 나타나는 간디의 소박한 생활과 비폭력도 인간에 봉사하는 자본의 역할을 강조하는 것이다.

다. 따라서 소국과민의 구상은 지역공동체 재건으로 대체하면 될 것이다.

작은 것이 아름답다는 슈마허의 화두는 인간이 소중하고 아름답다는 말로 귀결된다. 프로테스탄티즘의 종교적 이념이 세속 직업에 대한 헌신, 근검과 절약, 적정한 이윤추구를 정당화하여 초기 자본주의와 선택적 친화를 통해 새로운 발전의 길을 구했듯이, 슈마허도 불교, 간디, 동양의 전통사상과 결합하여 인간적 자본주의를 실현시키려 하고 있다.

거대주의에 매몰된 우리들이 시선을 다른 곳으로 돌리지도 않고 '작은 것'의 아름다움을 단순히 과거 회귀적이고 고답적이며 닝만적이고 순진한 것으로 치부하고 말 것인가.

우리가 살고 있는 물량성장 중심의 자본주의에서, 더구나 모든 지방의 인력과 물자가 서울로 대거 흡수되는 블랙홀의 상황에서 지역공동체 경제의 재건은 소규모, 분산화, 자본의 인간화를 절대 필요로 한다. 지방분권화, 내발적 발전론, 외부 독점자본의 지역화는 작은 것의 소규모 경제방식에서도 밑그림을 얻어야 한다.

지역 커뮤니티, 자본의 인간화

그해 여름이던가, 지역에서는 한창 이마트 현지 법인화운동이 벌어지고 있었다. 대형 유통자본이 대거 몰려들자 재래시장이 붕괴하고 지역자금의 역외 유출도 가속화되었다.

마을마다 사람과 물자의 이동이 빈번했던 재래상권이 쇠퇴하고 소단위 지역공동체도 해체되었다. 그리고 불특정 다수를 대상으로 하는 첨단 쇼핑몰이 하나의 거대한 중심 센터로 자리잡았다.

대형 유통의 독점자본이 지역경제에 미치는 모순에 관한 중심 논리를 개발해 달라는 부탁을 받고 내가 기댈 수밖에 없었던 것은 역시 슈마허의 지역공동체와 소규모 경제론이었다. 이에 대한 논리구상을 다음 몇 단계로 나누어 설정해 보았다.

구상 1: 지역 개념을 어떻게 설정할 것인가. 지역을 단순한 공간이 아니라 새로운 커뮤니티의 장(場)으로 설정한다.

지역은 전통과 문화가 살아 숨쉬고 상호 신뢰와 연대성을 가지는 일종의 커뮤니티(community) 영역이며 인간의 구체적인 삶이 총체적으로 영위되는 공간이다. 커뮤니티 또는 지역공동체는 외부자본을 통해 진출되는 현대 시장경제의 모순과 대항하여 지역의 고유하고 전통적인 심층구조를 유지시켜 주고 사회구성원의 다양한 욕구를 실현하는 역사적·구체적·경험적 삶의 공간을 의미한다.

구상 2: 과연 자본은 시장경쟁의 원칙에 따라 어디서든 무한정한 이윤획득과 자본의 자기증식 운동이 허용되어야 하는가. 시장은 사회적 규칙을 따라야 하며 자본운동이 과도한 파괴력을 갖는다면 마땅히 제어되어야 한다. 지역은 독점자본, 공해산업 등 커뮤니티의 존속을 위협하는 경우 언제든지 거부할 수 있는 선택적 폐쇄성(selective closure)을 가진다. 그렇다면 자본의 지역화 또는 인간화를 위한 운동방정식을 간단하게나마 만들 수 있지 않을까.

유통자본 일반은 M(money, 화폐, 유통자본)→C(commodity, 상품판매)→M′(이득이 실현된 자본)의 경로를 가진다.

유통자본을 인간화시키고 지역화하는 경로수정은 H(humanity, 자본의 인간화와 공동체성 부여)→EM(ecological money, 공동체의 선택을 통과하는 자본, 생태적 자본)→M(유통자본)→C(상품판매)→M′(적정한 이득이 실현된 자본)로 정리할 수 있다. 생태적 자본은 외부 유통자본과 지역공동체의 공생, 대형 유통망과 재래상권의 공생, 외부자본과 지역경제의 공동 빈영 등으로 해석힐 수 있다. 생태경제는 지역 내의 커뮤니티와 상호 공생하는 것이다.

구상 3: 슈마허가 말한 대로 "가장 비경제적 행태는 먼 나라에서 물건을 수입하고, 자국에서는 사용하지도 않고 먼 나라에서 결과가 어떻게 나올지도 모르는 재화를 만들어서 수출하는 것"은 여기서 어떤 의미를 가질까.

생태경제는 지역 내의 커뮤니티가 상호 공생하는 것이다. 소비자들은 가까운 지역의 산품을 소비하고 이웃 생산자들에게 자신의 소득을 되돌려주게 된다. 우리가 먼 곳의 생산품을 소비하게 될 경우에 가령 배추 한 포기를 먹는 데 그만큼 도로에 버리게 되는 에너지의 낭비와 환경오염도 막을 수 있다. 몽고에서 자체의 말젖을 소비하기보다 값이 싸다는 이유로 다국적기업의 덴마크산 우유와 유제품을 소비하게 될 경우에, 지구 반대

편에서 몽고까지 제품이 운반되는 과정에서 엄청난 환경오염이 야기된다. 외부에서 진입한 자본이나 대형 유통마트 역시 지역경제의 순환론에 일정하게 기여를 해야 한다. 대형 유통자본은 지역 생산자와 소비자의 연결을 차단해서는 안 된다.

구상 4: 또 슈마허의 지적대로 "지역의 필요에 따라 지역에서 채취할 수 있는 자원을 사용하여 생산하는 것이 가장 합리적인 경제생활"을 어떻게 지역에서 구현해 낼 것인가. 내발적 또는 내생적 발전론에 근거한 지역경제의 재건이 필요하다.

내생적 지역발전론(endogenous development)은 단순히 중앙정부의 사업이나 외부 대기업의 유치에 의존하는 것이 아니라 지역의 잠재역량과 기술, 구체적 자원을 토대로 주민의 삶의 질을 향상시키려는 것이다. 내생적 발전의 요체는 지역 내부에서 형성되는 발전잠재력을 토대로 지역을 발전시키려는 것이다. 그렇다고 지역 내에 완결된 분업구조만을 오로지 지향하는 것이 아니며 국내분업이나 국제분업을 배제하지 않는다. 내생적 발전론은 지역 내의 자원들이 단순한 가격기능의 시장 메커니즘에 매몰되지 않고 고유한 가치를 발휘할 수 있도록 지역과 생활자가 중심이 되는 시스템으로 발전되어야 한다.

슈마허의 구상에 기대어 인간과 지역공동체에 봉사하는 자본을 어떻게 구현할 것인가를 발제문으로 꾸며 여기저기서 발표하였다.

나라는 존재는 홀로 독립된 것이 아니다. 관계의 그물망 속에서 지혜로운 사람의 생각을 흡수하고 서로 토론하고 또 오늘에 맞게 정리해 나가는 작업은 보람 있는 일이다.

홀로 독립된 존재는 아무리 거대해도 아름답지 않다. 서로가 작은 존재가 되어 연결되고 거미줄 같은 관계 속에 있을 때만이 아름답다. 슈마허의 불교경제는 그것을 내게 가르쳐준다.

07

똥과 돈: 황금과 프로이트

우편물을 뜯어보았더니 시집 한 권이 들어 있었다. 먼저 소식이 한동안 끊겼던 친구의 이름이 반가웠고 더구나 『아나, 똥』이라는 시집제목이 눈길을 끌었다. 평소 같으면 그냥 서가에 꽂아놓을 일이지만 시집을 뒤적이며 「아나 똥」이라는 시를 찾았다.

똥과 땅, 똥과 페미니즘

우리네 욕쟁이 할머니가 질벅하게 쏟아놓은 사설(辭說)을 운문으로 엮어낸 것이었다. 시 구절마다 토속 사투리를 그대로 옮겨놓은 것이어서 시종일관 책 말미의 사투리 설명에 의지해야 뜻이 겨우 통했다.

땅이 많이 물러졌어/나무고 풀이고 간에/손대면 물크덩하니 함부로 주저앉고

키 멀쑥하고 살만 퉁덩퉁덩한 요새 애들처럼…

병기(病氣) 철철 흐르는 땅이 불쌍해서 못 보겠네/땅이란 것은 거름이 들어가야 푸근푸근해지는 거여/그래도 냄새는 똥 것이라야 살로 가는 것이여/농약, 비료가 하도 독하니까 무슨 병이/새로 생긴다고들 안 혀?

식민지 시대의 일제는 조선 재래의 벼품종을 없애고 전부 왜종(倭種)으로 바꿔 미곡증산을 강제했다. 조선 품종은 자운영이나 청대콩 등의 녹비(綠肥)와 외양간이나 사람의 분뇨로 푹 썩어 냄새 향긋한 (?) 두엄자리의 퇴비만 가지고도 재배할 수 있었다. 그렇지만 일본의 신품종은 토지를 빨아먹는 힘이 엄청나 판매 비료를 써야만 키울 수 있었다. 이때부터 조선의 농토에는 일본에서 들여온 엄청난 화학비료가 깔리고 소작농은 비료값을 대느라 허리가 휘어질 지경이었다.

깻묵 같은 판매 비료는 돈으로 사서 쓰는 것이라고 해서 금비(金肥)라 불렀다. 조선 농촌에는 일본의 비료공장에서 생산된 금비(나중에는 화학비료)가 판을 쳤다. 지주는 벼 수확량이 많아 좋았고 미리 소작인에게 꿔준 비료값에 고리(高利)를 붙여 수탈까지 하였으나 조선 농토는 땅심[地力]을 점차 잃어갔다.

조선 농촌의 식민지 근대화는 '똥'과의 결별에서 시작되었는지도 모른다. 이리하여 자연과 함께 생명력을 불어넣던 똥은 '더러운 것'으로 인식되었다. 일본의 자본제 공업상품인 화학비료가 침투하면서 똥과 두엄은 더럽고 처리 곤란한 폐기물로 변모하기 시작했다. 식량생산을 타자(농촌)에 의존하는 도시공간에서 똥은 아예 돌아갈 데를 찾지 못해 길거리에 맴돌았다.

17세기 유럽은 길거리가 온통 오물투성이었다. 건물마다 화장실이 없어 사람들은 오물을 베란다에서 내던져야 했다. 비라도 올라치면 골목마다 오물이 넘쳐 걷기 힘들 정도였다. 이때 파티에 가는 부인들이 더러운 똥을 밟지 않고 걸을 수 있도록 개발된 신발이 하이힐이었다.

근대 부르주아 여성은 바로 이 뾰족구두를 신은 여인으로 상징되는 것은 아닐까. 게다가 하이힐을 신고서는 몸이 앞으로 기울지 않도록 버티다 보니 가슴과 엉덩이가 더욱 도드라져 보여 관능미까지 자랑할 수 있었다.

할머니의 사설대로 "요즘 키가 멀대같은 처녀들, 하이힐을 신고 버텨서 가슴과 엉덩이가 풍덩풍덩 나오게 되는 것"도 똥의 역사와 무관할 수 없다.

원래 독한 것이 닭똥이란 것이여/옥수수, 배추, 콩 포기가 되었든 생 똥이 닿았다 하면 파싹 주저앉아 버리더만/닭똥 보는 족족 줏어 말려서 야무지게 부숴 풀 거름에 섞어야… 힘은 들어도 쇠똥같이 귀한 것이 또 있을까?/지금도 쇠똥 말려서 쓰는 곳도 있고/벽에다 진흙 섞어 바르면 얼마나 야물다고…

골목에서 개똥까지 줏었다는 얘기 안 들어봤나/똥 알기를 금쪽으로 여기던 세월 이제 다 가고…"

참말로 닭똥은 독하다. 닭똥 좋다는 말만 믿고 호박에 잘못 거름 줬다가는 넝쿨이 노랗게 타버린다. 가금(家禽)의 똥만 그런 것이 아니라 새똥 역시 독하다. 유럽의 중세시대에 이런 얘기가 있었다.

대장장이 빌란트는 작업장에 들어가서 줄로 쇠칼을 아주 잘게 갈아 밀가루에 섞었다. 그 혼합물을 새장에 갇혀 있는 새들이 3일 동안 굶기를 기다린 뒤에 먹이로 주었다. 그렇게 해서 받은 새똥을 용광로에 녹여 아직도 철 속에 남아 있던 찌꺼기들을 모두 제거했다. 그것을 새로운 칼로 만들었다. 지금까지 보아온 어떤 칼보다도 예리하고 훌륭했다. 강가로 내려갔다. 빌란트는 폭과 길이가 3피트 되는 양털 뭉치를 들고 가서 강에다 던졌다. 그는 칼을 잡고 물 속에 가만히 있었다. 양털뭉치가 칼날에 와서 부딪히니, 칼은 물의 흐름처럼 양털뭉치를 잘라버렸다.

철 속에 남아 있던 찌꺼기는 새똥에 녹아 완전히 제거된 것이다. 새똥은 대장간에서도 필요했지만 농사짓는 사람에게는 금쪽같이 귀했다.

중세시대에 비둘기집에서 나오는 분뇨는 매우 긴요하게 활용되었다. '한 통의 똥'은 간혹 영주에게 바치는 무거운 세금이기도 했다. 또 영주의 저택에서 일하는 집사(관리인)는 '암소의 똥과 그에 딸린 송아지 똥 그리고 영주 집에서 나온 쓰레기'를 봉급으로 받았다.

몽고 초원에서 말똥을 물에 이겨 연료용 벽돌을 만든다는 사실은 들었지만, 시 구절에 나오는 옛 할머니 말씀대로 "쇠똥을 벽에다 바른다"는 이야기는 처음이다.

어느 요업회사의 사장은 요즘 돈을 잘 벌고 있다. 신비의 황토를 도자기로 굽는 데 성공했기 때문이다. 처음에는 금이 쩍쩍 갈라져서 실패를 거듭하다가 옛날의 장인(匠人)을 삼고초려해서 비결을 겨우 얻어냈다. 비법은 다름 아닌 황토 흙에다 쇠오줌을 섞는 것이었다.

똥이 땅으로 돌아가지 못하고 수세식의 수돗물과 함께 똥물이 되
어 환경을 오염시키고 있다. 문명의 피안길에서 조용히 살아가고 있
는 티베트에도 수세식 화장실이 도입되어 땅속이 더러워지고 있다.
어떤 사람은 군대 화장실에서 똥을 퍼서 버리다가 언젠가는 저렇게
조용히 앉아 있는 똥들이 갈 곳이 없어서 난리를 일으킬 것이라며
'똥의 반란'을 염려하였다.

잘 먹고 잘 싸고 잘 자고 잘 웃는 것이 건강의 최대 비결이다. 황금
같은 색깔의 똥을 잘 싸는 것처럼 중요한 일은 없다.

『흥보전』(興甫傳)에 이런 대목이 나온다. 흥보가 첫째 박을 타서
나온 것은 돈궤와 쌀궤였다. 쌀을 계속 퍼내도 쌀궤에서는 쌀이 끝없
이 나왔다. 흥보 식구들은 참으로 오랜만에 밥 지어서 잔뜩 먹었지만
뱃속이 부글부글 온전할 리 없었다. 마침내 식구들이 참다못해 내지
른 똥은 설사가 되어 하늘 높이 솟아올랐다. 지나가던 행인은 푸른
하늘에 꼬리를 길게 늘이며 올라가는 똥줄기를 누런 황룡(黃龍)이
승천하는 것이라 생각하고 놀란다.

똥을 똥이라고 말한다고 해서 더러워하지 않는 것도 페미니즘 운
동이다. 페미니즘은 나름대로 억압당하고 숨죽여 오던 것들이 제 몫

을 찾고 다른 것과 동등하게 대접을 받고자 하는 운동이랄 수 있다.

황룡이 하늘을 올라가듯이 시원하게 일을 보고 당당히 똥을 이야기하고 똥이 제자리를 찾아가서 다시 우리한테 건강한 먹을거리로 되돌아오게 하는 것도 공생의 길이다.

인간을 지배하고 있는 황금, 똥, 욕망의 고리

어린이들의 생태교육의 일환으로 똥을 소재로 한 동화책도 눈에 띤다. 옛이야기를 동화로 구성지게 꾸며낸 김회경의 『똥벼락』(2001)에서 시설 대목도 흥겁다.

사방팔방에서 똥덩이가 솟아올라 커다란 똥 구름을 일으키더니 온갖 똥덩이가 김부자 머리 위로 쏟아집니다. 굵직한 똥자루 똥, 질펀질펀 물찌똥, 된똥, 진똥, 산똥, 선똥, 피똥, 알똥, 배내똥, 개똥, 소똥, 닭똥, 말똥, 돼지똥, 토끼똥, 염소똥까지 후득후득 처덕처덕 사정없이 쏟아져 내립니다.

착한 도깨비가 욕심 많은 김부자를 골탕 먹이는 전래민담과 권선징악을 다룬 『흥보전』에 얼추 생각이 미친다. 『흥보전』 이야기도 농경사회에서 거름으로 쓰이는 '귀한 똥'과 관련되는 것이다.

여기서 이런 생각을 해보면 어떨까?

『흥보전』에서 전체를 채색하는 색깔은 누런색이다. 박을 켤 때마다 등장하는 누런 똥, 황룡, 황금, 놀부를 응징하는 똥바다에는 노란

색이 일정하게 알레고리(allegory, 흰 드레스가 순결을 상징하듯이 보다 은유적이고 의인화된 표현)를 형성하고 있다.

황금은 누런색이다. 탐욕스런 사람 앞에서 누런 황금은 누렇고 고약한 똥으로 변한다. 『흥보전』의 판본에 따라 그 내용은 다르지만 놀부가 13번째로 켠 박에서는 똥이 쏟아져 나와 온 집안을 똥더미로 만든다.

황금을 기다렸던 놀부에게서 누런 황금은 천한 똥으로 변하여 악취를 풍기는 재앙의 상징이 된다. 물론 놀부가 개과천선하여 똥으로 농사를 착실하게 짓는다면 그것은 다시 황금과도 같은 귀한 똥으로 변할 것이다. 엘리아데(E. Eliade)에게서 성(聖)과 속(俗)은 서로 가역적이며 동시성을 갖는다. 농경사회에서 똥은 황금처럼 귀하고 성스러울(the sacred) 수도 있으며 다시 천하고 속된 것(the profane)으로 변할 수 있다.

황금과 똥의 알레고리는 민담 「황금을 낳는 닭」에서도 볼 수 있다.

옛날에 착한 형제가 살았는데 시장에서 불쌍한 병아리를 사서 열심히 길렀다. 그런데 나중에 그 닭은 황금을 낳는 닭이 되었다. 그런 소문이 퍼지자, 이웃집 마음씨 나쁜 아줌마가 잠깐 동안 닭을 빌려가게 되었다. 거기서 황금을 낳는 닭은, 아무리 좋은 먹이를 주어도 황금 대신에 똥만 누었다. 나쁜 이웃은 화가 나서 닭을 죽이려고 하지만, 황금을 낳는 닭은 겨우 도망을 가서 착한 형제에게 돌아가게 된다.

'황금을 낳는 닭'은 주인의 마음씨에 따라 황금을 똥으로 바꾸어놓았다. 황금이 언제나 고귀하고 성스러운 것은 아니다. 권선과 징악의 의미구조에 따라 귀한 황금이 되고 천한 똥이 되기도 한다.

프로이트는 무의식과 의식의 심리구조 속에서 황금과 똥을 연관시켰다.『성욕에 관한 세 편의 에세이』(1955)의 “성격과 항문 에로티시즘”에서 이렇게 쓰고 있다.

좀처럼 돈을 내놓지 않고 조심스럽게 꽉 쥐고 있는 사람에게 ‘더럽다’거나 ‘추잡하다’고 말하는 경우가 그렇다.

프로이트는 이런아이가 똥을 안 싸고 참느라 끙끙대는 것을 재미있게 관찰하였다. 어린이는 배설의 쾌감을 놓치지 않으려고 좀처럼 변기에서 내려오지 않았다.

자신의 똥을 참는 것은 자기 재산을 밖으로 내놓지 않고 꽉 쥐려는 자본가의 인색과 탐욕을 의미하기도 한다. 돈을 움켜쥐고 갖고 있는 것만으로도 쾌감을 느끼는 자본가는 프로이트 입장에서 어린아이와도 같은 퇴행적 단계에 고착되어 있는 사람이다. 어른이 되어가는 자아형성에 실패하여 아직도 리비도적(libido) 퇴행(regression)과 고착(fixation) 상태에 빠져 있는 것이다.

어린이의 항문기에 고착되어 있는 단계가 놀부라고 한다면 흥부 가족들이 쌀로 밥을 지어 실컷 먹고 마침내 하늘을 솟구치는 누런 황룡처럼 배설해대는 모습은 우리에게 시원한 쾌감을 준다. 황금과 누런 똥의 연결고리는 프로이트의 욕망론으로 이어진다. 무의식에 억압된 황금욕망은 꿈속에서 악마로 의인화(擬人化)되어 나타나기도 한다.

꿈속에서 산신령이 나타나 로또복권의 숫자를 말해 주는 것도 무의식의 억압된 본능이 의인화된 것으로 볼 수 있다.

우리의 심리적 구조를 2층집으로 비유해 보면 무의식은 1층에, 의식은 2층에 살고 있다. 1층과 2층이 서로 왕래하지 못하도록 중간계단에는 경찰관 한 명이 감시하고 있다. 밤이 되면 경찰관도 가끔씩 존다. 무의식과 의식의 경계선을 지키는 감시망도 매우 허술해진다. 이 틈을 타서 무의식 속에 잠재되어 있던 욕망이 계단을 올라와서 의식으로 넘어온다. 따라서 돈에 대한 무의식의 억압된 욕망이 의식에서는 산신령이 되거나 똥 꿈으로 나타나기도 한다. 그리고 아침에 우리는 로또복권을 사러 뛰어나간다.

프로이트에서 누런 똥과 황금의 노란색 알레고리는 무의식과 의식의 경계선을 기준으로 일정한 연결고리를 맺고 있다 할 것이다.

악마는 아니더라도 우리 전래의 민담에서도 돈이 의인화되어 나타나는 장면을 볼 수 있다. 「돈귀신」이라는 민담의 간략한 줄거리는 다음과 같다.

① 과거급제를 한 선비(재야의 학자) 부부가 벼슬이 내리기 전에, 견문을 넓히러 한양에 올라오지만 친구 집을 찾지도 못한 채 고생이 심하였다.

② 마침 커다란 집을 발견하고 거기에서 잠을 자기로 하였다.

③ 남편은 출타중이어서, 부인 혼자서 바느질을 하고 있고 있었다. 그런데 갑자기 몸집이 커다란 사나이가 방안으로 들어와서 부인의 한쪽 다리를 베고 누웠다.

④ 부인은 놀라서 뜨거운 인두로 그 사나이의 머리를 눌렀다. 그러자 그 사나이는 아무 말도 없이 다른 방으로 건너갔다.

⑤ 나중에 남편과 함께 그 방을 뒤져보니, 먼지가 가득 쌓인 방에 돈궤가 있었다.

⑥ 돈을 오래도록 쓰지 않아서, 돈궤에서 돈 귀신이 나왔던 것이다.

뭔가를 알려주고 싶은 염원이 의인화되어서 나타난 것이 돈궤에서 나온 장정이다. 돈은 실물생산의 원활한 유통을 위해 반드시 필요하다. 돈과 물자가 서로 맞물려서 잘 돌아야 모든 사람이 혜택을 입을 수 있다.

화폐가 오래 사용되지 않거나, 또는 화폐가 당연히 가야 할 곳으로 가지 않는다면, 화폐 속에 숨어 있던 마나(Mana, 어떤 것에 작용하는 초월적인 힘의 관념)와 같은 힘이 사람의 모습으로 의인화되어 경고를 하게 되는 것이다.

돈이란 돌고 돌아야 한다. 가치척도와 매개수단을 위해 유통되어야 하는 일반적 등가물＝화폐가 궤짝에 쌓여 있어 퇴장(退藏)되거나 탐욕의 축적대상이 되어 한곳에 머물고 있을 때, 원래 있던 자리로 항상 되돌아가고 순환하고 싶은 풍요로운 숲의 정령 하우(hau)가 의인화되어서 나타나는 것은 아닐까.

황금은 주술적으로 신성하고 지고한 것으로서 대접을 받았다. 그런데 황금이 공동체 사회의 내부에 침투하여 인간관계를 탐욕스럽게 변질시킬 때 그것은 지옥의 똥이 되었다. 어쨌든 전래 민담이 되었든 프로이트가 되었든, 예나 지금이나 누런 황금과 똥, 욕망은 서로 삼각관계를 이루면서 끊임없이 인간의 정신병리를 지배하고 있는 것 같다.

n, 2n, n²의 경제와 인생

18세기 맬서스(T. R. Malthus)의 인구론을 기억하는 사람은 아직도 많을 것이다. 산아제한이 한창이던 1960년대에 고등학교 교과서에도 실렸던 내용이다.

인구는 기하급수적으로 증가하고 식량은 산술급수적으로 늘어나 인간은 빈곤과 기아에 시달린다는 것이다. 맬서스는 당시 비교적 식량제약이 없던 미국을 예로 들어 25년마다 인구가 2배로 증가한다고 지적하였다.

네트워크 사회와 멧캘프 법칙

기하급수는 2n, 산술급수는 n으로 표시된다. 이에 따라 인구는 기하급수적으로 1, 2, 4, 8, 16, 32, 64, 128, 256으로 증가하는 데 반해 식량은 산술급수적으로 1, 2, 3, 4, 5, 6, 7, 8, 9로 증가하기 때문에 인구증가와 식량생산의 격차는 필연적이었다.

당시 농업이 지배하던 사회에서 인구의 증가속도는 2n이었으며 식량은 n의 생산시대였다. 증가하는 노동력을 그만큼 토지경작에 투입해도 식량생산은 어느 일정 시점을 지나면 감소하게 마련이었다. 수확체감의 법칙이 작용한 것이다.

그렇다면 인구에 비해 턱없이 부족한 식량 때문에 굶게 되는 맬서스 함정을 어떻게 벗어났을까. 경제의 역사 사이클에서 기술혁신이 식량위기를 극복해 주었다. 기술혁신은 생산성을 향상시키고 새로운 자원을 개발하여 기존의 한계선을 끌어올렸다.

현대에 와서는 나노, 유전자, 디지털, 바이오의 극미(極微) 분야에서 눈부신 기술혁신이 일어나고 정보통신이 새로운 산업을 주도하게 되었다. 선진국과 저개발국의 남북문제, 유전자 조작의 윤리문제 등에 잠시 눈감아 보면 어쨌든 식량과 자원도 2n에 가깝게 늘어나면서 이만큼이나마 인구를 부양해 주고 있다.

바야흐로 오늘날의 디지털 사회는 n^2으로도 나타낼 수 있다. LAN의 근간이 되는 이더넷(Ethernet)의 창시자로 알려진 멧캘프(Bob Metcalf)의 법칙이란 것이 있다.

네트워크의 가치(V)는 네트워크 수용자 숫자(n)의 제곱에 비례한

▶▶ 멧캘프의 법칙

네트워크의 가치는 그 네트워크에 참가하는 구성원의 수에 비례하는 것이 아니라 구성원 수의 '제곱'에 비례한다.

다는 것이다($V=n^2$). 이에 따르면, 네트워크에 연결된 사람의 숫자가 2배가 되면 상호연결을 통해 사람들이 얻게 되는 총효용, 즉 어떤 것을 소비해서 얻는 기쁨은 4배로 늘어난다.

네트워크 사회는 어떤 상품이나 사이트를 사용하는 사람이 많아질수록 그 가치도 무한하게 커진다. 팩스, 이메일 네트워크, 인터넷의 포털 사이트 등을 이용하는 사람이 많고 회원 가입자가 늘수록 (시장)가치는 n^2으로 커지게 된다.

가령 채팅 네트워크 그룹 A는 회원수가 20명이고 B그룹은 10명이라면 A그룹의 회원수는 2배이지만 그 효용은 4배가 되는 셈이다. 따라서 인터넷 사이트의 가치는 가입회원 수의 제곱이기 때문에 초기 마케팅 비용을 감수하더라도 모두가 회원모집에 열을 올리고 있는 것이다.

사이버 네트워크에서 한 사람의 자그만 의견이 어느 시점에서 무한 급수적으로 확산되어 전체를 소용돌이 속으로 몰아가는 티핑 포인트(the tipping point)도 네티즌이 발휘하는 n^2의 네트워크 파워다.

이렇듯 우리는 서로 함께하고 서로 나눌수록 커지는 네트워크의 사회에 살고 있는 것이다. 서로가 나누면 나눌수록 총효용은 무한 급수적으로 늘어나는 연결사회가 되었지만, 이것이 이상하게 변질될 때는 그만큼 폐해도 막심하다.

욕망은 n으로 묶어놓자

언젠가 우리 학교 편입시험의 면접을 보는데, 한 학생이 느닷없이

1분만 시간을 더 달란다. 그리고는 주간지 2권을 내보이며 네트워크 마케팅을 설명하고는 곧 다단계 판매가 긍정적으로 검토될 것 같으니, 이쪽을 진로로 삼기 위해서 경제학을 공부하고 싶다는 것이다.

그런 욕망을 나무랄 것까지는 없다. 한국사회에서 고착화되는 세습적 악순환의 고리를 끊고 학력차별 없이 일찍부터 더 높은 곳으로 욕망을 투영하고자 하는 젊은 그대들을 뭐라고 할 수도 없다.

땀 흘리고 노력하는 학업과 고된 수련은 산술급수적인 n의 삶의 방식이다. 뚜벅뚜벅 자신의 길을 걸어가는 n의 청년기, 인생의 어느 시점에서 자아를 성취하고 삶에 희열을 느끼는 기하급수적 $2n$의 시기가 개인 삶에서 바람직한 길일 것이다.

처음부터 n^2의 다단계 네트워크에서 우리의 삶과 욕망을 섣불리 실험하고자 한다면 그것이 남긴 황량함도 그만큼 커지게 마련이다.

네트워크 마케팅(다단계 판매)은, 서로가 연결되어 나눌수록 더욱 커지는 기쁨과 효용 그리고 미래에 나 자신의 무한한 인적 자원이 되어주는 휴먼 네트워크를 다단계의 상품 유통관계로 전락시키는 것이나 다름없다. 다단계를 긍정으로 보는 사람들은 그것이 악용되어서 그럴 뿐이라고도 한다. 그러나 이익 보는 사람이 있다면 손해 보는 이도 있을 것이고, 누군지 모르지만 그 사람들이 관계를 맺고 있는 하위 네트워크 덕분에 나 자신의 소득이 n^2식으로 많아지길 기대한다는 것은 어떤 형태로든 정당성을 얻기 어려울 터이다.

다단계에서 큰돈을 벌 수 있는 확률은 0.08%라고 한다. 1천 명 가운데 1명만 좋고 나머지 999명은 돈도 못 벌고 자기의 소중한 인간관계만 파괴되는 형국이다. 내 주변이라고 왜 그런 사람이 없겠는가,

인터넷에서 다단계 판매에 관한 내용을 뒤지다 발견한 경구가 의미심장하다.

"인생을 살기는 쉬우나 잘살기는 어렵다. 욕심내지 말자. 더욱 벼랑으로 내몰리는 경우가 허다하다."

맬서스 식으로 표현한다면, 네트워크와 욕망은 기하급수적으로 증가하지만 우리가 딛고 서 있는 삶의 원칙은 산술급수적이다. 내가 가지고 있는 삶의 용량과 네트워크를 가늠하지 못하고 섣부르게 살다 보면 순식간에 벼랑으로 몰릴 수 있는 광속도와 기하급수의 사회에 우리는 살고 있다.

욕망은 n으로 묶어놓을 일이다. 경제사의 식량과 인구의 맬서스 함정이 자칫하면 우리들 삶에서 욕망의 덫이 될 수 있음이다.

8

막걸리 경제학

막걸리집이 하나 둘 늘어나더니 이제는 아예 집단촌을 이루어 전국적인 명소가 되었다. 넉넉한 안주에다 인심도 좋아 술을 시킬 때마다 색다른 요리도 뒤따른다.

어느 막걸리집은 안주를 세어보니 찌개까지 합쳐서 15가지나 되었다. 조개구이, 홍합국물, 삼합(수육, 김치, 칠레산 홍어 또는 가오리), 번데기, 해물전, 생선구이, 붕어찌개, 다슬기에다 계절의 별미가 오른다.

어느 집 하나 안주가 똑같지 않다. 집집마다 그 집의 독특한 안주가 손님을 사로잡는다. 불황기에 번창하는 막걸리가 예사롭지 않다.

똑똑이보다 똘똘이가 필요한 이때

경기가 안 좋으면 여러 가지 현상이 나타난다. 길거리에 손님을 기다리는 빈 택시가 먼저 눈에 띄고 패션에서도 때가 잘 안 타는 검정·파랑·회색 계통에다 실용적이고 세탁하기 쉬운 의상이 늘어난다. 유통업체도 아울렛과 천 원짜리를 파는 천원숍이 인기를 끈다. 또 불경기에는 립스틱이 제법 팔린다고 한다. 값비싼 정장이라든가 외출복을 살 수 없으니 얼굴 화장이라도 조금 화려하고 싶은 까닭이다.

허름한 1층 사무실이나 문 닫은 음식점에 막걸리집이 출현하는 것도 불경기의 특징이다. 음식솜씨와 정성만 있다면 창업비용도 얼마 들이지 않고 가족노동으로 충분히 수익을 낼 수 있는 것이 막걸리집인 듯하다.

우리 동네를 둘러뵈도 안타까운 음식집이 몇 군데 있다. 어떤 집은 수시로 메뉴와 업종을 바꾸느라 간판도 어지럽다. 또 어떤 집은 붕어찜과 돼지불고기 메뉴가 나란히 붙어 있는가 하면, 냉면과 청국장이 같이 걸려 있는 음식점도 있다. 급한 마음에 이런저런 메뉴를 준비하다 보니 그렇게 되었을 것이다.

음식점처럼 흥망이 요동치는 분야도 없다. 무조건 달려든다고 다 되는 것은 아니다. 요즘 같은 불경기에는 소득계층이 더욱 양극화되기 때문에 마케팅 대상을 정확히 겨냥하고 독특한 맛을 제공할 수 있는 노하우를 가져야 한다.

불경기는 대개 양극화 현상을 특징으로 하고 있다. 군소자본이 불황을 견디다 못해 몰락하고 거대자본이 이것을 흡수하거나 통합하는 독점 현상이 두드러진다. 경기가 불투명하면 놀고 있는 유휴자본들이 많다. 이들 자본은 투자수익이 조금이라도 있는 곳이라면 일시에 몰려들어서 독점이윤을 챙긴다. 따라서 자본이든, 계층간이든, 소득분배에서든 양극화 현상이 두드러진다.

경기가 안 좋다 보면 어중간해서는 살아남을 수 없다. 확실해야 한다. 저성장 시대의 직장생활도 이와 다르지 않다. 적당히 헤엄치고 적당히 걷는 오리인간은 용납되지 않는다. 확실히 헤엄치든지 확실하게 걷든지 양자택일을 해야 한다. 오늘날 실업현상은 구조적인 문제도 있겠지만, 무엇을 잘못해서 일자리를 찾지 못하거나 직장을 떠나는 것이 아니다. 사소한 분야에서 한 가지라도 확실하게 하지 못하거나 뭔가 튀지 못했기 때문이리라.

머리가 좋고 똑똑해서 성공하는 것은 옛말이 되었다. 용기와 배짱, 내가 하는 일에 대해 열정과 끼가 있어야 한다. 조벽 교수가 명강의 노하우에서 인용하고 있는 심리학자 스타인버그(R. J. Steinberg)의 『성공적인 두뇌』(*Successful Intelligence* 1996)에 이런 이야기가 나온다.

똑똑이와 똘똘이가 산을 넘어가고 있었다. 똑똑이는 학교에서 이름난 우등생이고 똘똘이는 동네에서 소문난 개구쟁이다. 이 두 아이가 산속에서 호랑이를 만났다. 똑똑이가 척 보니까 호랑이는 250미터 떨어져 있는

▶▶ 어느 황토구이 음식점 여사장의 이색적인 광고

맛있는 오리고기, 번화한 거리에 위치한 음식점이었고 게다가 여주인도 미모였다. 여사장은 몸에 착 달라붙는 타이즈를 입고 황토 칠을 온몸에 바른 다음 오후 5시에 주변거리를 산책했다. 행인들은 미쳤다고 수군대면서도 재미있어 했다. 하지만 여주인은 개의치 않고 1주일 동안을 매일 반복했다. 얼마 후에 이 식당은 손님이 앉을 자리가 부족했다.

데 달려오는 속도는 시속 50킬로미터 정도였다. 똑똑이는 정확히 계산을 해보더니 "아, 우린 이제 17.88초 후면 죽었다!"라고 똑 소리 나게 재빨리 결론지으면서 친구 똘똘이를 쳐다보았다. 그러나 똘똘이는 태연스럽게 자기 운동화 끈을 동여매고 있지 않은가. 그 모습을 본 우등생 똑똑이는 열등생 똘똘이를 비꼬았다.

"멍청하긴, 네가 뛰어봤자지, 호랑이보다 빨리 뛸 것 같아?"

그러자 똘똘이는 씩 웃으면서 말했다.

"아니야, 나는 너보다만 빨리 뛰면 돼."

똑똑한 논리분석보다는 창의와 지혜가 있어야 한다는 얘기다. 3년을 공부하며 과학적 분석력을 키우는 이유는 중요한 순간에 3초의 판단력과 지혜를 기르기 위한 것이다. 과학이 멈추는 곳에 비로소 직관력이 피어난다.

음식점에서 음식이 늦게 나온다고 짜증내는 손님이 있다. 논리분석력이 똑똑한 주인은 어떻게든 주방에서 음식이 나오고 테이블까지 배달하는 시간을 3초라도 단축하려고 노력할 것이다. 하지만 서빙하는 종업원을 더 고용하느라 비용을 들일 필요는 없다. 더 나쁜 것은 손님의 이런 행동을 보고, 다 큰 어른이 배고픈 것도 못 참나! 하고 속으로 투덜거리는 태도다.

손님이 배고파서 신경질 낸 것은 아니다. 자신이 무시당하고 있다는 데 대한 반발이다. 손님의 인격을 존중해 주는 방법을 찾으면 간단히 해결된다.

삶의 해답은 의외로 단순한 곳에 있다. 우리가 못 볼 뿐이다. 눈 크

어느 백화점에서 고객들이 엘리베이터 속도가 느리다고 불평이 많았다. 이 문제를 해결하기 위해 엔지니어링 자문회사에서 6명이 1주일 동안 엘리베이터를 분석하고 새로운 장치를 디자인하는 데 성공했다. 그런데 필요한 예산을 뽑아보니까 비용이 너무 많이 들었다. 어떻게 할까 망설이고 있는데 엘리베이터 담당 청소부가 단돈 5만원으로 문제를 해결하겠다고 나섰다. 지배인은 속는 셈치고 허락하였다. 청소부는 하루 만에 일을 끝냈고 고객들은 불평이 없어졌다.

청소부가 고안해 낸 해결책은 엘리베이터 안에 큰 거울을 달아놓는 것이었다. 엘리베이터에서 우두커니 시간을 보내던 고객들은 그 뒤부터 거울 앞에서 머리도 쓰다듬고 몸매도 고치면서 "벌써 다 왔나?" 하며 아쉬운 듯이 엘리베이터 문을 빠져 나갔다.

게 뜨고 마음을 열고 나를 감성 있게 달구면 보이지 않던 것들이 서로 연결되어서 다른 것을 만든다. 내가 서 있는 자리에서 잠깐만 몸을 옆으로 돌리면 된다.

감성과 즐거움, 내 몸 가볍게 하기

이성과 논리분석력으로 고착된 나 자신의 무거움을 가볍게 하기 위해서는 감성적이고 즐거워야 한다.

음식점이나 막걸리집도 흥겹고 즐거워야 한다. 감성의 시대는 기억이다. 단순히 음식을 파는 것이 아니라 감미로운 재미와 즐거움의 기억을 제공해야 한다.

내가 자주 다니는 막걸리집은 이름부터가 감성적이다. 아내와 산책을 하고 난 뒤에 즐겨 찾는 막걸리집은 "아낌없이 주련다"인데 여주인 마음씨가 쏠쏠하다. 목로주점, 노들강변, 완산주막, 수목(水木)과 같은 이름은 기본이다.

요즘 새로 분양하는 아파트 브랜드도 이를 본떴음일까. 한문과 음성을 결합시킨 래미안(來美安), 설래임(雪來林), 수·목·토(水·木·土)나, 순 우리말로 안락 뜨락채, 푸르지오 등에다 시어머니가 못 찾아오도록 발음을 어렵게 했다는 우스갯소리를 가진 미켈란쉐르빌, 아카데미스위트 등의 이름도 있다.

어느 특강에서 "e-편한 세상" 아파트 이름을 본떠서 좋은 장례식장을 하나 작명해 드린다고 했더니 모두 솔깃했다. 대답은 "저- 좋은 세상"이다.

일본에서도 불황기에 감성적이고 긴 이름을 짓는 것이 새로운 마케팅으로 부상했다. "꽃이 피듯 튀김껍질이 부풀어오르는 샐러드유" "포실포실 따끈따끈한 떡피자 그라탕"

제품의 이름만 들어도 먹고 싶고 바삭하고 따끈한 이미지가 그대로 다가오지 않는가.

원 플러스 원 전략도 상상력에서 출발한다. 요즘 통닭에다 생맥주를 배달하는 것은 기본이 되었다. 여기에다 비디오까지 곁들이면 금상첨화일 것이다.

흩어져 있는 것들을 하나의 실로 엮으면 새로운 상품이 탄생한다. 연결의 경제가 별것이 아니다. 일본의 색다른 마케팅에 '주세미'란 것이 있다. 주유소에 기름을 넣으러 왔다가 세탁물을 맡기기도 하고,

기름을 넣거나 세차를 하는 동안 미장원에서 머리를 손질할 수도 있다. 주유, 세차, 세탁, 미장원 등 한번에 네 가지 일을 볼 수 있다.

불광부지(不狂不至), 미치지 않으면 미치지 못한다

어려울수록 꿈과 상상력을 키우고 무한한 열정의 샘을 파야 한다. 누구는 이를 두고, 춤추고 열광하는 허슬(hustle)로 표현한다. 까무러치도록 열정을 가지고 죽기 살기로 달려들어서 뭔가를 성취한다는 뜻이다.

불광부지(不狂不至), 미치지 않으면 미치지 못한다. 한번 미쳐야 비로소 거기에 다다르고 미칠 수 있다. 미친 사람을 우리는 광인(狂人)이라고 하지만 이것을 잘 뜯어보면 우리가 지금 생각하고 있지 못하는 일을 먼저 하는 사람이란 뜻이다. 狂은 넓을 廣과 통한다. 넓다는 뜻은 현재의 규범과 틀에 구애받지 않고 스스럼없이 행하는 사람이다.

불경기를 살아가는 방법도 여러 가지가 있을 것이다. 우선 당장은 삶을 확실하게 되잡아야 한다. 현재가 괜찮다 하더라도 가까이 다가올 미래를 절박하게 생각하고 아무리 사소한 분야라도 최고가 될 수 있는 준비를 미리 해야 한다.

똘똘이가 씩 웃으면서 똑똑이에게 한 "나는 너보다만 빨리 뛰면 돼"라는 말 속에는 또 다른 뜻이 숨어 있다. 나는 너보다 1밀리만 앞서면 된다는 것이다.

어떤 분야에서 무엇이 되었든 티나(TINA)가 되어야 한다. There

is no alternative의 약자다. 나 이외는 대안이 없다는 뜻이다. 원래는 영국의 대처수상이 자기 노선을 고집스레 밀고 나가는 독선적인 의미로 썼던 말이지만, '나만의 앎과 열정으로 밀고 나가는 삶의 방식'으로 바꿔놓을 수도 있겠다.

저성장과 저금리 시대에는 주식, 채권, 적립식 펀드 등에 투자하여 노후를 대비하는 재테크 전략이 두드러진다. 10억 정도는 만들어놔야 하지 않겠나? 하는 불안감을 조성하여 각종 재테크 방법을 소개하고 있다. 물론 틀린 말은 아니지만 이보다 더 확실한 방법에 투자해야 한다.

니 자신을 위한 투지다. 재(財)테크가 아니라 나를 위한 자(自)테크이다. 자테크는 지식형 인간을 위해 끊임없이 자신에게 투자하고, 여윳돈이라도 있다면 지식을 재충전하고 잠깐이라도 외국의 유명 아카데미에 가서 공부에 쏟아붓는 것도 미래를 살아가는 전략이다.

어려울수록 돌아가라는 말이 있다. 저성장 시대에는 오히려 자신의 삶을 되돌아보고 진정으로 내가 원하던 삶이 무엇이었던가를 되새길 필요가 있다. 내가 이루고 싶었던 꿈, 내가 하고 싶었던 취미는 무엇이었나, 느긋하게 삶을 성찰해도 좋다.

고성장 시대에는 마치 나의 삶이 핑크빛인 것처럼 착각하여 내 마음의 유리알 진주를 못 보게 된다. 조금 느릿느릿하게 살면서 나를 성찰하는 삶의 방식에도 눈을 돌려야 한다.

막걸리 한잔에 색다르고 푸짐한 안주를 음미하면서도 저편에 있는 시장을 쳐다보게 된다. 가격은 시장에서 어떤 재화가 제대로 공급이 안 되어서 비싸고 무엇이 풍성하게 나오는가를 알려주는 신호등

(signal) 역할도 한다. 그날그날 자주 나오는 안주거리는 시장에서 많이 공급되고 값싼 것들이다. 그리고 질 좋은 상품을 고르는 것은 주인의 경영능력이다.

오늘은 산에 올라가 땀을 흘리고 어디로 가서 막걸리 한잔을 할까 보다. 우리 고장 막걸리집에는 넉넉한 인심이 아직도 넘쳐흐르고 푸짐한 안주를 바라보노라면 다시 옛날로 돌아간 기분이 들 정도다. 거기에 사람 사는 즐거움이 있고 우리가 배워야 할 현장의 철학과 경제가 있다.

불경기를 어떻게든 살아가야 한다면 거기서도 재미를 느끼고 열정에 젖는 것도 지혜이리라.

도시락과 빈곤의 역사

방학중에 결식아동에게 지급하는 부실 도시락이 한바탕 여론의 도마에 올랐다. 성장기 청소년들이 먹기에는 터무니없이 열악한 건빵도시락이 제공되었으며 일부에서는 결식 어린이들에게 돌아갈 무료식권을 어른들이 가로챈 것으로 드러났다.

지원도 격을 갖추어야 한다

몇 년 전에는 점심값 명목으로 9만 원 상당의 농협상품권을 지급하였으나 실효를 거두지 못했었다는 내용도 기억이 난다. 그때 중학교 여학생은 방학 때까지 나눠 써야 하는 '상품권'을 한꺼번에 써버려 점심을 해결할 길이 막막한 상태라고 했다. 그 여학생은 "농협 마트가 멀리 떨어져 있어서 한꺼번에 물건을 살 수밖에 없었다"고 했다.

차라리 현금으로 지급해서 언제든지 집 가까운 아무 곳에서나 필요한 것을 구입할 수 있게 할 일이지, 무슨 도시락이며 상품권인가 하는 생각이 들었다. 물론 아직 어린지라 다른 데다 돈을 쓸 수 있다는 우려 때문이었으리라.

사회보장 급여에는 현금과 현물(결식아동을 위한 학교급식과 음식물 배달), 증서(voucher, 바우처) 방식이 있다. 현물급여는 도시락처럼 끼니해결이라는 정책목표를 실현한다는 나름대로의 장점도 있지만 제일 큰 문제는 소비단계에서 심각한 수치심을 불러일으킨다는 점이다.

현금과 현물의 중간단계에 증서가 있다. 예를 들어 미국의 음식물증서(food stamp) 프로그램은 수급자에게 증서를 주는데 음식물이라는 용도 내에서 다양하게 선택할 수 있다. 먼 거리의 농협마트에 가서 한꺼번에 물건을 사가지고 터덜거리며 오가야 하는 상품권과는 거리가 멀어도 한참 멀다.

도시락을 받는 순간에 느끼는 상처난 자존심, 도시락 뚜껑을 여는 순간에 느껴야 하는 실망, 버스를 타고 무거운 장바구니를 끙끙대며 들고 와야 하는 자괴감은 어린이들이 열악한 환경에 처해 있다고 해서 감수해야 할 수치심이 결코 아니다.

최상천의 『알몸 대한민국 빈손 김대중』의 한 대목을 옮겨보면 어린이들에게 진정한 나라의 의미를 준다는 것이 무엇인가도 알 수 있다.

독일 집권당이 재정적자를 줄이기 위해서 가난한 사람들에게 주는 지원금을 현금 대신 쿠폰으로 지급하는 법안을 제출했다. 이 법안을 두고 각 정당끼리 티격태격할 때, 한 여성의원이 발언권을 얻어서 자기 의사를 밝혔다. 대충 다음과 같은 내용이었다고 한다.

"지원금을 받는 사람들은 그 사실만으로도 자존심이 상합니다. 그런데 정부가 돈을 아끼기 위해 그들의 물품 선택권을 빼앗는 것은 심각한 인격 침해입니다. 나는 그들의 자존심을 배려하고 선택권을 보장하는 것도 정부의 책임이라고 믿습니다."

연설이 끝나자마자 모든 의원들이 일제히 기립박수를 보냈다. 이것으로 회의는 끝났다. 그 법안은 곧바로 폐기되었다. 그러나 이것으로 끝난 것은 아니었다. 정부는 지원금을 받는 사람들에게 편지를 보냈다.

"여러분이 받는 지원금은 정부의 시혜가 아니라 여러분의 권리입니다."

이 땅에 태어난 아름다운 권리

빈곤에 대한 사회적 인식과 태도는 역사적으로 다양한 기복을 겪었다. 중세시대만 해도 청빈은 미덕이었으며 가난한 사람은 하느님의 아들이었다. 부유한 사람이나 봉건영주가 십일조를 교회에 바치고 그것으로 빈자를 돕는 것은 신의 영광을 더하고 찬미하는 일이었다.

산업혁명의 기운과 함께 영국 농촌에 일대 지각변동이 일어났다. 양모산업이 발달하면서 양을 키우기 위해 종전의 경작지는 바뀌어버렸다. 농경지에 울타리를 치는 인클로저(enclosure) 운동으로 농민들은 땅에서 추방당했다. 목장의 양치기 소년이 한가롭게 피리를 불고 있을 때 그 땅에서 쫓겨난 농민들은 먹고 살길을 찾아 하염없이 도시를 떠돌아다녀야 했다.

농촌 공동체가 토지를 상실했다는 것은 바로 산업화 시대의 빈곤이 시작되었다는 것을 의미한다. 빈민은 사회질서를 해치는 방랑자(vagabond)로 규정되고 가난은 나태와 태만의 결과로 인식되었다.

영국 엘리자베스 여왕 시대(1533~1603)에 방랑자는 범죄자로 규정되어 가혹한 처벌을 받았다. 건장한 빈민은 떠돌아다니다가 한번 체포되면 가슴에 V(vagabond)라는 낙인이 찍히고 2년 동안 노예생활을 해야 했다. 그러다 또 잡히면 S(slave)의 낙인이 찍히고 재범한 자는 사형에 처했다.

노동능력이 있는 빈민은 공장에서 노동을 하든지 아니면 굶어죽든지 둘 중의 하나를 선택해야 했다. 노동능력이 없어서 구빈원에 강제로 입소된 빈민은 인간 이하의 대우를 받고 시름시름 앓다가 도태되어야 했다.

구제를 받는 빈민은 일반 시민의 자격을 상실하고 열등 빈민(pauper)으로 구분되어 스티그마(stigma, 사회적 낙인)가 찍히는 수치심을 겪었다. 빈민은 팔다리만 움직일 정도면 구제를 받지 않고 어떻게든 열악한 공장에서라도 하루 20시간 이상을 일하는 것이 차라리 나았다. 가난은 죄였으며 범죄였던 것이다.

근대 자본주의에 들어와서 빈곤은 사회적 책임으로 인식되었다. 빈곤은 태만이나 음주벽같이 나태한 개인적 성격이 아니라 구조적으로 불황기의 대량실업과 자본주의 고용불안에서 기인하는 것이었다. 빈곤이 사회적 지위를 획득한 것은 사회주의 침투에 대한 일종의 대응책 때문이기도 했다.

빈민은 자칫하면 자본주의에 불만을 느끼는 프롤레타리아로 변하여 체제를 위협할 수 있는 계층이었다. 사회의 최하계층에 있는 인생의 찌꺼기(residuum)들이 프롤레타리아에 전염되는 것을 방지하기 위해서는 국가가 국민 최저수준(national minimum)을 보장할 필요가 있었던 것이다.

자유와 경쟁의 자본주의 가치에 평등이라는 요소가 도입된 배경에는 사회주의와 치열하게 벌였던 이데올로기 싸움이 있었다. 사회개량 정책 등의 복지정책은 사회주의에 대한 해독제(antidote)로 불리기도 했다.

오늘날 신자유주의와 시장논리에 의해 빈곤은 다시 죄악시되고 있다. 소비에트연방과 동유럽 사회주의가 몰락하면서 자본주의는 더 이상 이데올로기 경쟁을 할 필요가 없게 되었다. 1975년 오일 쇼크 이후부터 현대 자본주의 국가는 만성적인 불황으로 적자에 허덕이게 되었고 복지재정도 바닥이 났다.

이리하여 복지국가의 이념이 후퇴하는 대신에 웬만한 것은 시장에 맡긴다고 하는 작은 정부(cheap government)가 출현하였다. 국가가 떠안았던 모든 것들도 민영화되어 시장기능에 맡겨지게 되었다.

복지의 개념도 생산적 복지라는 개념으로 변모하였다. 생산적 복지는 시장경제의 활력을 유지하면서 복지를 지향하는 시장 친화적 복지(market with welfare)에 가까운 개념이다. 따라서 노동과 연계되는 생산적 복지는 빈곤가정 · 장애인 · 노인 같은 사회적 취약계층을 오히려 더 취약하게 할 수 있다.

역사는 달팽이관처럼 돌고 돈다지만 빈곤의 경제사에서도 혹시 일할 수 없는 자는 먹지 말라고 하는 전근대의 복지 개념과 수치심을 불러일으키는 망령이 되살아나는 것은 아닐까.

최소한의 인간다운 삶을 누릴 수 있는 권리는 정당하며 기꺼이 존중받아야 한다. 특히나 사춘기이고 감수성이 예민하고 마음의 상처를 입기 쉬운 결식아동들에게 지원되는 사회보장 급여는 더더욱 조심스러워야 한다.

어린이에게 최소한의 인간다운 삶을 누릴 수 있는 권리는 정당한 권리이며 자존심 또한 기꺼이 존중받아야 한다. 이 땅에서 살아가는 그들의 몫이 제대로 대접받고, 이 땅에서 태어났다는 것만으로도 정당한 권리를 향유할 수 있어야 한다.

돈보다 먼저 꿈을: LEADERSHIP의 비전

"돈이란 무엇인가? 먼저 꿈을 키웁시다!"라는 주제로 청소년 비전경제교실을 열고 있었다. 강의를 막 시작할 무렵이었다. 강당 앞줄에 앉은 중학생 한 명이 노트를 의자 사이로 빠뜨린 것이 보였다. 손을 틈새에 살짝 집어넣어 노트를 줍긴 했는데 잘 빠지지 않아 끙끙대는 것 같았다.

그것을 보고 순간적으로 아이디어 하나가 떠올랐다. 강의를 시작하자 곧바로 칠판에 퀴즈문제를 냈다.

"아프리카에서 원숭이를 사로잡는 방법은 무엇인가? 강의시간이 끝나면 얘기해 볼 것."

강의 1: 국력이 화폐의 힘이다

옛날처럼 달러를 가지고 미국 은행에 가면 돈의 액수만큼 금으로 바꿔줄까요. 물론 아닙니다. 지폐 뒷면에 이 돈을 중앙은행에 가져오면 금(gold)으로 바꿔준다고 적혀 있던 시절이 있었습니다. 그때는 금의 가치가 바로 지폐를 보증해 주었습니다. 이제 그렇지 않습니다. 그런데 종이에 씌어 있는 금액이 어째서 힘을 발휘할까요. 국가가 지불을 보증해 준다고 약속했기 때문입니다. 그래서 법화(法貨, legal money)라고 부릅니다. 화폐는 국가의 약속입니다.

세계경제도 마찬가지입니다. 현재 미국의 힘이 가장 세기 때문에 너도나도 달러를 갖고 싶어하고 그것으로 수출입 대금도 결제합니다. 신용 없는 사람의 약속을 믿으려 하지 않듯이 언제 망할지 모르는 국가의 화폐를 사람들은 가지려 하지 않습니다. 경제사정이 어려운 라틴아메리카 국가들은 국내에서도 자국 화폐보다 달러를 더 선호하고 있습니다.

현재는 달러가 세계의 중심 화폐이며 기축통화가 되어 있습니다. 외환보유고가 넉넉한 우리나라도 가장 안전한 미국에 달러를 채권 형태로 보관하고 있습니다. 미국 정부가 발행하는 국채(treasury bond)를 매입한 것입니다. 우리나라 외환보유액의 투자 1순위가 바로 미국 국채입니다.

지금 미국은 경상수지와 재정수지가 모두 적자에 허덕이고 있는데, 이것을 쌍둥이 적자(twin deficit)라고도 합니다. 경상수지 적자는 물건을 수출하거나 관광을 통해 벌어들인 돈이 수입액보다 적은 것이고, 재정수지 적자는 국가가 거두어들인 세금보다 재정지출이 더 많은 것입니다.

미국은 쌍둥이 적자 때문에 정부의 빚이 쌓여만 갑니다. 그런데도 버티고 있는 것은 많은 나라들이 수출로 벌어들인 달러로 미국 국채를 매입하고 있기 때문입니다. 미국은 다시 유입된 달러로 살림을 꾸려나가는 것입니다.

미국은 세계 최대 경제국이면서 최대 채무국이라는 묘한 모순을 지니고 있습니다. 미국의 허약한 경제체질 때문에 세계경제가 위태로울 것이란 지적도 있습니다. 그런데 미국은 지구상 최강의 군사대국이며 세계 곳곳에서 막강한 지배력을 과시하고 있습니다. 석유자원을 장악하기 위해 이라크에 무자비한 공격을 감행한 것은 모두 잘 알고 있는 사실입니다. 그러한 파괴력과 군사적 파워도 결국은 미국이 달러를 맡겨도 될 안전한 금고라는 것을 보여주는 것입니다.

한국은행에서 발행하는 우리나라 화폐도 국가와의 약속이지만 그것으로 끝나지 않습니다. 여러분이 앞으로 훌륭하게 성장해야 국가도 부강해지고 화폐의 힘도 세어지게 됩니다.

우리 학생들이 가지고 있는 지폐는 바로 여러분들의 힘에 의해서 보증된다고 생각하시면 될 것입니다.

강의 2: 남과 같지 않은 능력이 돈을 벌게 한다

먼저 돈만 벌려고 애쓰거나 돈을 좇아다니지 마세요. 돈은 하늘을 날아다니는 흰나비와 같아서 그것을 잡으러 다니면 오히려 다른 데로 날아갑니다. 비전과 꿈을 키우면 훨훨 날던 나비도 여러분의 어깨 위에 사뿐히 내려앉을 것입니다.

해리 포터 시리즈를 쓴 롤링(J. K. Rowling) 여사는 커피 한잔 사먹을 돈이 없었습니다. 그렇지만 작가는 그런 어려운 현실 속에서도 무한한 상상력을 키우며 노력했습니다. 지금 얼마나 벌었냐고요, 무일푼의 이혼녀였던 그녀는 이미 6500만 파운드(1300억 원)의 재산을 갖기에 이르렀습니다.

훌륭한 꿈을 가지고 그를 위해 열심히 노력하면 모두가 그 사람에게 지원해 줍니다. 최고봉 히말라야를 가거나 남극의 오지를 가는 탐험가들을 보세요. 많은 사람들이 그 꿈을 이룰 수 있도록 스폰서를 해주고 동참하였습니다.

일단 돈을 벌고 싶다면 어떻게 해야 할까요? 대답은 간단합니다. 버는 돈보다 나가는 돈을 적게 하면 됩니다. 들어온 돈보다도 나가는 돈을 줄이면 됩니다. 절약입니다. 진리는 항상 여러분의 어깨 위에 있습니다.

돈은 열심히 일한 사람에게 들어옵니다. 그리고 남보다 사회에서 좀더 필요한 기술, 좀더 필요한 지식, 남이 갖지 않은 능력이 있으면 돈은 더 벌 수 있습니다.

너도나도 다 할 수 있는 일을 선택하면 경쟁이 치열해서 제대로 대접을 못 받습니다. 남이 가지 않는 길을 걷고, 남이 생각하지 못하는 일을 하기 위해서는 남들이 흉내 내지 못하는 창조와 상상력이 있어야 됩니다.

복권이나 도박 같은 것으로 절대 부자가 되지 않습니다. 오히려 불행해집니다. 산봉우리가 높으면 언제나 깊은 계곡이 도사리고 있다는 것을 생각해야 합니다.

강의 3: 〈센과 치히로의 행방불명〉, 황금과 흙

일본 미야자키 하야오 감독의 유명한 만화영화 〈센과 치히로의 행방불명〉에 이런 장면이 나옵니다. 여주인공 치히로를 좋아하면서 조용히 따라다니는 얼굴 없는 요괴가 있습니다. 그런데 왜 얼굴이 없을까요. 익명의 현대사회를 상징한 것입니다.

처음에 이런 장면도 나옵니다. 치히로의 아빠와 엄마는 온천장 입구에서 맛있는 냄새에 끌려가게 됩니다. 가게주인도 없는데 치히로의 부모는 "나중에 돈 내면 돼. …카드도 있고 지갑도 있으니까!" 하면서 맛있는 음식을 탐욕스럽게 먹다가 돼지로 변해 버립니다. 이것 또한 현대인들이 돈이면 뭐든지 된다고 하는 것을 엿보게 해주는 장면이라 하겠습니다.

어쨌든 얼굴 없는 요괴는 주인공 치히로의 환심을 사기 위해서 계속 황금을 만들어줍니다. 그런데 황금은 얼마 후에 진흙으로 변해 버립니다. 땀 흘리거나 노력해서 번 돈이 아니면 그것은 흙덩이에 불과하다는 것을 보여주는 것입니다.

여러분도 혹시 길에서 돈을 주웠을 경우에 어떤 행동을 했는지 생각해 봅시다. 저축을 했을까요? 아니면 남이 눈치 챌까 봐 후딱 써버렸을까요? 저의 경험으로는 그냥 써버렸습니다. 양심의 가책 때문에 친구와 함께(너도 공범!!!) 맛있는 것을 사먹었습니다. 맞아요! 저쪽 학생의 말대로 물귀신 작전입니다.

힘들게 벌지 않은 돈은 그냥 펑펑 쓰게 되어 있습니다. 아무리 많은 황금이라도 그건 진흙에 불과하다는 것입니다.

강의 4: 돈 그리고 자유

자가용을 타고 다니지 않는 사람이 있습니다. 자가용을 타면 한 달에 평균 50만 원이 지출됩니다. 그 사람은 50만 원을 벌기 위해서 하루 2시간 정도를 더 일해야 한다고 합니다. 그래서 자가용을 타지 않는 대신 하루 2시간을 돈 버는 데 쓰지 않기로 했답니다. 2시간을 자유롭게 쓰길 원했던 것입니다. 지출이 많으면 그만큼 돈을 벌기 위해서 노력해야 하고 우리는 돈에 매이게 됩니다. 진정한 자유를 얻지 못합니다.

돈을 잘 관리한다는 것은 내 욕심, 나의 욕망을 잘 다스리는 일과 똑같습니다. 돈에 너무 얽매이다 보면 나 자신의 주체적인 삶과 자유를 잃어버릴 수 있습니다.

유산을 많이 상속받은 사람은 자유롭게 살 수 있다고요? 물론 그럴 수도 있습니다. 그런데 다음 에피소드를 한번 들어볼까요.

하얀 나비는 애벌레가 번데기로 변하고 허물을 벗어야 비로소 아름다운 모습으로 날게 됩니다. 어떤 생물학 교수가 실험실 나비가 막 허물을 벗으려는 모습을 보았습니다. 그런데 허물이 잘 벗겨지지 않아 나비가 버둥대고 있었습니다. 그 교수는 너무나 안타까워 나비를 돕고자 핀셋으로 허물을 살짝 벗겨주었습니다.

나비도 이제야 자유로운 듯 막 날려고 했는데 그만 책상 위에 주저앉아 버리더랍니다.

자기 힘으로 허물을 벗지 못한 나비는 스스로 날 수도 없다는 것이죠.

자기 힘으로 돈을 벌지 못한 사람은 하늘을 날아 자유를 꿈꿀 수 있는 능력도 상실한다고 봐야겠습니다.

"자! 이쯤~ 해서 아프리카에서 원숭이를 사로잡는 법은 무엇인가를 애기해보도록 합시다."

나무 위를 잽싸게 날아다니는 원숭이를 잡는 방법은 이렇습니다. 우선 나무상자에다 원숭이 손 하나 겨우 들어갈 만한 구멍을 하나 뚫어놓습니다. 그리고 상자에다 바나나를 미끼로 집어넣고 기다리면 됩니다.

이제 원숭이가 살며시 다가와서 구멍에다 손을 간신히 집어넣고 나무상자 속의 바나나를 집게 될 것입니다. 그런데 여기서부터가 문제입니다.

바나나를 꽉 쥐자 원숭이의 손은 주먹이 되어 그 구멍에서 빠지지를 않는 것입니다. 그런데도 원숭이는 바나나 쥔 주먹을 결코 펴지 않습니다.

바나나를 포기하고 주먹을 펴서 나무상자에서 빠져 나와야 할까요? 아니면 그대로 바나나를 움켜쥐고 있다가 사람들에게 생포당하는 것이 나을까요? 바나나를 놓고 주먹을 펴는 순간, 우리는 자유를 얻게 됩니다.

강의 5: 우리의 삶을 리드하자

어느 구성원이나 조직을 이끄는 리더는 자신의 인생을 진실하게 경영하고 다른 사람의 모범이 되어야 합니다. 제가 학생들을 위해서 리더십(LEADERSHIP)이라는 알파벳으로 리더십과 삶의 비전을 한번 구성해 봤습니다.

다같이 "L!" 하고 운을 떼어주시기 바랍니다.

L: Leader입니다. 리더는 먼저 비전을 가져야 합니다. 내 삶에 대한 비전을 먼저 가져야 하고 구성원들과도 함께 공유해야 합니다.

생텍쥐베리의 말대로 "만일 당신이 배를 만들고 싶다면 사람들을 불러모아 목재를 가져오게 하고 일을 지시하고 일감을 나눠주는 등의 일을 하지 말아라. 대신 그들에게 저 넓고 끝없는 바다에 대한 동경심을 키워줘라."

어느 우주항공학과 교수에게 "1학년 학생들에게도 비행기의 구조보다는 천문학자처럼 밤에 별을 쳐다보고 하늘과 우주에 대한 동경심을 키워주는 것이 가장 우선되는 일이 아닐까?"라고 물어본 적이 있습니다. 그래서 2~3년 후 열기구를 만들어 바다를 지나 중국이든, 일본으로 건너가는 대형 이벤트도 준비해 보자고 손을 맞잡기도 하였습니다.

E: Education입니다. 누가 뭐래도 평생 공부를 해야 합니다. 교육을 받고 끊임없이 왜 우리는 이 일을 하는가, 그리고 이왕 하는 일이

라면 우리의 비전과 함께 하는 지식을 기르고 교육해야 합니다. 전문가가 되기 위해서 언제나 새로운 것을 익히고 일일신신(日日新新)하는 마음을 가져야 합니다. 책을 사보고 생각을 키우며 자기 자신을 새롭게 하는 데 아낌없이 투자를 해야 합니다.

A: And이며 '그리고'입니다. 살아가는 여유와 여백이라고 하면 어떨까요? and는 이것이면서 저것이라는 포용도 의미합니다.

D: Development입니다. 끊임없는 자기계발입니다. 상대방의 장점을 키워주기 위해 좋은 점을 발견하고 격려해 주는 것입니다. 가르치는 일은 관리(management)가 아니라 배려(care)입니다.

development는 사신현상이라는 뜻도 있습니다. 스스로의 개성과 장점 그리고 잠재력을 하얀 백지에 물들이기 위해서 노력해야 합니다.

E: Emotion 혹은 Electronic 혹은 Entertainment입니다. 디지털 시대는 감성 시대이며, 컴퓨터 네트워크로 이어지는 전자 사이버 시대이며, 즐거움의 시대입니다. 오늘날 우리들에게 부족한 것은 자원이 아니라 상상력의 빈곤이라는 말이 있습니다. 감성을 키워 창조와 상상력의 근원으로 삼읍시다. 부지런히 가까운 공연장과 예술전시장을 찾아서 감성을 키우고 예술과 문화를 보는 눈을 길러야 합니다.

R: Resource이며 자원입니다. 나를 지탱해 주는 자원을 기본적으로 확보해야 합니다.

트로이의 목마를 발견한 슐리만(H. Schliemann)은 평생 하고 싶은 일을 성취하기 위해 돈을 벌고 어학에 능통하여 자기 자신의 자원을 만들었습니다. 슐리만은 어릴 적에 어머니에게 동화로 들었던 트로이의 목마를 발굴하겠다는 꿈을 마침내 실현시켰습니다. 그는 가난한 목사의 아들로서 꿈을 찾기 위해서 돈을 벌고 15개 국어에 능통하였습니다. 더욱 감동 깊은 것은 이런 것이었습니다. 밤하늘의 별만 반짝이는 사막에서 어떻게 밤을 보낼 것인가? 그래서 트럼펫을 배웠던 슐리만, 그의 아름다운 음악이 고요한 사막을 가로지르는 것 같습니다.

S: Servant 혹은 Stewardship으로서 봉사정신입니다. 리더는 봉사정신을 가져야 합니다. 서번트(servant) 리더십은 리더는 동시에 봉사하는 하인이어야 한다는 의미로서 헤르만 헤세의 『동방순례』에서 아이디어를 얻은 것입니다.

레오(Leo)라는 사람이 등장합니다. 그는 하인의 몸으로 사람들과 동행하면서 항상 따뜻한 마음으로 사람들을 돌보았습니다. 레오와 함께하는 동방순례는 너무나 순조롭게 진행되었습니다. 어느 날 레오가 순례집단에서 사라지자 사람들은 갑자기 혼란에 빠지고 여행은 중단되었습니다. 레오 없이는 아무것도 할 수가 없었던 것입니다. 그때 순례자들 중의 한 사람이 어느 교단의 후원을 얻어 자신들의 서번트였던 레오를 찾아 나섭니다. 그는 몇 년을 헤매던 끝에 드디어 레오를 찾아냈습니다. 그리고 자신을 후원해 줬던 교단으로 인도됩니다. 그동안 하인이라고만 알고 있었던 레오는 바로 종교단체의 지도자이자 인도자였습니다. 레오는 위대하고 덕망 높은 지도자였던 것입니다. 리더란 먼저 다른 사람에게 봉사하는 사람입니다.

H: Honesty입니다. 정직이 최선의 무기입니다. 이 세상 최고의 전략은 원칙을 지키는 것입니다. 여기서 신뢰가 구축됩니다. 디지털 시대에 익명의 네트워크로 이어지는 사회에서, 신뢰는 최고의 덕목이자 자본입니다.

I: Intelligent입니다. 다른 것과 중복되는 개념이지만, 역시 정보화와 관련된 지식과 지적 능력을 함양하는 것입니다. 훌륭한 CEO를 길러냈던 회장은 이런 말을 했습니다.

"지식은 과거의 것을 알게 해주는 것이지만, 지혜는 미래를 알려준다."

P: Professionalism은 번거롭게 설명할 필요는 없을 것입니다. 자기 분야에서 최고의 전문가가 되라는 말입니다.

아깝다, 임상옥!

세미나 시간에 고객관리를 강의하는 어느 특강교수를 소개하다가, 그것으로 끝냈으면 좋을 텐데 어설피 아는 게 병이라 그예 한마디 덧붙이고 말았다.

사람을 섬기고 사람을 남긴 장일순과 임상옥

문득 작은 예수라고 불리는 무위당(無爲堂) 장일순이 고객을 하느님처럼 섬기라고 했다는 일화가 생각났던 것이다.

한번은 이런 일이 있었다. 동네에 사는 목재소 주인이 와서 장일순에게 하소연하였다. 도대체 장사가 안 되서 못살겠다는 것이었다.

장일순님은 이렇게 대꾸하였다.

"자네는 거지네!"

목재소 주인은 놀라서 "제가 왜 거지입니까?" 하고 반문하였다.

무위당이 말하길 "자네는 그냥 손님들이 오기를 기다리는 거지처럼 깡통만 놓고 사람들이 동전을 던져주길 바라니까, 거지가 아닌가?"

무위당은 사람을 기다리지 말고 사람을 섬기라고 강조한다.

원주시내의 번화가에서 밥집을 경영하는 어떤 사장이 처음 장사를 시작할 때도 이렇게 말했다.

"자네 집에 밥 잡수러 오시는 분들이 자네의 하느님이여. 그런 줄 알고 진짜 하느님이 오신 것처럼 요리를 해서 대접을 해야 혀. 니가 여기서 손님을 하늘처럼 섬기며 쟁반을 3년만 나르다 보면 큰 사람이 될 것이다. 아주 큰 도인이 될 것이다."

여기까지 말하고는 특상교수에게 서론이 길어서 미안하나는 말을 하고는 마이크를 넘겨주었다. 그렇지만 생각의 끈은 또 내달리기 시작했다.

우리는 상도(商道)에 대해서 많이 안다. 온갖 경영이론과 마케팅이 소비자의 심리를 분석하고 판매기법을 개발해 놓고 있다. 첨단 경영이론을 체득하는 냉철한 머리도 중요하겠지만 고객을 진실로 맞이하고 물건을 만드는 가슴과 사람 섬김의 철학이 얼마나 중요한가도 깨달아야 할 것이다.

최인호 소설 『상도』의 핵심도 상즉인(商即人)이다. 장사가 곧 사람이고 사람이 곧 장사다. 임상옥은 말한다. "장사는 이익을 남기는 게 아니라 사람을 남기기 위한 것이다. 사람이야말로 장사로 얻을 수 있는 최고의 이윤이며, 따라서 신용이야말로 장사로 얻을 수 있는 최대의 자산인 것이다."

사람을 섬기고 사람을 얻는 것이 상도이며 행복이고 사업의 보람이다. 혹시 사람을 우주의 중심에 놓는 장일순과 임상옥이 우리 시대의 자본주의 정신을 새롭게 이끌 수 있지 않을까.

여기에는 모든 재물을 헛된 것으로 여겨 무위(無爲)로 돌려버리는 노자의 사상이나 불교적 색채는 다른 에토스(ethos, 한 문화의 본질적인 정신적 특색, 기질)와 접합되어야 할 것이다.

임상옥은 말년에 세속적 욕심을 버리고 모든 재산을 사회에 환원하고 가객이 되어 유유자적한 도(道)의 삶을 풍미하는 멋진 인물로 묘사되고 있다.

작가는 임상옥의 말년을 빗대어 "욕망의 유한함을 깨닫고, 그 욕망의 절제를 통해 스스로 만족하는 자족이야말로 하늘 아래 최고의 거부로 나아가는 상도"라고 정리한다. 그렇지만 임상옥의 막대한 인삼 유통 자본은 좀더 생산자본으로 전환되어 구한말 외국자본과 대항하거나 새로운 민족경제를 이끌어가는 자본가의 길을 걸었어야 했다.

평범한 사람이 자신의 재산을 사회에 환원한다는 것은 아름다운 미덕에 속하지만 조선 후기 혼란의 소용돌이 속에 있던 거부의 상인은 민족과 함께하는 길을 걸었어야 진정한 상도라 할 수 있다. 의(義)를 중시하여 돈을 버릴 것이 아니라 국가와 민족에 이로움이 되는 이(利)와 돈을 사랑하는 길이 모색되어야 했던 것이다.

사람을 섬기고 사람을 남기며, 돈을 대아(大我)의 이로움으로 이끌어가는 상도에서 한국의 자본주의 정신도 다시 태어날 수 있을 것이다.

사람을 귀하게 여기고 사람을 만드는 기업

당분간 한국 경제는 크게 회복되지 않고 저성장구조가 지속될 전망이다. 요즘 경기침체로 장사가 안 되고 사업하는 사람들 모두가 힘겨워한다.

일본은 잃어버린 10년을 어떻게 견디었을까. 어려웠던 시절을 담담히 견뎌냈던 일본의 장기침체에서 우리가 배울 것 역시 일본 특유의 상도다.

일본의 자본주의와 안정된 시스템에는 전통적인 장인기질과 상인정신이 숨쉬고 있다. 독특한 사업수완과 상술은 어려운 경제상황을 버텨냈다. 각양각색의 100엔짜리 상품으로 서민들에게 값싼 물건을 공급하여 사업을 번창하는 슬기도 발휘했다.

힘든 시대에 적응했던 일본의 상도는 무엇인가. 오사카 상인들의 정신에서도 해답을 구할 수 있겠다.

오사카 상인의 상징은 노렌(暖簾)이다. 노렌은 일본의 식당, 백화점, 회사, 도·소매점 같은 곳을 가보면 입구에서 흔하게 볼 수 있는 것이다. 치렁치렁 늘어져 있는 무명천에 점포나 회사의 문양이 들어가 있을 뿐인데도 여기에는 중요한 의미가 담겨 있다. 노렌은 다음과

> **▶▶ 노렌이 지닌 의미들**
>
> 영속적인 상징으로서의 경영이념/신용축적/시대에 대응해서 살아남는 힘의 원천/사장과 사원 간의 화합과 단결/사회적 책임과 사회에 공헌하는 상품의 이미지

같은 의미를 지니고 있다.

노렌은 한마디로 신용이다. 하늘이 두 쪽 나도 자신이 만든 음식이나 상품에 대해서는 목숨을 걸고 신용을 지킨다는 정신이 그 안에 담겨 있다.

오사카 상인에 대해서는 홍하상의 『오사카 상인』(2004)이란 책에도 잘 나와 있다. 오사카 상인의 정신이 어려웠던 일본의 장기침체를 견디는 원동력이었으며 아직도 일본의 잠재력을 지탱하는 힘이라 보인다.

시대에 대응해서 살아남는 오사카 상인들은 철저한 계산, 시대의 변화에 앞서는 재빠른 제품개발, 전통을 버리지 않고 초밥 하나에도 열과 성의를 다하거나 사람들이 먹기에 아까울 정도로 보는 맛도 중요시하는 등 철저한 장인정신이 점철되어 있다.

그렇지만 더 중요한 것은 사람을 귀하게 여기고 서로에게 충실한 의리의 정신이 일본사회의 밑바탕을 이루고 있다는 점이다.

일본 가전업체 내셔널과 파나소닉의 창업자인 마쓰시다 고노스케(松下幸之助)도 오사카 상인의 결정판이라 할 수 있다. 한때 마쓰시다 공업사에도 불황의 여파가 몰아닥쳤다. 마쓰시다는 자신만의 비법으로 불황을 타개했다. 주 2일 휴무제를 실시해서 생산량을 줄이는 방법으로 단 한 명의 사원도 내쫓지 않았으며, 종업원들에게 회사의 경영실태를 모두 공개하고 사원들의 협력을 구했던 것이다.

마쓰시다는 생전에 "마쓰시다 전기는 전기가구를 만드는 회사가 아니라 사람을 만드는 회사"라는 말을 했다고 한다.

마쓰시다는 고객이 "마쓰시다 전기는 무엇을 만드는 회사입니까"

하고 물으면 "마쓰시다 전기는 인간을 만드는 회사입니다만, 아울러 전기제품도 만듭니다"라고 답하도록 항상 사원들에게 가르쳤다는 얘기는 유명한 일화다.

우리는 IMF 이후에 미국식 경영구조조정을 가지고 수많은 사람을 정리해고하고 연구부서를 줄이고 인건비를 아끼고자 비정규직을 확대하였다. 미국식 경영이 최고인 줄 알았다. 그때는 어쩔 수 없이 힘에 밀리고 당혹스러워 미국 컨설팅의 권고를 받아들여 철학 없는 칼만 휘둘렀다. 그러나 이제 와서 미국도 일본의 사람과 신뢰를 중시하는 도요타이즘을 배우기 위해 열을 올리고 있다.

우리의 삶과 기업경영이 서로 다른 듯하여도 결국은 모든 근원이 사람에 있음이다.

최고의 경영이론과 치밀한 시스템이 구비되어 있어도 우리의 근본은 사람에 있다.

사람을 아끼고 고객을 섬기고 아무리 어려워도 함께하는 사람의 경영, 이것이 경제가 어려워도 진실로 우리가 갖고 가야 하는 동양식 경영이며 상도일 것이다. 어려울수록 한번쯤은 사람 섬김의 근본을 따져볼 일이다.

호모 리시프로칸, 경제학의 새로운 인간

경제학에서 인간들이란 손해나는 짓은 절대 하지 않고 이기심을 갖고 행동한다지만 실제로 우리들은 서로 돕고 협조하며 궂은일도 마다않는 이웃집 사람들을 흔히 보게 된다.

대개의 동네 아저씨들은 자기 이익을 따지고 악착같이 살기보다는 조금 손해 보더라도 적당히 만족하고 행복하게 웃으며 살아가고들 있다. 옆집 할아버지는 이른 새벽에 일어나 인근 산에 오르며 휴지, 비닐, 깡통을 자루에 담아 내려온다. 어쩌면 인간 본래의 모습일 수 있는 동네 아저씨와 할아버지들이 있었기에 세상은 조용히 움직이고 우리의 삶도 여기까지 이어져 왔을지 모른다.

과연 인간은 이기적으로만 행동할까

경제학에서 등장하는 소비자는 최소 비용을 들여 효용과 만족을 극대화하고 기업인은 최소 생산비로 어떻게든 이윤을 극대화한다. 경제인 (호모 에코노미쿠스)은 자기 이익에 따라 합리적으로만 행동한다.

경제학에서 인간은 이기적으로만 행동한다고 가정하는 것이 과연 올바른가? 이타적으로 살고 협조하며 때로 자신을 희생하는 행위는 비합리적이기 때문에 경제학 교과서에서 추방되고 말아야 하는가?

인간은 경우에 따라 이기적이면서도 이타적으로 행동하고, 희로애락에 즐거워하고 슬퍼하거나 분노하며, 길거리에서 주운 물건을 그냥 가질까 되돌려줄 것인가를 저울질도 한다. 인간행동은 수많은 동기와 복잡한 내면으로 가득 차 있다. 이것을 오로지 이기심이라는 가성으로만 재단할 수는 없다.

여러 경제학자들이 복잡한 인간행동을 게임과 실험으로 들여다보는 작업을 꾸준히 시도해 왔는데, 이 가운데서 가장 유명한 실험의 하나가 최후통첩 게임(ultimatum game)이다.

최후통첩 실험은 인간행동이란 흔히 가정하고 있는 것과 달리 이

> ▶▶ **최후통첩 실험**
>
> 여기 실험대상으로 나선 철수와 영희가 있다고 하자. 실험자는 철수든 영희든 상관없이 1만 원을 둘 중 한 사람에게 준다. 철수에게 그 돈을 영희와 어떻게 나눌 것인가를 결정하도록 한다. 배분금액이 결정되면 그 제안을 영희에게 제시하도록 한다. 철수의 제안을 영희가 받아들이면 공돈 1만 원은 서로 나눠 가져도 좋지만 만약에 영희가 거부한다면 돈은 다시 몰수된다.
>
> 당신이 철수라면 영희에게 얼마만큼의 배분금액을 제안하겠는가. 100원인가, 1천 원인가, 3천 원인가, 아니면 5천 원인가. 머릿속으로 상상을 하면서 당신이 결정한 금액을 한번 적어보도록 하자.

기적이지 않으며 오히려 이타적이거나 또는 보복하는 특징을 지니고 있음을 보여주고 있어서, 지금까지 많은 연구의 대상이 되고 있다.

최정규의 『이타적 인간의 출현』(2004)에서 정리한 논지를 따라가 보자. 우선 경제학 교과서의 인간은 이기적인 경제주체이기 때문에 이렇게 행동할 것이다.

철수와 영희는 이기적 선호를 갖고 있다. 모두가 자신의 처지에서 자신에게 최대 이익을 가져다주는 방향으로 행동할 것이라 예측할 수 있다. 말하자면 철수가 5000원을 제안할 때 그것을 받아들인다면 영희는 5000원을 벌 것이고 거부한다면 한 푼도 건지지 못하게 된다. 만일에 철수가 4000원을 제안한다면 영희는 어떻게 할까. 역시 마찬가지로 당연히 받아들여야 영희는 4000원을 벌 수 있으며 거부하면 한 푼도 못 받는다. 1000원을 철수가 제안해도 영희는 받아들여야 한다. 제안을 거부해서 한 푼도 못 받는 것보다는 낫기 때문이다. 철수가 100원을 준다고 해도 영희는 받아들여야 한다. 받아들였을 때의 이득(100원)이 거부했을 때의 이득(0원)보다 크기 때문이다.

경제학 교과서처럼 두 사람이 자신에게 최대 이익을 가져다주는 방향으로 행동한다면 영희는 철수의 제안을 거부해서 한 푼도 못 받는 것보다는 단돈 100원이라도 받는 것이 훨씬 이득이 되는 셈이다.

서로가 이기적인 상황에서 합리적인 전략은 최소한의 금액을 제안하는 것이 될 것이고, 상대방은 이것을 받아들이는 것으로 게임이 끝날 것이다.

그런데 그게 아니었다. 평균적으로 배분 몫이 7대 3으로 제안되지
않으면 상대방은 아예 3천 원을 포기했던 것이다. 한 푼도 못 받는
것보다 단돈 100원이라도 받으면 이득이 되는 상황인데도 말이나.

최후통첩 게임은 이후에 많은 사람들을 대상으로 무수히 실험되었
지만 최초의 실험결과와 거의 동일했다.

가령 예로 내어놓은 실험에서의 철수처럼 제안자의 역할을 부여받
은 사람은 평균적으로 40~50%에 해당하는 금액을 상대방에게 건네
주었으며, 제안된 금액이 20% 미만이면 영희와 같은 상대방은 그 제
안을 거부하는 경우가 많았다.

지나치게 이익을 앞세워 1천 원만을 제시하고 자신은 9천 원을 가
지겠다는 불공정한 제안에 대해서는 상대방이 단호히 거부하였다.
자기가 얻을 수 있는 1천 원을 기꺼이 포기함으로써 상대방도 9천 원
을 못 받도록 응징하는 것이다.

철수의 불공평한 제의를 받고 영희는 속으로 이렇게 외쳤을 것이
다. "네가 나를 우습게 봤구나! 내가 기껏 1천 원짜리로밖에 안 보이
냐! 내가 공돈 1천 원을 안 받아도 좋다. 너도 한번 당해 봐라!"

영희는 철수가 3천 원만 제시했어도 마음이 달라졌을 것이다. 자신의 이익을 포기하지도 않고 제안자도 7천 원을 가질 수 있도록 협조했으리라는 것이 최후통첩 게임의 결론이다.

그런데 흥미롭게도 최후통첩 실험이 문화적으로 차이를 보인다는 점이다. 아마존의 마치구엔가(Machiguenga)족은 서양의 실험결과(40~50%)와 달리 평균 26%의 낮은 제안액수를 나타냈으며, 파푸어 뉴기니의 아우(Au)족은 대부분 절반 이상의 액수를 제안하더라는 보고가 있다. 너무 큰 액수를 제안받으면 적은 액수를 제안받았을 때와 마찬가지로 거절한 것도 주목할 만하였다.

선에는 선, 악에는 자신이 손해 보더라도 응징하는 게 인간의 속성

학자들은 최후통첩 실험의 결과를 가지고 인간의 이타적 성향과 보복하는 성질 두 가지로 해석하고 있다.

사람들은 불공평하게 행동하고 자기 이득만을 챙기려는 사람에게 복수하는 성향이 나타났다. 자기 이익을 포기하고 손해를 감수하면서 나쁜 인간에게는 복수하려는 행위를 공통적으로 보인 것이다. 제안자가 자신을 호의로 대하고 공평하게 행동하려 했다면 상대방도 기꺼이 협조해서 총금액이 몰수되지 않도록 도왔으리라.

선에는 선으로, 악에는 자기가 손해를 보더라도 악으로 대하는 것이다. 이에는 이, 눈에는 눈(Tit-for-Tat)으로 대응하는 인간행동의 특징이 호모 리시프로칸(Homo Reciprocan)이다.

호모 리시프로칸은 그때그때 상대방의 행위에 대응한다고 해서 행위 대응적 인간으로도 불리지만 일단 '호혜적 인간'으로 부른다. 우리 식으로는 인과응보형 인간이라고도 할 수 있다.

경제학 교과서의 호모 에코노미쿠스를 가지고는, 자기가 손해를 보더라도 악한 행위에 대해서 보복하고 자신의 이익을 조금은 포기하더라도 서로 협조하여 전체가 공생하는 길을 모색하는 비합리적 인간행동을 도저히 설명할 수 없었다.

호혜적 인간은 협조적 태도를 가진 사람에게는 협력으로 대응하고, 사회적 규범을 벗어나는 사람들에게는 자신을 희생하더라도 보복하려는 성향을 갖는다. 쓰레기를 함부로 버리는 사람을 혼내고 옳고 그름을 정확히 따져 응징하는 호혜싱 인간이 많을수록 생태환경은 깨끗해지고 사회적 규범도 굳건해질 것이다. 자기 이득만을 생각하며 너도 나도 쓰레기를 버리거나 선과 악이 불분명해지고 오히려 악이 득세를 하면 모두가 공멸의 길을 걷게 된다.

호혜적 인간의 행동은 여러 사례에서 발견된다. 전통적으로 노사관계는 노동자에게 높은 업무를 할당하고 그 할당량에 미달하는 경우 해고 또는 감봉하거나, 아니면 노동자를 기계의 부속품처럼 만들어 컨베이어 벨트의 속도에 집어넣음으로써 노동력을 빼먹는 방법이 있다.

이와 달리 호모 리시프로칸의 인간유형은 다른 노사관계를 해법으로 제시하고 있다. 기업가가 노동자에게 선물이라는 형태로 높은 임금을 보장하고 노동자는 이에 높은 노력을 지출하여 보답하는 선물 교환(gift exchange) 방식도 있다는 것이다. 호의에는 호의로 보답하는 호혜적 노사관계가 노동시장을 제대로 작동할 수 있게 한다.

시장의 실패 역시 호혜적 인간이 존재함에 따라 완화된다. 공동어장이 있는데 자기만 이득을 보겠다는 행위자들의 남획 때문에 자원이 고갈되는 공유지의 비극(common's tragedy), 어두운 골목길에 가로등을 세웠는데 분담금도 내지 않고 이득을 얻으려는 얌체의 무임승차(free rider) 문제 등이 시장실패의 사례로 꼽힌다.

모든 것을 개인의 이기심과 시장의 기능에 맡겨 생태계가 파괴되거나 공동어장이 황폐해지는 시장실패는 자신의 손해를 무릅쓰고라도 사적 이익 추구자를 응징하는 호혜적 인간에 의해 극복된다. 호혜적 인간의 존재가 시장의 원활한 작동에 기여하고 사회적 경쟁력을 강화하는 조건이 되는 것이다.

이기적 인간유형은 사회를 위기로 몰아넣고, 호혜적 인간은 사회 공동체를 지속적으로 번창하도록 해준다. 그러나 호혜적 인간은 이기적 경제인에 비해 매우 취약한 체질을 가지고 있다. 모두가 협력하는 상황에서 "나 하나쯤이야!" 하는 이기적 행위자의 배신은, 결국 하나둘 사람들을 협조대열에서 이탈시키고 이 때문에 사회 전체가 이기적 경제인으로 가득 차게 한다.

호혜적 인간이 사회의 주류가 되기 위해서는

공공재 게임으로 잘 알려진 페르와 게흐터(Ernst Fehr and Simon Gäuhter)는 「호혜성과 경제학」(Reciprocity and Economics 1998)이라는 논문에서 "호모 리시프로칸이 규범의 강제자(enforcer)가 되고 사회적 규범이 인간행동에 제약을 가할 수 있도록 장치가 마련되어야 한다"고 주장한다.

물론 더 많은 연구가 진행되어야 하겠지만, 이제 문제는 우리들 본래의 모습으로 증명된 호모 리시프로칸의 호혜적 인간이 어떻게 지배적 가치행위자로 자리잡고 사회규범의 견인차 노릇을 하도록 하는가에 있다.

호혜적 인간은 손해를 보더라도 악에는 악으로 대하고, 선에는 선으로 대응한다. 법과 제도를 어떻게 바꾸어야 인과응보형의 호혜적 인간이 번창할 수 있는지 사회적 차원에서 광범위하게 논의되어야 한다.

여기 한 시민이 있다. 그 사람은 소매치기를 추적해서 경찰에 넘겼는데, 이때 참고인 조사를 한다고 오라 가라 귀찮게 하게 되면 "다시는 이런 짓 안 하겠다!"고 결심하게 될 수 있다. 내부고발자(whistle-blower)가 오히려 보호받지 못하고 기밀누설죄로 구속되는 것도 호혜적 인간의 존재를 줄이게 된다.

처음에는 자기가 손해를 보더라도 땅 투기를 하지 않던 사람도 주변에서 땅부자가 늘어나게 되면 그만큼 마음을 달리 먹을 가능성이 높다. 열심히 땀 흘려 일하는 사람들이 보상받고 그렇지 못한 사람이 법과 제도에 의해서 제재를 당하고 사회적으로 무시당하는 문화적 풍토가 형성되어야 하는 것이다.

교육 역시 중요하다. 초등학교 교과서에는 최소한도로 이기적 경제인 대신에 인간행동의 다양성과 호혜적 인간의 존재도 부각해야 한다.

법, 교육, 제도 등을 통합하는 호혜적 인간형의 사회규범과 문화가 우세하도록 하는 것도 궁극적이고 중요하다. 문화는 삶을 인도하는 의미, 가치, 목적의 궁극적인 공급자라고 한다. 한 사회가 어떤 문화를 만들고 어떤 문화적 가치를 강조하는가에 따라 호혜적 인간의 존재가 늘어나거나 줄어들 수 있고 한 사회의 성격과 정체성, 품질과 수준도 크게 좌우되는 것이다.